"一带一路"倡议下
传统文化表达的私法保护研究

YIDAIYILU CHANGYIXIA
CHUANTONG WENHUA BIAODA DE SIFA BAOHU YANJIU

≫ 詹艳◎著 ≪

中国广播影视出版社

图书在版编目（CIP）数据

"一带一路"倡议下传统文化表达的私法保护研究 /
詹艳著.—北京：中国广播影视出版社，2023.8
ISBN 978-7-5043-9056-1

Ⅰ.①一… Ⅱ.①詹… Ⅲ.①传统文化—知识产权保
护—研究—中国 Ⅳ.①D923.404

中国国家版本馆 CIP 数据核字（2023）第 126727 号

"一带一路"倡议下传统文化表达的私法保护研究
詹 艳 著

责任编辑　谭修齐
责任校对　张　哲
装帧设计　中北传媒

出版发行　中国广播影视出版社
电　　话　010-86093580　010-86093583
社　　址　北京市西城区真武庙二条9号
邮政编码　100045
网　　址　www.crtp.com.cn
电子邮箱　crtp8@sina.com

经　　销　全国各地新华书店
印　　刷　廊坊市海涛印刷有限公司

开　　本　710毫米×1000毫米　　1/16
字　　数　228（千）字
印　　张　18
版　　次　2023年8月第1版　　2023年8月第1次印刷

书　　号　978-7-5043-9056-1
定　　价　98.00元

前　言

保护传统文化表达（我国学界常称之为"民间文学艺术"）已经逐渐成为大家的共识，人们日益认识到传统文化表达的重要价值及保护的必要性。但技术的惊人发展和日新月异的使用方式使其传播更为便捷，加剧了盗用和滥用现象。传统文化表达虽被商业化，但并未对起源社群的文化和经济利益给予充分尊重。为了更好地适应市场的需求，又经常会被扭曲或破坏。现代数字技术的发展也使公共领域作品财产化、商品化，成为拥有财力的个人乃至公司牟利的工具。理论上，如何恰当而有效地通过私法保护传统文化表达及其产品的生存和延续，已成为一个重要问题。

当今世界，国际贸易全球化已成趋势，而习近平主席于2013年提出的"一带一路"倡议更为世界经济版图添上富含生机活力的一笔，也为中外的经贸合作和文化交流增加了更多的渠道。与之相应，知识产权方面的合作也在逐渐强化。虽然中国已与"一带一路"沿线近40个国家建立知识产权双边合作关系，并与海湾阿拉伯国家合作委员会（GCC）、东南亚国家联盟（ASEAN）、欧亚专利局（EAPO）等地区组织签订了合作协议，但这些协议均对传统文化表达的保护语焉不详。随着中国文化日益走向世界、走出国门，一带一路对中国传统文化表达的宣传和开发必不可少。2018年1月1日，《中华人民共和国政府和格鲁吉亚政府自由贸易协定》生效并实施。这是我国与欧亚地区国家签署的第一个自贸协定，也是"一带一路"倡议提出后我国启动并达成的第一个自贸协定。该协定第十一章"知识产权"部分就规定了缔约双方采取适当措施保护传统文化表达的自主性，并特别强调，缔约双方根据多边协定和各自国内法律未来的发展，可以探索进一步讨论这方面问题的可能性。这是"一带一路"倡议提出后的第一个自贸协定。截至 2022 年 7 月底，中国已与 140 多个国家、30 多个国际组织签署 200 多份"一带一路"合作协议。[①] 从目前的各合作协议看，要么未对传统文化表达的问题作出规定，要么就是像《中华人民共和国政府和格鲁吉亚政府自由贸易协定》一样只对缔约方的自主性予以肯定。随着此类协定的签订越来越多，有关传统文化表达私法保护的问题也将越来越引起各国重视。而且随着中国与"新丝绸之路经济带"和"21 世纪海上丝绸之路"沿线国家的经济合作越来越密切、越来越深入，与各国传统文化表达相关的产品贸易也越来越多。如果对此没有明确的规定，随之而来的权益纠纷也将可预见性地越来越多。因此，亟须从理论上对该问题提出切实有效且能产生长远影响的解决之道。在全球化浪潮和一带一路的背景下，对该问题的国际规则如何进行调整甚至重构将是不可避免的趋势。我国应发挥大国作用，积极投入传统文化表达私法保护国际规则的改革和建设。

课题组成员对该问题一直在持续地关注和研究，虽然囿于这几年新冠肺炎疫情影响难以调查搜集第一手资料，但通过对多方参考文献的搜集、研读和比较分析，总结了中国在传统文化表达保护方面所面临的诸多挑战，包括不同国家对传统文化表达保护的不同看法、传统文化表达与其他贸易产品的不同性质、采取何种保护更为有效等方面的问题，进一步得出了相关的研究结论，提出了相关的保护对策，希冀能为中国的立法和实践抛砖引玉。

---

① 具体可见官方网站"中国一带一路网"：https://www.yidaiyilu.gov.cn/。

目 录

导　论

一、选题背景及意义

随着现代化和全球贸易的发展，传统文化表达和传统知识的存续以及保护陷入前所未有的危机，已成为迫在眉睫的全球性问题。丰富多彩的传统文化表达正走向单一化，许多传统做法、传统工艺也在逐渐消失。据统计，世界文化和语言的多样性丧失的危机比生物多样性丧失的危机大得多。现在使用的超过 6 000 种语言（包括它们所表达的文化）中的 90%，将在未来 100年消失或濒临灭绝。[①] 对尚处在为实现人口温饱和健康而努力阶段的许多发展中国家来说，应对落后经济的压力及其带来的社会文化问题已显吃力，又缺乏必要的资源来保护其传统文化表达，使本土文化免受境外文化的冲击，境况可谓雪上加霜。尤其对那些拥有丰富的传统知识和传统文化表达的国家来说，西方文化的大量侵袭伴以西方价值观为主导的知识产权体制，极大冲击并危及本土文化和原住民的生存环境。而与此同时，由于这些传统形式主体的多样性、集体性和不确定性，以 TRIPS 协议为主的现代知识产权制度不能有效保护传统文化表达和传统知识，盗用和滥用现象日趋严重。许多传统文化表达和传统知识被随意传播，或断章取义，或歪曲篡改。任何人都可以理所当然地免费获取和使用，但其使用往往无视表达原有的内涵和背景。真正

---

① Correa C, *Traditional Knowledge and Intellectual Property Rights* (Geneva : Quaker United Nations Office, 2001), p.6.

的传统维续者也并不能像现代科技创新者一样得到应有的尊重、荣誉和相应的报偿。这种保护机制的缺乏及社会整体的轻视，导致"盗用"传统文化表达和传统知识为自己牟取暴利的行为层出不穷。这既损害了持有者的利益，也威胁到传统文化和传统知识的生存与延续。因此，保护传统文化表达和传统知识便逐渐成为大家的共识。不恰当的利用在过去也可能存在。但技术的惊人发展和日新月异的使用方式使传播更为便捷，加剧了盗用和滥用现象。TCE 被商业化，但未对起源社群的文化和经济利益给予充分尊重。而为了更好地适应市场的需求，经常会被扭曲或破坏。现代数字技术的发展使公共领域作品财产化、商品化。

世界贸易组织成立之初，就有印度等国要求在该体系下保护传统文化表达和传统知识，一些拉丁美洲国家和非洲国家也认为，土著人民的传统文化和生活方式应受到 TRIPS 协议的保护。《联合国土著人民权利宣言》明确承认土著人民的自决权和保持并发展他们的文化及为文化生存进行斗争的权利，并保证土著人民有权保持、掌管、保护和发展其文化遗产、传统知识和传统文化表现方式的知识产权。① 而 WIPO 于 20 世纪 90 年代末期开始关注该问题，并于 1998 年成立了"知识产权与传统知识事实调查团"（Fact-Finding Missions），对南亚、南太平洋、阿拉伯国家、非洲、美洲等 28 个国家的土著和地方社区的居民、政府官员、学术研究机构及非政府组织等进行了 9 次事实调查，以确定有关的争议问题和传统知识持有者的关注。调查团最后提交的报告认为，知识产权制度是不断演变和发展的，它能够根据现实的发展变化进行自我调整，所以知识产权制度也可以用来保护"基于传统"的智力成果，即传统文化表达和传统知识。基于此，WIPO 于 2000 年成立了保护知识产权、遗传资源、传统知识和民间文学艺术的政府间委员会（简称 IGC），旨

---

① 《联合国土著人民权利宣言》的序言部分、第 3、5、11、13、15 条等多条体现了这些权利。

在谈判达成保护传统文化表达和传统知识的国际公约或文件。IGC 一直在着手拟定保护这三者的条款草案，均已几经修改。

有关传统文化表达保护的最初草案（WIPO/GRTKF/IC/17/9）被 2010 年 12 月的第十七届会议提供。在此基础上经多次会议讨论修订，目前的最新草案是 2022 年的《保护传统文化表达：条款草案协调人修订稿》（下称《TCEs 条款草案》）①。尽管各国俱承认保护传统文化表达的重要性，但对草案的基本内容和具体规定一直有着很多不同的意见，对形成的争议焦点也一直僵持不下，可见国际社会在保护传统文化表达的问题上难以统一意见，也充分表明了其保护的困难性。

草案的未来走向如何，对中国将产生何种影响，我国又需如何应对，这都是我们应予以考虑的问题。作为 WIPO 的成员国之一，一旦草案通过，我们须遵守。而作为一个历史悠久的发展中国家，我国也有着丰富的传统文化表达，也正面临着传统文化表达在逐渐消失和被盗用的危机。同时，"一带一路"倡议下的合作涵盖面非常广，既涉及发展中国家，也涉及发达国家。这些国家也基本上都属于 WIPO 的成员国。各国的法律差异非常大，对传统文化表达也存在不同的看法。可以说，WIPO 目前的讨论也反映了"一带一路"倡议所涉各国在该问题上可能存在的意见。目前我国的《著作权法》虽于 1990 年提出要保护民间文学艺术作品，但有关实施条例却尚未出台。国务院于 2014 年发布《民间文学艺术作品著作权保护条例（征求意见稿）》，向社会各界公开征求修改建议和意见。但因社会各界对此意见不一、争议较大，条例至今尚未通过。研究 WIPO 有关保护传统文化表达的草案有助于我们了解如何参与国际社会的谈判和规则制定以及最终如何实施，也将有助于我们更

① 除非特别说明，文中所称《TCEs 条款草案》均指最新版的《保护传统文化表达：条款草案协调人修订稿》，WIPO/GRTKF/IC/44/5（2022-7-7）。

好地拟定和完善国内有关保护传统文化表达的立法。

从现有的国内外研究资料来看，虽然研究传统文化表达的文献不在少数，但专门针对 WIPO 的《保护传统文化表达：条款草案》进行研究的文献几近于无。在 CNKI 中国知网学术文献总库中，不管是以"主题词""关键词"还是"摘要"的形式进行搜索，展现出来的文献都寥寥无几，而且其内容也均未涉及该草案，只是对传统文化表达及其保护的一般性研究。可见，国内研究对国际上的最新立法动态并不太了解。而从笔者搜集到的有关保护传统文化表达的众多英文文献来看，也仅有一篇涉及该草案（Keith A. Goodwin）。该篇提及的草案还是 2011 年的版本，且主要是针对草案的脚注中将建筑形式归入传统文化表达保护的客体提出质疑。WIPO 在谈判制定保护传统文化表达的文书进程中已发展到条款草案拟定、几易其稿，学术研究却对此关注不够、重视不足，不得不说这是一种缺憾。

对保护传统文化表达保护的一般性研究则主要分为几类：

一是从人权的角度对包括传统文化表达在内的传统文化和土著文化的保护提供理论支持，这种做法在外国文献中较为多见。如丽贝卡·佐西（Rebecca Tsosie）的《恢复本土叙述：文化盗用和文化权利》，迈克尔·布莱克尼（Michael Blakeney）的《保护土著人民的精神信仰：澳大利亚案例研究》，奇迪·奥瓜曼南（Chidi Oguamanam）的《介于人权和知识产权之间的土著人民权利》，李·雪弗（Lea Shaver）的《科学和文化权利》等。

二是将其涵括在非物质文化遗产中，主张一种特殊保护机制，以与知识产权制度相配合。如曹新明的《非物质文化遗产保护模式研究》主张设立文化遗产标志权，李依霖的《少数民族非物质文化遗产的法律保护研究》则建议设立少数民族非物质文化遗产权。这种方法更多侧重的是对非物质文化遗产的公法保护。

三是从知识产权保护的角度进行论述,这又有三种不同的做法。第一种是直接将传统文化表达纳入版权保护的范畴,如林秀芹和曾斯平的《论民间文学艺术衍生作品独创性的认定》、祝建军的《迷糊的诉请,尴尬的败诉:评电影〈千里走单骑〉著作权侵权纠纷案》等。只是其中有的主张的是一种特殊版权,如周林的《简论"民间文艺"版权保护立法》、马修·里默(Matthew Rimmer)的《邦格拉舞蹈剧团:版权法与土著文化》等。第二种则直接建议设立知识产权的特别权或专门制度:管育鹰的《传统知识及传统文化表达的法律保护问题》、黄玉烨的《我国民间文学艺术的特别权利保护模式》、王萌的《传统文化表达的知识产权保护若干法律问题研究》、娜塔莉·斯托亚诺夫(Natalie Stoianoff)和阿尔帕纳·罗伊(Alpana Roy)的《澳大利亚的土著知识和文化:专门立法例》等。第三种则是将传统文化表达依其不同特点分别纳入不同的知识产权范畴予以保护:王萌的《传统文化表达的知识产权保护若干法律问题研究》,张耕的《民间文学艺术的知识产权保护》等。

从上述研究可知,国内外学者对传统文化表达保护的重要性大多是予以认可的,但对其保护理由和保护模式的看法存在很大分歧。而且很多研究侧重于传统文化表达的公法保护,未明确区分传统文化表达与传统知识、非物质文化遗产等相关概念,容易混淆公法与私法之间的界限,难以为传统文化表达的私法保护提供具体的和切实可行的立法建议。同时,很多研究对当前传统文化表达保护的国际最新发展均未予以关注,缺乏这方面的研究工作。

二、研究思路与方法

本书以 WIPO 的《TCEs 条款草案》为切入点,详细分析了当前传统文化表达保护的现状和不足,并建议参考该草案的优点,在我国构建传统文化表达特别权保护机制。

全书分为五章。

第一章为"传统文化表达之概述"。本章首先探讨了"传统文化表达"的概念，并通过比较几个相关术语，明晰传统文化表达的范围。在此基础上，进一步归纳了传统文化表达的三个重要特征：文化敏感性、环境依赖性和集体传承性。立足于这些特征，来说明传统文化表达与一般财产的根本区别，这些区别导致西方和土著社群在看待传统文化表达上的不同态度，这些态度又引发传统文化表达保护上的诸多争议，从而对我们保护传统文化表达提出挑战。最后，从传统的知识产权保护之理由、人权保护之理由和文化多样性保护之理由等三个方面阐述了传统文化表达保护的理论依据，为本书建议的采用特别权模式保护传统文化表达提供了理论基础。

第二章为"TCEs 之国际保护现状及分析"。本章从国际条约和国际组织保护现状、各国立法和实践保护现状两个方面进行了归纳、总结和简要的分析，以阐明立法和实践中可供借鉴之处及存在的不足。在国际保护层面，对国际知识产权条约、《WIPO-UNESCO 示范规定》、国际人权框架、保护文化多样性方面等一系列文件，以及地区性的保护文件进行了分析；在各国保护层面，先分析了各国的知识产权法保护现状和以特别保护机制为代表的其他法律保护情况；继而总结并分析了各国法院的判例实践，各文化机构在保存、使用和传播传统文化表达方面的良好实践，数字档案馆和数据库，土著人民和传统社群的良好实践和习惯法以及其他正在兴起的实践。通过这些分析，为第三章阐述特别权保护之理由奠定实践基础，也作为后文构建特别权保护机制之参考。

第三章为"TCEs 特别权保护之理由"。本章总结了对传统文化表达进行特别权保护的几个理由。首先，可以弥补公法保护在目标和保护对象、保护主体和保护机制等方面存在的不足。其次，特别权保护机制能解决常规知识产权法保护的局限。再次，分析了常规知识产权法保护 TCEs 的共同局限以及特定的、不同种类的知识产权法在保护 TCEs 上的特别局限。最后，指出特别权保护机制能克服其他私法保护的缺陷，一方面能克服私人救济方式存在的执行力和谈判地位问题，另一方面也能克服私法判例解释的不确定性和缺乏固定标准的问题。从而总结出特别权保护机制相较前述方式的独特优势在于：一是能设立专门的权利和可执行的法律保护机制，弥补前述公法保护的不足，且能解决判例实践中个案分析的不确定性，将保护落到实处；二是能有效结合人权要素、土著习惯法和多种知识产权，克服通常保护路径的局限，灵活适应传统文化表达保护的不同需求。并能消除土著人民的顾虑和抵触，更好地被土著人民接受和理解。

第四章为"《TCEs 条款草案》之发展和分析"。本章回顾了草案的起草背景和发展进程，特别提到因一些发达国家和广大发展中国家的不同意见导致草案谈判的坎坷进度，以表明其保护的困难性。并进一步指出进展缓慢的原因，除了具体规定上的分歧，最大的障碍是对有关文书拟定的证据和约束力问题上的莫衷一是。进而指出，具有法律约束力的国际文件，对传统文化表达的国际保护才具有实质性意义，软法或者指导意见形式对传统文化表达的保护并无太大意义。继而对草案的具体内容和各成员国在 IGC 会议上的争议焦点进行了归纳总结，从中可看出文书对传统文化表达保护的具体思路和方法，并了解各成员国在各项问题上的不同看法，加深我们对文书内容和具体条款的理解。在此基础上，对各部分的内容和争议焦点做了深入的评析，并提出不少完善建议，既可为我国将来谈判之参考，也可为我国将来立法之借鉴。最后对草案的特点进行了评析，指出草案的优点体现在：一是采用了特别权保护机制，或者说知识产权专门制度的方式。二是分层保护方法的运用。

三是灵活性的具体规定。但草案也存在两点不足，即较强的妥协性和模糊性，以及对土著群体权益的关注不够。

第五章为"我国 TCEs 保护之现状分析和对策"。本章首先分析了我国 TCEs 的保护现状，指出立法方面只有公法保护而缺乏私法的保护，导致传统文化表达的创造者和传统持有者维权无据。司法方面对当前公开可获取的涉及传统文化表达的案例做了比较分析，发现这些案例在传统文化表达的保护上凸显了几个共同的问题：一是传统文化表达保护的主体问题；二是传统文化表达衍生作品与传统文化表达的区分问题；三是将传统文化表达认定为不受保护的客体的问题等。这些问题皆表明，私法保护的欠缺导致传统文化表达权利人在主张权益时于法无据。在此基础上，进一步结合草案的优点分析了草案对我国的启示。最后，借鉴草案的优点，并结合我国《民间文学艺术作品著作权保护条例（征求意见稿）》的规定，从原则和目标、权利客体、权利主体、权利内容、权利管理、限制与例外、保护期、权利救济、手续、替代性争议解决措施等具体内容着力构建我国保护传统文化表达之特别权保护机制，提出了详细可行的建议。

本书主要运用了以下研究方法。

第一，比较分析方法。从宏观角度，对相关国际条约之间、各国国内立法及司法实践之间以及国内法制与国际制度之间的相互联系与区别进行比较，厘清 TCEs 保护理念及其所引发的理论基础和立法实践之间的脉络，总结传统文化表达在国际层面和国内层面的保护特点与趋势，更结合知识产权制度在保护 TCEs 方面的局限，从而针对中国实际，为我国 TCEs 的特别权保护制度构建提出建议；从微观角度，对传统文化表达作为权利客体进行与一般财产客体的比较，通过对比分析保护客体、主体、内容等方面所具有的特殊属性，针对这些特殊属性来推导出建立传统文化表达知识产权保护特别制度的建议。

　　第二，历史分析方法。从《TCEs 条款草案》的起草和发展进程，结合传统文化表达保护的国际发展脉络，提出 TCEs 特别权保护的理论基础和研究路径。通过对 TCEs 保护历史的回顾，从中理出私法尤其是知识产权保护的正当性、优越性以及局限性，并进一步提出传统文化表达特别权保护的必要性、可行性和优越性。

　　第三，实例分析方法。传统文化表达的盗用和滥用现象在实践中屡有发生，有关这方面的纠纷也较为普遍。通过对各国涉及传统文化表达保护问题的案例进行整理、归纳和分析，指出立法缺乏导致的司法不足问题，同时也对一些判例中展现的较新思路予以了关注。同时，对我国有关传统文化表达保护的相关案例也做了总结，指出这些案例凸显的问题，进一步佐证了创建传统文化表达特别权保护机制的重要性和优越性。

第一章　传统文化表达之概述

第一节　传统文化表达（TCEs）之界定

一、传统文化表达之概念

（一）WIPO 中的一般界定

"传统文化表达"（traditional cultural expression，TCE 或 TCEs）[①] 是世界知识产权组织（WIPO）目前官方使用的一个法律术语。"传统文化表达"又经常被称为"民间文学艺术"（folklore）、"民间文艺表现形式"（expressions of folklore，EoF）。但在近十几年的世界知识产权组织框架内，倾向于被称为"传统文化表达"，包括传统音乐、舞蹈、故事、礼仪、标志、工艺美术、雕刻形式、建筑形式等，被认为是比"民间文学艺术"更中性的术语。世界知识产权组织 2004 年的《传统文化表达 / 民间文学艺术表达的法律保护之综合分析》（下称 WIPO《法律保护综合分析》）指出，"传统文化表达"与

[①] 虽然 WIPO 官方的中文版本皆译为"传统文化表现形式"，但"expression"翻译成"表达"更能体现著作法中思想 / 表达二分法的理念，以说明作者研究的对象，故书中"traditional cultural expression"皆译为"传统文化表达"。

"民间文艺表现形式""土著文化和知识财产"和"无形和有形的文化遗产"等其他术语的意义和范围或多或少指的是同一客体,包含了"源自世界许多社群的各种各样的习俗、传统、艺术表现形式、知识、信仰、产品、生产过程和空间"①。

比较有代表性、并被广泛认可的一个定义载于世界知识产权组织2006年《保护传统文化表达/民间文艺表现形式经修订的规定草案:政策目标和核心原则》(WIPO《政策目标和核心原则》)第1条"保护的客体"。该条采取定义、分类加列举特征的方式对"传统文化表达"做了综合而详细的界定。②

根据其定义,"传统文化表达"或"民间文学艺术表达"是指表现、呈现或显示传统文化和知识的任何形式,而无论其是有形还是无形,包括各种表现形式或各表现形式的组合。同时,文件将传统文化表达分成四类:(1)口头表达形式,例如故事、史诗、民间传说、诗歌、谜语及其他记叙性作品,文字、标志、名称和符号;(2)音乐表现形式,例如:歌曲和器乐;(3)行动表现形式,例如舞蹈、戏剧、仪式、典礼及其他表演;(4)有形表现形式,例如艺术作品,尤其是素描、设计、绘画(包括人体彩绘)、雕刻、雕塑、陶器、陶土作品、镶嵌、木工、金属器皿、珠宝、筐篮编织、刺绣、纺织、玻璃器皿、制毯、服饰、手工艺作品、乐器以及建筑形式。③

进一步,文件对有形表现形式列举了三个特征:(1)属于创造性智力活动的产物,包括个人和社区的创作;(2)具有反映社区文化与社会特征和文化遗产的特点;(3)系由该社区或由根据该社区的习惯法和惯例有权利或有责任的

---

① WIPO, *Consolidated Analysis of the Legal Protection of Traditional Cultural Expressions/Expressions of Folklore*, (Geneva: WIPO Publication, 2003), p.25.

② WIPO知识产权与遗传资源、传统知识和民间文学艺术政府间委员会:《保护传统文化表达/民间文艺表现形式:经修订的目标与原则》,WIPO/GRTKF/IC/9/4,2006,附件第11页。

③ 同上。

个人所维持、使用或发展的。①

最后，文件将受保护客体的具体称谓交由各成员自主决定，因成员国及其他利益相关者都要求文件用词的灵活性，而且不少知识产权的国际文件都遵从各国的用词。

WIPO《政策目标和核心原则》有关"传统文化表达"的界定借鉴了1982 年世界知识产权组织和联合国教科文组织（UNESCO）联合制定的《保护民间文艺表现形式禁止非法利用及其他有害行为国内法示范规定》（WIPO-UNESCO《示范规定》）②、2002 年的《保护传统知识和文化表现形式太平洋岛屿区域性框架》（2002 年《太平洋示范法》）③，以及各国对 TCEs/EoF 提供专门保护的现有版权法。

根据文件对客体的说明，之所以在定义的基础上又采取列举特征的做法，是因为"委员会的讨论阐明了对一般客体的说明与界定那些根据具体法律措施有资格受到保护的 TCEs/EoF 二者之间的区别"，④ 即并非所有传统文化表达都可以被认为属于知识产权框架内的保护客体。

兹以为，WIPO《政策目标和核心原则》的界定相对科学与合理，比较准

---

① WIPO 知识产权与遗传资源、传统知识和民间文学艺术政府间委员会：《保护传统文化表达／民间文艺表现形式：经修订的目标与原则》，WIPO/GRTKF/IC/9/4，2006，附件第 11 页。

② WIPO 和 UNESCO 的示范法中，"民间文学艺术"被界定为："由一个社群……或被反映此类社群传统艺术期望的个人发展和维护的传统艺术遗产的特征性要素组成的产品"，特别是口头表达、音乐表达、行动表达和有形表达。

③ 根据该示范法，传统文化表达是指：承载或体现传统知识的任何形式，它与内容、质量或目的无关，可以是有形的或无形的，包括下列形式但不仅限于以下形式：称谓、故事、说唱、谜语、口述史、歌曲及口头叙事；艺术和手工艺品、乐器、雕塑、陶器、彩陶镶嵌、木制品、金属器皿、首饰、织物、刺绣、贝壳工艺品、地毯、服饰、纺织品等；音乐、舞蹈、戏剧、文学、典礼、仪式表演及其他文化性活动；图画设计和可视性构造物中的线条及其组成部分与细节；建筑形式。

④ WIPO 知识产权与遗传资源、传统知识和民间文学艺术政府间委员会：《保护传统文化表达／民间文艺表现形式：经修订的目标与原则》，WIPO/GRTKF/IC/9/4，2006，附件第 12 页。

确地阐明了目前国际社会讨论的传统文化表达的具体形态。根据该文件的规定，传统文化表达可简要概括为用以表达传统文化和知识的各种形式，可分为口头、音乐、行动和有形表达四类。

从 WIPO《政策目标和核心原则》的定义看，TCEs/EoF 既可以呈有形形式，也可以呈无形形式，还可以是两者兼而有之，即混合表现形式。虽然传统文化表达也常呈现为物质形式，但与一般财产不同，传统文化表达往往是物质与非物质、有形与无形的结合。"事实上，任何实物往往都具有与之不可分开的象征性或宗教元素。"[1]譬如土著人民制作的织毯或布料，虽然是物质表现形式，但其中表现了传统故事的要素，即非物质表现形式。以前人们的惯常印象是，有形和无形很容易区分。实物便是有形的形式，思想才是无形的范围。但马丁·斯克吕斯楚普（Martin Skrydstrup）在 WIPO 的调查报告中指出，最近在博物馆团体内部有一种趋势，开始日益考虑和承认，有形的博物馆实物体现了"第四维度"（fourth dimension）。[2]这种"第四维度"指的是博物馆持有物品上负载的片段和知识所体现的根本理念。如神圣的药包就有着与之紧密相关的无形属性，包括仪式、歌曲、神话、药品、舞蹈和技术知识等。在来源社群，还区分氏族药包和个人药包规定有不同的权利、义务和转让的方法。其他的一些物品也同样具有无形的属性，有与之相关的歌曲和故事。他认为，这些事实要求对物质文化的范围要有更充分、更全面的理解，在制定知识产权的指导方针、界定其客体时，要对有形和无形之间的关系有着更先进的观念。[3]这种研究表明，有形和无形的区分并非轻而易举，而在传

---

① WIPO:《知识产权与遗传资源、传统知识和传统文化表达：概览》，第 933C 号出版物，2015，第 15 页。

② WIPO（prepared by Martin Skrydstrup）, *Towards Intellectual Property Guidelines and Best Practices for Recording and Digitizing Intangible Cultural Heritage: A Survey of Codes, Conduct and Challenges in North America*, October 2006, p.105.

③ 同上书，p.106.

统文化表达上更是如此。对这一问题的把握有助于我们更好地理解传统文化表达的概念，进而采取有针对性的保护措施。

WIPO《政策目标和核心原则》的定义中并未对"传统"和"文化"做出界定，这一方面源于这些术语的抽象性，存在界定困难的问题；另一方面也因为这些术语的范围如限制过窄，将使本应受到保护的许多传统文化表达被排除在外，造成不必要的困扰。作为国际性的拟议规则，为使各成员容易达成一致意见，保持术语和条文的模糊性在所难免。但我们仍需对这两个术语做一探究，以便更好地理解传统文化表达的概念。

首先是对"传统"的理解。根据《布莱克法律词典》的定义，传统是指"那些影响或支配现有行为或实践的风俗习惯"①。源于西方的知识产权法对传统文化（可称为狭义的传统文化或民间文学艺术）和当代社会根据之前存在的传统文化或民间文学艺术而创造或衍生的现代文化表现形式作了区分。但传统是否就是老的、僵化的？根据 WIPO 的解释，"'传统'指按照某一社区的规则、规约和习惯发展起来的传统知识或传统文化表达，不是老的知识或文化表现形式。换句话说，形容词'传统'指的是创作传统知识或传统文化表达的方法，不是知识或文化表现形式本身。'传统'一词是指知识或文化表现形式源于或基于传统，被认为是某一土著或传统人民的特征或与之相关，并且可以用传统的方式表现。"②从这些解释可以看出，"传统文化表达"中的"传统"并非老的、僵化的含义，而是侧重于表现形式的来源和特征。譬如在传统背景中的礼仪舞蹈的表演，在传统社群内按照传统方法制作的手工艺品和纺织品等。这些表演、手工艺品和纺织品也不是一成不变的，也会因表演者、制作者的不同理解和不同阐释而呈现不同的形态。不管是传统文化表达

---

① Bryan A. Garner, *Black's Law Dictionary(8th Edition)*, (West Publishing Co, 2009), p.4666.

② WIPO 知识产权与遗传资源、传统知识和民间文学艺术政府间委员会：《知识产权与遗传资源、传统知识和传统文化表达重要词语汇编》，WIPO/GRTKF/IC/32/INF/7，2016，附件第 3 页。

还是现代文化表现形式，任何艺术和表达都是动态的，都处在不断创新中。

其次是对"文化"的理解。有关"文化"的解释以联合国教科文组织的文件为代表。在保护和促进文化多样性领域，UNESCO出台了一系列相关的宣言、报告和文件，并于2005年通过了《保护和促进文化表现形式多样性公约》，但该公约并未对"文化"做出解释。比较权威的界定可见于2001年联合国教科文组织通过的《世界文化多样性宣言》。该《宣言》将文化解释为"某个社会或某个社会群体特有的精神与物质，智力与情感方面的不同特点之总和；除了文学和艺术外，文化还包括生活方式、共处方式、价值观体系、传统和信仰"。而该定义是基于1982年墨西哥世界文化政策会议、1995年世界文化与发展委员会的报告《我们具有创造力的多样性》和1998年斯德哥尔摩文化政策促进发展政府间会议等会议结论做出的。由此观之，UNESCO所持的文化看法与广义的文化定义是相契合的。而传统文化表达中的"文化"根据这一界定可理解为，某特定社群（或一般所称的土著社群）之特有的精神与物质总和。具体而言，包括该特定社群的文学、艺术、生活方式、价值观体系、传统和信仰等。

综上，传统文化表达是指：反映某特定社群的传统文化之有形或无形或二者之结合的表现形式。

（二）《TCEs条款草案》中的界定

《TCEs条款草案》是通过"术语的使用"部分对传统文化表达做的一般性定义，并在正文的第1条"保护的客体"中列举了传统文化表达的几个特征，包括达成共识的特征和几个尚有争议的可选特征。

"术语的使用"部分规定："传统文化表达系指任何艺术和文学、创造性和其他精神，不论是物质形式还是非物质形式，或者物质形式与非物质形式的组合，例如动作、物质、音乐和声音、语音和文字及其改编作品，无论其以何种形式表达、说明或体现可能存在于书面/经过整理的、口头的或其他形式。"① 由此可见，草案强调传统文化表达是艺术和文学领域内的表达形式，包括物质形式、非物质形式或者二者的组合三种。因此，表达形式可以是动作，无论是已固定的还是未固定的，例如舞蹈、戏剧、仪式、典礼、竞赛、传统运动和传统竞赛、木偶戏及其他表演等；表达形式也可以是如手工艺品、仪式用面具或服装、手织毯、建筑和崇拜圣地这样的物质形式；表达形式亦可为音乐或声音，如歌曲、器乐或典礼表演的声音等；另外，诸如传说、故事、诗歌、谜语和符号等语音或文字形式也可涵括在内。

　　对传统文化表达的界定历来有两种策略：一种是使用宽泛的、详尽的定义，可能更符合土著人民和特定社群的期望；另一种是遵从版权传统，创造受保护的种类或类别，更特别关注文学、艺术和音乐形式。譬如 WIPO-UNESCO《示范规定》和 WIPO《政策目标和核心原则》的四种分类。从务实的角度讲，更具限制性的定义更有效，② 即更有利于保护。卢卡斯·施洛特（LucasSchloetter）指出："将民间文学艺术仅考虑为传统的艺术创造表达似乎是可取的，否则该体系的保护将是不切实际的。因此，这个定义排除了传统信仰和科学传统。该概念窄于文化遗产，定位在创造性活动，特别排除自然遗址、民族学的素材或者考古的出土文物。这种智力创造的特点使其有理由与知识产权，特别是版权相对应，但是民间文艺与文化遗产概念保持的联系

---

① WIPO 知识产权与遗传资源、传统知识和民间文学艺术政府间委员会：《保护传统文化表现形式：条款草案》，2017 年，WIPO/GRTKF/IC/33/4，附件第 4 页。最新的草案（WIPO/GRTKF/IC/44/5）对此依旧未改。

② Picar C J, Marlowe F, "Beyond Unbridled Optimism and Fear: Indigenous Peoples, Intellectual Property, Human Rights and the Globalisation of Traditional Knowledge and Expressions of Folldore: Part I", *International Community Law Review* 15 (2013):337.

也是一种启示：这方面的现行立法应值得考虑。"[1] 尤其是考虑到 IGC 现在正讨论的文书是将传统文化表达、传统知识和遗传资源的保护分开讨论的，将传统文化表达的范围予以一定的限制，更有利于文书的明晰和保护的有效性。从西方的法律观念讲，也更易被西方法律传统所接受。

但对传统文化表达的界定也不宜过窄。如 WIPO-UNESCO《示范规定》就仅涵盖"艺术的"遗产。WIPO 对印度、菲律宾和印度尼西亚三国执行该《示范规定》的情况进行了调查，报告显示，《示范规定》对这些国家通过或建议的法律框架的影响非常有限。调查认为，其中一个原因就是，示范法中提供的民俗文化及其要素的范围太窄，相应的，与要求授权的行为相关的规定也就面临相似的不足。[2] 许多学者也认为，由于传统文化表达和传统知识的特性，定义不宜限制，而宜开放。如达霍斯认为，土著知识的价值有时是因其开放性的事实才产生的，就如植物知识的代际发展被证明是有谱系的。[3]

因此，如何把握该概念的内涵，对其界定怎样才算恰当，值得我们仔细斟酌。

可能通过较宽泛的定义加上列举特征的方式更能为各国所接受。从《TCEs 条款草案》目前的规定看，是将定义单独放在"术语的使用"部分，而将相应的特征作为第 1 条"保护客体"予以规定。实际上，完全可以将定义与特征一并作为"保护客体"来予以规定。目前草案定义中的"创造性和其他精神"和"改编作品"可以删除。因对传统文化表达的理解和保护，侧

---

[1] Schloetter A L, "Folklore", in Silke von Lewinski（ed.）, Silke von Lewinski (ed.), *Indigenous Heritage and Intellectual Property.Genetic Resources, Traditional Knowledge and Folklore* (2nd ed.), (Kluwer Law International, 2008), p.322.

[2] Valsala M, Kutty G, *National Experiences With the Protection of Expressions of Folklore/Traditional Cultural Expressions: India, Indonesia and the Philippines*, (Geneva: WIPO's Publication, 2004), p.33.

[3] Drahos P, Susy Frankel, "Indigenous Peoples' Innovation and Intellectual Property: the Issues", *Victoria University of Wellington Legal Research Papers*, No. 36 (2012):12.

重于具体的表达方式。而改编作品通常可用常规知识产权制度予以保护，不属于草案所要针对的由常规知识产权制度难以保护的传统文化表达之范畴。

二、几个相关概念之辨析

（一）民间文学艺术、民间文艺表现形式和民间文学艺术作品

如前所述，传统文化表达经常被称之为"民间文学艺术"（folklore[①]）、"民间文艺表现形式"（expressions of folklore）。而我国的研究文献和司法实践中还经常采用"民间文学艺术作品"的说法。

根据 2014《韦伯斯特字典》的界定，传统文化表达，或民间文学艺术，是"传统的习俗、故事、谚语、舞蹈，或一个民族中保存的艺术形式"。而《朗文当代英语词典》对 folklore 的解释是"传统的故事、习俗，特别是一个特定地域或国家的"。可见，传统文化表达与民间文学艺术是通用的。

在民俗文化研究中，folklore 一般被译为"民俗"，意思是"民众的知识""民众的学问"。最早由英国考古学家汤姆斯于 1846 年提出，后在实践中被广泛接受，用来涵括民众知识和民众传统文化两大范畴，可谓包罗万象。民间文学艺术显然是民俗的重要组成部分。

各国法律对此的表述不一而足。在进行保护的四十多个国家的立法中，大多数国家用的是"民间文学艺术作品"（works of folklore），有些国家如贝宁、印度尼西亚、肯尼亚等提到的是"民间文学艺术"（folklore），还有些国家采用的是"民间文学艺术表现形式"（expressions of folklore）的说法。我国

---

① 对英文的"folklore"，我国知识产权研究文献通常将其翻译成"民间文学艺术"，几成固定用语。但该译法是否恰当，值得商榷。如有学者指出，中文语境下的"民间文学艺术"概念已经割舍了"folklore"所包含的文化信息，二者不具有同一性，建议译为"族群文学艺术"。参见李琛：《著作权基本理论批判》，知识产权出版社，2013，第 149—157 页。

《著作权法》用的是"民间文学艺术作品",但在英译时用的却是"expressions of folklore"。因各国表述不一,对其内涵和外延也无严格的界定,故这几个术语经常被视为同一概念,而有时则把"民间文学艺术"作为"民间文学艺术表现形式"或"民间文学艺术作品"的上位概念。这也造成了这一客体缺乏一个统一的称呼,也缺乏一个清晰的界定。

在英文中,"folklore"常与"indigenous"相通用,而"indigenous"一般指的是"土著的、本土的、原住的"。故国际上主张保护的民间文学艺术主要指的就是土著社群的、比较传统和本真的传统文化表达。一般而言,民间文学艺术主要是指由某特定的土著社群或者其成员创作的,代代相传、体现了该社群共同的文化价值观和传统,不断发展演变的各种文学艺术成果。

虽然 WIPO 意识到用民间文学艺术表达更接近版权法的保护客体,但却并不将民间文学艺术表达表述成民间文学艺术作品。WIPO 的这种做法表明,对于民间文学艺术表达的保护可不受版权法所限。[①] 我国的《著作权法》第三次修改草案将原来的民间文学艺术作品改为民间文学艺术表达,体现了我们对民间文学艺术表达与作品的区分有了更深入的了解。

尽管在国际讨论中以及在许多国家的法律中,"民间文艺表现形式"是最常用的术语,但一些社区对该词的负面含义表示了保留意见。如马丁·斯克吕斯楚普(Martin Skrydstrup)在 WIPO 的调查报告中提到,将 TCEs 视为"民间文艺表现形式"(EoF),即将其看成西方民族学、人类学、民俗文化研究等许多学科的客体,对很多人来说是一个贬损性的术语。因源自 19 世纪西方浪漫主义的文化观念,将艺术分成西方资产阶级意义上的高等艺术和人民

---

① 魏玮:《民间文学艺术表达的版权法保护困境与出路》,《暨南学报(哲学社会科学版)》2015 年第 4 期。

艺术，包括叙事、民间艺术和音乐、传说、知识和神话等。[①] 也有的认为是因 "folklore" 一词在拉美国家被认为含有贬义，故多用 "土著文化和知识产权" 代之。[②] 因该词的负面色彩，WIPO 的官方文件逐渐都代之以 "传统文化表达" 的说法，但仍在多份文件中指出，"传统文化表达" 和 "民间文学艺术表现形式" 被当作同义词使用，可以互换。"使用这些词语并不表示 WIPO 成员国之间就这些词或其他词的有效性和恰当性协商一致，亦不影响或限制国内法或区域法中使用其他词语"[③]。

如 WIPO 官方文件指出，对民间文学表达和传统文化表达的术语存在不同意见，如可能包含 "原始" 文化的消极意蕴。但文件均同意，EoF/TCEs 是与一个特别群体的独特文化特质密切相关的。[④] 即二者在根本上指的是同一客体。

（二）传统知识

与传统文化表达经常相提并论的一个术语是 "传统知识"。从各种资料来看，传统知识可分为广义和狭义两类。广义的传统知识是一个无所不包的术语，几乎囊括了土著社群[⑤] 通过传统方式传承的所有知识、技能和各种文学艺

①　WIPO (prepared by Martin Skrydstrup), *Towards Intellectual Property Guidelines and Best Practices for Recording and Digitizing Intangible Cultural Heritage: A Survey of Codes, Conduct and Challenges in North America*, Geneva: (Geneva: WIPO, 2006) p.105.

②　Amegatcher A O, Protection of folklore by Copyright-a contradiction in terms, 载联合国教科文组织《版权公报》2002 年第 2 期，转自李琛：《著作权基本理论批判》，知识产权出版社，2013，第 152 页。

③　WIPO 知识产权与遗传资源、传统知识和民间文学艺术政府间委员会：《知识产权与遗传资源、传统知识和传统文化表达重要词语汇编》，WIPO/GRTKF/IC/32/INF/7，2016，附件第 3 页。

④　WIPO：《知识产权与遗传资源、传统知识和传统文化表达：概览》，WIPO 第 933C 号出版物，2015，第 15 页。

⑤　英文中经常用的是 "indigenous communities"，有的译成 "土著群体"，笔者倾向于译为 "土著社群"，暗含该群体形成一个小社会的特征。

术表现形式。《生物多样性公约》(*Convention on Biological Diversity*,CBD)中对"传统知识"的界定是"传统知识、创新和实践"。而 WIPO 早期的文本将其指称"传统知识、创新和创造力",包括广泛的客体,如传统农业、与生物多样性相关的和医药的知识与民间文学艺术(folklore)。因此,广义的传统知识是包含传统文化表达的,即广义的传统知识是传统文化表达的上位概念。

根据 WIPO《知识产权与遗传资源、传统知识和传统文化表达重要词语汇编》(WIPO《重要词语汇编》)的说明,"传统知识"作为对客体的泛泛描述,一般包括传统社区(包括土著和当地社区)的智力和非物质文化遗产、做法和知识体系(广义的传统知识)。即通常所指的传统知识是广义的,包括知识本身的内容、传统文化表达,以及与传统知识有关的显著符号和象征。[①]同时,该文件也进一步指出,在国际辩论中,狭义的"传统知识"尤指因传统背景下的智力活动而产生的知识,其中包括诀窍、做法、技能和创新。传统知识可以在大量背景中找到,包括农业知识、科学知识、技术知识、生态知识、药学知识(含相关药品和疗法),以及生物多样性相关知识等。

近些年,WIPO 均对传统知识和传统文化表达予以了区分,因为从知识产权的角度看,WIPO 认为各自的政策问题不同,对其保护也可以采用不同的法律手段。这也是 IGC 近年在国际文书草案的谈判中将传统文化表达和传统知识、遗传资源分开讨论的原因。在 WIPO 最新的《保护传统知识:条款草案第二次修订稿》(2016 年 9 月 23 日)中,第 1 条"文书的客体"提供了四个替代项,除了其他几个替代项的宽泛术语,替代项 3 特别说明:"可能的形式有诀窍、技能、创新、做法、教导和学问。"由此可见,WIPO 在最近的国际立法谈判中是倾向于持狭义的传统知识概念的,历届的知识产权与遗传

---

① WIPO 知识产权与遗传资源、传统知识和民间文学艺术政府间委员会:《知识产权与遗传资源、传统知识和传统文化表达重要词语汇编》,WIPO/GRTKF/IC/32/INF/7,2016,附件第 4 页。

资源、传统知识和民间文学艺术政府间委员会会议报告也可佐证。

尽管在讨论知识产权保护时，传统文化表达一般与传统知识分开讨论，但 WIPO 也指出，这并不意味着它们在传统背景下也被分别对待。区别传统知识和传统文化表达，不一定代表任何特定持有人对自己整体遗产的整体认识。[①] 因为对许多持有人而言，传统知识及其表现形式是一个不可分割的整体。例如，一个传统工具可能体现了传统知识，但也可因其设计和装饰而被视为一种独立的传统文化表达。

（三）非物质文化遗产

根据《布莱克法律词典》，"非物质的"（intangible）是指不可触摸的、感觉不到的。"物质的"则被定义为"具备或拥有外观的、有形的；能被触摸和可视的；可感知的。"[②] 据此，非物质文化遗产即不具物质形式的文化遗产。

2003 年的《保护非物质文化遗产公约》第二条将"非物质文化遗产"界定为"被各社区、群体，有时是个人，视为其文化遗产组成部分的各种社会实践、观念表述、表现形式、知识、技能以及相关的工具、实物、手工艺品和文化场所。这种非物质文化遗产世代相传，在各社区和群体适应周围环境以及与自然和历史的互动中，被不断地再创造，为这些社区和群体提供认同感和持续感，从而增强对文化多样性和人类创造力的尊重"。并进一步指出其包括口头传统和表现形式（包括作为非物质文化遗产媒介的语言）；表演艺术；社会实践、仪式、节庆活动；有关自然界和宇宙的知识和实践；传统手工艺等五个方面。由此可见，非物质文化遗产既包括传统文化表达，也包括展现

---

① WIPO:《知识产权与遗传资源、传统知识和传统文化表达：概览》，WIPO 第 933C 号出版物，2015，第 13 页。

② Bryan A. Garner, *Black's Law Dictionary* (*8th Edition*), (West Publishing Co, 2009), p.4556.

传统文化表达的设施及空间，还包括狭义概念上的传统知识的范畴，如知识、技能和实践等。因此，该公约所指的非物质文化遗产的概念涵括了传统文化表达，范围要比传统文化表达大得多，可以说是传统文化表达和传统知识的上位概念。

我国《非物质文化遗产法》将"非物质文化遗产"界定为：各族人民世代相传并视为其文化遗产组成部分的各种传统文化表达，以及与传统文化表达相关的实物和场所。包括：（一）传统口头文学以及作为其载体的语言；（二）传统美术、书法、音乐、舞蹈、戏剧、曲艺和杂技；（三）传统技艺、医药和历法；（四）传统礼仪、节庆等民俗；（五）传统体育和游艺；（六）其他非物质文化遗产。属于非物质文化遗产组成部分的实物和场所，凡属文物的，适用《中华人民共和国文物保护法》的有关规定。[①] 可见，我国的《非物质文化遗产法》对"非物质文化遗产"是以传统文化表达为核心来界定的，其范围包括了传统文化表达和与其相关的实物及场所，范围也要比传统文化表达大得多。

传统文化表达作为非物质文化遗产的核心部分，是特定社群在特定环境中经过长期发展积聚的智慧成果，最能体现非物质文化遗产的特征，代表该社群独特的传统文化和历史渊源，可以说是该社群的"灵魂"或"根"。

由于传统文化表达属于非物质文化遗产的重要组成部分，因此许多研究传统文化表达保护的文献会提及非物质文化遗产的保护，甚至在保护上将二者等同对待。但兹以为，传统文化表达与非物质文化遗产应属不同法律的保护范畴。非物质文化遗产的保护一般是公法范畴，贵在维护、传承；而传统文化表达应由私法予以规范，重在赋权、保护。从 WIPO 多年的谈判进程来看，亦足以看出其对传统文化表达立足于知识产权的私法保护。"WIPO 从客体的财产价值出发，在保护部族文化特性和身份认同的基础上，更多是调整

---

① 2011 年《中华人民共和国非物质文化遗产法》第二条。

传统文化在其利用与传播中的利益关系，防止对传统文化的不正当利用及其他侵害行为"①。

第二节　传统文化表达之特点

一、文化敏感性

对传统文化表达的特点，已有大量文献和资料述及。但本书在此想首先提出的，也是很多资料忽略的一个特点，即传统文化表达通常具有文化敏感性。②传统文化表达的文化敏感性指的是其具有浓厚的文化性质和精神意义，与来源社群的哲学理念和宗教观念等文化价值观紧密相连。形式与其内容或其文化性质难以分离。由前述关于传统文化表达概念的阐释可以看出，TCEs通常是有形和无形、物质与非物质的混合。这种混合体现了传统文化表达的物质形式常常带有非物质的精神内容，或者可以说是前面所提的"第四维度"。这也可以说，传统文化表达与一般财产的根本区别，也是西方知识产权的财产观念难以理解之处。这种根本区别导致西方和土著社群在看待传统文化表达上的不同态度，这种态度又引发传统文化表达保护上的诸多争议。

（一）不关注文化敏感性的西方财产观念和态度

西方的知识产权观念不关注文化敏感性，将人类的智力创作成果视为可

---

① 吴汉东：《论传统文化的法律保护——以非物质文化遗产和传统文化表达为对象》，《中国法学》2010年第1期。

② 许多文献提到传统文化表达的一个特征是其具有反映社群文化和社会特征和遗产的特点，但该说法虽提及传统文化表达的文化特点，并未体现形式与内容难以分离的这一关键点。

商品化的财产，认为形式与内容是可分离的，因此作品可独立于作者的人格作为经济活动的交易标的。虽然西方知识产权制度理论依据中的人格权学说也强调著作权的人格权意义，但"在通常情况下，对作者与文化经济来说，钱财方面的利益要放在中心地位。因此对创作人人格的保护应放在次要位置"①。由于西方知识产权观念对经济利益的追求，尤其是在产业化日益发展的今天，源于不同哲学逻辑的两大法系却"都已将版权权利延伸到了作品经济价值所及的每个角落"②。由于财产权是与自利交织在一起的，在霍布斯的政治哲学中，这种自利就需受权力限制。但这种"不可遏止的自利"（unstoppable self-interest）是许多传统知识持有者不明白的。如分析印第安社会习惯的作家迈克尔·梅洛迪（Michael Melody）就曾指出："尽管西方的自由主义哲学根据个人主义、竞争和自利来界定人，但传统印第安哲学却是根据精神同一、共识、合作和自我否定来界定人的。"③ 这样的财产观念和制度不关注文化敏感性，只对经济利益感兴趣。这被许多土著社群所不理解。

而西方的审美哲学也在知识产权的物化和商品化倾向上起到了一定的推动作用。如丽贝卡·佐西（Rebecca Tsosie）指出，西方哲学中的"审美判断"是基于"无所为而为的玩索"（disinterested contemplation）的态度，即观看者关注的是物品本质的、不相干的、直观的特性。④ 其实，这便是只关注形式本身而不关注文化敏感性的体现。这种审美判断代表了西方的独特体验，也反映在版权制度中。作品越精致、越具独创性，就越会被法律作为原作保护。

---

① M·雷炳德:《著作权法（2004年第13版）》，张恩民译，法律出版社，2005，第25页。

② 保罗·戈尔斯坦:《国际版权原则、法律与惯例》，王文娟译，中国劳动社会保障出版社，2003，第7页。

③ Gervais D J, " The Internationalization of Intellectual Property: New Challenges from the Very Old and the Very New", *Fordham Intellectual Property, Media and Entertainment Law Journal* 12 (2002):963—964.

④ Tsosie R, Reclaiming Native Stories: Just Governance or Just War?: Native Artists, Cultural Production, and the Challenge of "Super-Diversity", *Cybaris Intell. Prop. L. Rev.* 6 (2015):87.

丽贝卡·佐西（Rebecca Tsosie）认为，在这种审美哲学下，部落艺术就经常被置于"文物"（artifacts）的范畴，这是一个"原始的"和"非西方"的文化表达的浩瀚仓库。而"文物"不被认为是"艺术"，即使它们包含了启发审美欣赏的要素。[1] 由于传统文化表达常被视为"文物"，属于老物件，而版权则是"艺术"，致使长期以来主流社会并不认可传统文化表达也应受保护，也是某一特定社群及其人民的智力创作成果，从而将非西方的传统文化和艺术排除于版权框架之外，加剧了传统文化表达的被盗用和滥用的现象。即使意识到其价值，也仅以纯物质形式的眼光对待，将其作为商品进行买卖，而无视其中的文化敏感性。

由这种财产观念和审美态度导致全球化的西方路径热衷于将文化视为一个物件，而不是一种活生生的现象。古德曼（Gudeman）认为，在西方体制里，知识产权"意味着财产的价值是作为积聚更多财富或金钱的手段"。[2] 因此受西方知识产权法保护的作品在任何背景下都是有经济效用的，拥有与文化相分离的市场价值。这种财产观念和态度也使得习惯于西方知识产权思维模式的人更容易将传统文化表达视为公有领域的物品，而不是具有文化敏感性的、对传统持有人有着重要精神意义的保护客体。

（二）重视文化敏感性的传统社群观念和体系

相反，在传统文化表达中，形式与内容往往是难以分离的。其形式往往附有文化敏感性，表征着其社群或人民的身份、地位、价值观和文化理念，

---

[1] Tsosie R, Reclaiming Native Stories: Just Governance or Just War?: Native Artists, Cultural Production, and the Challenge of "Super-Diversity", *Cybaris Intell. Prop. L. Rev.* 6 (2015):87.

[2] Riley A R, "Straight Stealing" : Towards an Indigenous System of Cultural Property Protection, *Washington Law Review* 80 (2005):87.

超越了单纯的物质属性。如新西兰毛利人的文身（moko）便是例证。[1] 许多重要的仪式和典礼与文身的授予紧密相关，将文身作为表明地位和等级的标记。土著人民的文化与其日常生活的活动是不可分离的。对土著人民而言，自然的物质世界与精神和文化世界难分难舍、交织缠绕。

土著社群或土著人民创作传统文化表达经常不是出于商业目的，而是为了宗教和文化的表达。有很多例子可以说明这一特点。一个典型的例子便是美国亚利桑那州的霍皮族反对国际艺术界拍卖 Katsinam 的抗争。霍皮族把在巴黎拍卖的面具类物品称为"Katsinam"，即"朋友"的意思，并认为其中寓居有神圣的灵魂。这些物品被认为是战士、动物、信使、火焰、雨水与云彩等事物的化身，在霍皮族的诸多仪式上使用，比如成人礼和丰收仪式。霍皮族反对把这些物品称为"面具"，并认为，拍照、收集并销售它们的外人犯了渎神之罪，这种行为是侮辱性行为。[2] 另一个有代表性的例子是菲律宾的 T'nalak，一种完全由蕉麻（马尼拉麻）编织的纺织品。当地最有名的土著社群编织者 T'bolis 被称为编梦者，将其梦中表现自己的场景置换成图案编入 T'nalak。这些图案代表着其文化的抽象化，讲述着生动的故事。T'nalak 在 T'boli 文化中具有重要作用：表达宗教的含义和对神的敬畏。[3] 但对 T'nalak 的图案讲述的故事及其包含的文化意蕴，外人并不能理解。

这种不可分离性与西方的版权观念截然不同。后者认为形式与内容可分离的观念促使版权制度出于激励创新之目的，要求对形式不能复制，而只能

---

① Torsen M, " Intellectual Property and Traditional Cultural Expressions: A Synopsis of Current Issues", *Intercultural Human Rights Law Review* 3 (2008):205.

② 纽约时报：《追回外流文物：在美国没那么容易》，转自新浪收藏网：http://collection.sina.com.cn/hwdt/20130415/1004110507.shtml，访问日期：2023 年 5 月 10 日。

③ Vanguardia M E, "Dreams for Sale: Traditional Cultural Expressions (TCEs) and Intellectual Property Rights of the Indigenous Pragmatic Group as Exemplified by the Dreamweavers" , *Philippine Law Journal* 86 (2012):407, 415.

就同一内容表达不同的形式，精神层面和思想内容是不受保护的。但传统文化表达作为独特文化的象征，强调遵循而非背离，复制是为了保持传统和形式上所蕴含的文化和宗教意义。

对土著人而言，文化是其日常存续不可分离的部分，其民族的存续依靠文化的维护。相反，许多非土著人却把文化视为一个抽象的概念，能从日常生活中轻易剥离。[①] 土著人认为，传统文化表达赋予其存在的生命和延续，以及集体的未来。故事是土著人文化生存的根基，因其包含了部落文化的哲学核心，包括了构造部落世界观的准则和价值理念。加拿大的一位印第安作者里诺·吉什格·托比亚斯（Lenore Keeshig-Tobias）曾提及："如你所见，故事并不只是娱乐。故事也是权力。他们反映了对一个人最深刻、最密切的感知、关系和态度。故事表明了一个人、一种文化是怎样思考的。"[②] 从土著社群的视角，西方的财产观念难以契合其传统文化表达的这种文化敏感性，不符合其传统的古老哲学理念。

传统文化表达的这种文化敏感性要求土著社群能对其享有一定的控制权。即便是为了促进文化的传播而让他人使用，也需尊重这种文化敏感性。在全球的传统文化表达被盗用和滥用的现象中，不尊重这种文化敏感性的例子比较多见，也是土著社群最希望制止的。譬如 WIPO 在对北美印第安的克里族进行调查时，就发现一个翻译侵犯文化敏感性的例子。[③] 克里族一成员称其为本族儿童写了十本基于该族故事和生活方式的儿童书籍，后在德国和意大利出版翻译，但这些翻译存在许多曲解和滥用的问题。因此克里族的长辈们做

① Tsosie R，"Reclaiming Native Stories: An Essay on Cultural Appropriation and Cultural Rights"，*Arizona State Law Journal* 34 (2002):304.

② 同上书，p.356.

③ WIPO, *Intellectual Property Needs and Expectations of Traditional Knowledge Holders, WIPO Report on Fact-finding Missions on Intellectual Property and Traditional knowledge* (1998—1999), (Geneva:WIPO, 2001), p.134.

出一项集体决定，告知该成员停止写作，并认为，许多事情被误译对整个社群是一种侮辱。

在国际上已有共识，即约束全球土著人民的历史和价值观的影响要远大于土著人当前所处的经济、法律和政治方面的差异。[①] 可以说，正是传统文化表达的这种文化敏感性有别于西方的财产和法律观念，从根本上导致长期以来传统文化表达被盗用和滥用的现象恶化，并引发保护传统文化表达的强烈主张。鉴于这种文化敏感性，即使是那些早已为世人所知、公之于众的传统文化表达，也需尊重形式所负载的文化意义。兹以为，这种文化敏感性要求我们在考虑传统文化表达的保护时，应以精神权利的保护为主，而以经济权利的保护为辅，并注重习惯法的运用。不像自上而下的法律制度，习惯法适应土著社群特殊的文化观念和规范框架，细微地反映了社群内部的经济结构、文化信仰和敏感的神圣知识，能贴切而有效地解决这方面的争议。

二、环境依赖性

传统文化表达作为人类智力创造的成果，与其他智力创造成果一样，也具有依赖性。智力创造成果的依赖性体现在，作为版权制度核心的科学和文化创作离不开创作的社会背景。创作实践实质上要受社会文化背景的影响和决定。各种科学和文化创作不光体现了创作时的时代特色和社会内容，还不可避免地带有其自身文化传统的来源和积淀。同时创作中要借鉴各种不同的文化，而这些文化均有其特定的社会背景，包括不同民族生活的智慧和经验。即便是少有的个体凭其天赋创作出罕见的佳作，其成长的印记和受社会环境影响的感知与印象也均会反映在其创作中。科学和文化创作的这种社会背景

---

① Seelau L M, Seelau R, "Making Indigenous Self-Determination Work: What the Nation Building Principles and Three Case Studies from Chile Teach Us about Implementing Indigenous Human Rights", *American Indian Law Review* 39 (2014):197.

性长期以来在很大程度上被版权学者所忽视。但随着近几十年的社会和文化理论①在这方面的发展，当代版权制度的研究文献对此也已有关注和阐述。如科恩就指出，版权创新过程应被构想成一个复杂的、去中心化的、自然发生的模式。它不是单纯的个人创作或生产艺术和智力文化的社会和文化模型，而是一个它们之间相互作用的动态模式。②西方的财产观念和知识产权观念长期以来一直以个人主义为中心，倾向于将文学和艺术作品理解为单一的产品，而忽视了这种背景的依赖性。对于版权保护的创造实践来说，创造性过程是置身于特定社会背景和文化中的过程。每一个文化创造都来自特定的时代背景和特定的文化，并反映了对特定的时代背景和特定文化的思考。创造实践在根本上是前后关联的、社会性的、互相关联的。

（一）源自世界观的环境依赖性

相较一般智力创造成果的背景依赖性，传统文化表达对环境的依赖更为突出，甚至可以说是其创造和发展的根本。如达霍斯提到，土著创新是一个基于场所的创新。这种基于场所的创新与联结主义的宇宙论机制相融合，知识作为关系网络的一部分而产生，而这些关系包括先祖和图腾实体。③他以澳大利亚土著为例来说明这一特性。土著澳大利亚人对宇宙（世界）的本质有着独特的、呈体系化的世界观和信仰。这些信仰在原住民的社会组织中持续发挥着深远的影响，包括土著知识和创新体系。他将土著人民这些看待世界的信仰和思想称为"宇宙论"（cosmology）。乡村（country）是一个人的精神

---

①　这些理论试图突破社会和个体的分野，把艺术和智力文化当作产生于个体和社会之间相互作用的现象。

②　Cohen J E, " Creativity and Culture in Copyright Theory", *Davis Law Review* 40 (2007):1151.

③　Drahos P, " When Cosmology Meets Property: Indigenous Peoples' Innovation and Intellectual Property", *Queen Mary University of London, School of Law Legal Studies Research Paper*, No.90 (2011):8.

家园。而宇宙（cosmologies）则与各种乡村（countries）不可分割地相联系。虽然宇宙论有某些相似性，但是因地而异，在理解特定地域上发挥着重要作用。[1] 与这种宇宙论相联系的就是，土著的知识和创新体系也因场所和地域的不同而有所区别。正因为如此，土著人民在主张其传统文化表达和传统知识的权利的同时，也要求更多对自己土地的控制权。这样他们才有机会从事基于场所的创新或继续进行更多的创新。

与对传统文化表达和传统知识的刻板描述相反，这些成果植根于变动的和发展的背景，并根据环境做出调整、对环境的变化及时予以回应，从而有利于生物多样性和文化多样性的维持，并促进可持续发展。这种环境依赖性源自土著人民朴素的世界观，不需要西方知识产权体制的激励效应，也使其较难与西方的财产和法律体系兼容，因在这种体系中，创新经常被概念化和程式化，表现为公司开发新的产品和工序。达霍斯也指出，土著社群面临的实际问题是，他们的创新采取服务乡村的形式，在生物多样性、环境和气候价值观等方面有着明确的公共利益，而这很难转变成收入流。知识产权制度基于商品的定位并不符合那些试图在被用来对生态系统产生影响的体系内创新的人。[2] 针对商品而非体系的知识产权制度难以适用于土著的创新体系，反而是土著社群内部在长期的发展中自己建立起一套适应环境发展的、控制和使用 TCEs 和 TK 的习惯法体系。但由于习惯法体系仅在社群内部有效，对社群外的行为没有约束力，也就造成了传统文化表达和传统知识在社群外的被盗用和滥用行为无法控制，土著人民的权益难以维护。

---

[1] Drahos P, "When Cosmology Meets Property: Indigenous Peoples' Innovation and Intellectual Property", *Queen Mary University of London, School of Law Legal Studies Research Paper*, No.90 (2011):5.

[2] 同上书，p.13.

（二）基于文化意义的环境依赖性

此外，由于传统文化表达具有文化敏感性，特定的场所和地域往往表征着特殊的文化意义，营造了特殊的文化氛围。一旦离开这种特定的场所和地域就可能失去其文化和精神意义，丧失它本真的面目，并可能冒犯到土著社群整体的尊严、道德和价值观，损害其文化认同。据 WIPO 的调查，在土著社群内部，根据习惯法公开表演音乐作品的权利经常要受制于某些背景特定的要求。如表演者被长辈要求演唱的歌曲只能在神圣的典礼上使用，其他场合就不能再使用，除非得到长辈的许可。对土著人民来说，表演权属于记忆政治学和土著文化维续的范围。[①] 土著神圣典礼上的表演如果未经许可被录制、传播，不了解歌曲内涵的人就很容易对该表演产生误读，甚至产生不好的联想，同时也会使来源社群不安，感到被冒犯。如 2002 年迪士尼公司的电影《星际宝贝》（*Lilo Stitch*）就未经许可采用了两首传统的夏威夷圣歌（Mele inoa[②]），引起本土夏威夷人的强烈不满。[③] 这两首圣歌传统上是用来尊崇 19 世纪在夏威夷的反革命运动中以其强大的民族、种族身份和作用著称的两位统治者——卡拉卡瓦（Kalakaua）国王和利留卡拉尼（Lili'uokalani）女王，被视为本土夏威夷骄傲的源泉。迪士尼公司将其演奏成一首歌，且重新命名为角色的名称"莉萝"，并取得了歌曲"莉萝"的版权。这种离开特定场所的不准确和漠视文化的盗用在世界各地比比皆是，给土著人民的精神造成了极

[①] WIPO, *Intellectual Property Needs and Expectations of Traditional Knowledge Holders, WIPO Report on Fact-finding Missions on Intellectual Property and Traditional knowledge (1998—1999),* (Geneva:WIPO, 2001), p.134

[②] Mele inoa 是利用人名来纪念该人的圣歌。

[③] Mantilla N, "The New Hawaiian Model: The Native Hawaiian Cultural Trademark Movement and the Quest for Intellectual Property Rights to Protect and Preserve Native Hawaiian Culture", *American University Intell.* 3 (2012):26.

大的困扰，并对其世界观体系形成冲击。因此，相较寻求这些传统表现形式和传统知识的商业化，土著社群更希望对其主张所有权并控制它，以维持文化和知识的完整性，并使其免于盗用、破坏、歪曲和灭绝。向一个土著社群移植一个西方化的知识产权制度对许多土著社群意味着与其文化、传统和环境的背离，而这非其所欲。因此，我们在思考对传统文化表达的保护方式时，更需要关注的是会真正危及传统文化表达的保存和发展的因素，如对资源的控制、对传统文化的尊重及所有权等。

三、集体传承性

集体传承性是传统文化表达的另一大特征。从传统文化表达以前和现在也常用的英文术语"folklore"的词源看，其中的"folk"指的是"至少具有某一共同特性的一群人"。故有学者主张，将"folklore"译为"族群文学艺术"，而非"民间文学艺术"。[①] 传统文化表达通常在一个社群中世代相传，其流传有着一定的地理界限和范围。在传承的过程中，由该社群维续、使用、管理和继承。集体传承性是传统文化表达比较公认的特征。一些国家的法律也充分反映了这一特点。如尼日利亚法律就将民间文学艺术作品定义为"群体或个人以群体导向和传统为基础的创作物，其反映了群体的期望，充分表现了其文化和社会特征，它的标准和价值通过模仿或其他方式口头传播"。[②] 而历届的 IGC 会议报告也表明，各国在传统文化表达的集体传承性，以及土著人民或社群属于该形式的权利主体上都是没有什么异议的。

尽管很多文献和资料提到，传统文化表达还具有匿名性、不确定性和动态性等，但这些特点可以说都是由集体传承性这一特征生发出来的必然表现。

---

① 李琛：《著作权基本理论批判》，知识产权出版社，2013，第150页。

② 梅臻：《中国民间文学艺术作品的版权保护研究》，载郑成思主编：《知识产权文丛（第10卷）》，中国方正出版社，2004年。

首先，由于传统文化表达是通过集体传承的，虽然个人创作者在其中发挥着重要的作用，但个人的创作往往要符合集体的要求和期望，或依集体的技艺和方法制作，体现集体文化的共同特征，所以个人创作者往往是匿名的，传统文化表达更多呈现的是集体的含义。同时，也因为集体传承过程侧重的是传统的维持与否，并不注重个人的名义和身份，所以传统文化表达的创作者通常是不能确定的，没有一般著作权意义上的权利人。由于是集体传承的，传统文化表达源于社群文化和经济，也强调这一集体内部的分享品质，使成员从互相依赖中获益。这种集体主义的文化也是有别于西方以个人主义为核心的知识产权文化的。

有鉴于此，在对传统文化表达提供保护时，重点应放在社群集体上。WIPO 经过多年的调查，也意识到这一点，在其拟定的《政策目标和核心原则》中特别说明："就保护的受益人而言，本规定草案的重点主要在集体受益人身上，而不在个人身上。社区由个人组成，因此，TCEs/EoF 的集体控制和监管最终应使得组成有关社区的个人受益。"[1] 如果不注重这一点，就可能出现个人受益、集体受损的现象。如澳大利亚著名的 Yumbulul v. Reserve Bank of Australia 一案[2] 就体现了土著社群作为集体不享有版权权利的无奈。该案涉及1988 年发行的十澳元纸币，纪念移民澳洲 200 周年。该纸币复制了一位土著艺术家特里·杨布鲁尔（Terry Yumbulul）创造的设计晨星杖。证据表明，晨星杖在纪念重要人物去世的仪式和氏族间的关系中起着核心作用。法院认为，晨星杖是杨布鲁尔（Yumbulul）先生的原创土著艺术作品，受版权法保护。但法院并未支持特里·杨布鲁尔（Terry Yumbulul）所属的高尔普（Galpu）氏族试图监管制作晨星杖的权利。从氏族的视角看，他们虽然授权杨布鲁尔

---

① 　WIPO 知识产权与遗传资源、传统知识和民间文学艺术政府间委员会：《保护传统文化表达 / 民间文艺表现形式：经修订的目标与原则》，WIPO/GRTKF/IC/9/4，2006 年 4 月，附件第 13—14 页。

② 　（1991）21 IPR 481（Austl）.

制作，但认为其向氏族负有文化义务确保不会滥用或误用。作为传统文化表达传承和维护的主体，土著社群应被视为权利主体，享有一定的控制权和受益权。

其次，传统文化表达集体传承，在社群内部代代相传，由其持有人维护、使用或发展，也就会不断演化、发展和再创造，从而呈现动态性。由于传统文化表达本身具有的文化敏感性，很多是通过口头或私相传授的方式传承的，不同于单纯的模仿和复制。世异时移，后来的个人创作者再现这些传统文化表达时，必然又会有新的解读方式和演绎方式，从而产生诸多版本和变体，使得传统文化表达呈现动态特征，而不是一个僵化的、静止不变的物件或形式。可以说，传统文化表达与土著集体社会是一种共生关系。表达产生于社会的影响，而反过来社会又被表达所影响。有些专家认为，社会对民俗文化的影响甚至还要大于民俗文化对当代社会的影响。[①] 因社会是动态的，这使得民俗文化富有生气，也吸取大量的社会变化，并与社会保持同步。

WIPO《保护传统文化表达：差距分析草案》(WIPO《差距分析草案》)也指出："'传统'创作作品的一个标志性特征便是，其能代表一种活的传统，并能代表仍然传承和实践这种传统的社区。"[②] 传统文化表达是特定社群自我表达和社会认同的工具，会适应环境和人的变化而变化，呈现出社群集体的鲜活而流动的特征，并赋予其所属社群一种认同感和延续感。动态性要求保护应在维持传统的同时又注重创新。

再次，尽管传统文化表达是集体传承的，但在具体的表现样态和权利的

[①] Vanguardia M E, "Dreams for Sale: Traditional Cultural Expressions (TCEs) and Intellectual Property Rights of the Indigenous Pragmatic Group as Exemplified by the Dreamweavers", *Philippine Law Journal* 86 (2012):412.

[②] WIPO 知识产权与遗传资源、传统知识和民间文学艺术政府间委员会：《保护传统文化表达：差距分析草案》，WIPO/GRTKF/IC/13/4（b）Rev，2008，附件一第 4 页。

关系上呈现多样化和复杂性。因传统文化表达来自集体生活，与生活息息相关。因不同社群生活的差异，其传统文化表达也丰富多样。同样是织布，因各社群生活环境的不同和不同的文化理念，织布的原料、技艺、图案、色彩、布局等都会有很大的区别，呈现出各自社群的文化特点。而如果这种集体生活发生急剧的变化，其传统文化表达也会随之发生巨大的改变。譬如移居者对土著社群土地的侵入破坏了土著人民赖以生活的环境，土著人民或被迫离开故土，或被迫与外来者共享。在这种情况下，土著人民的传统文化表达或会因对故土的思念和环境的改变而做相应变化，或被迫适应外来文化，从而可能产生文化同质化的问题。

同样，由于集体生活环境的复杂性，土著社群在传统文化表达权利的管理上也会呈现多样化。根据 WIPO 对土著社群的调查，被调查者广泛承认，大多数知识是集体所有、持有和实践的。但也存在着各种层次的所有权，从个人的权利到家庭的权利，从社群或村庄的权利到国家的权利。[1] 在某些情况下，所有权可能是跨越国境作为共同的资源和实践而存在于某个地区的，即所谓跨境的传统文化表达。WIPO 的调查报告进一步指出："所有权制度存在于许多传统社会，但同样，任何假定有一种集体或社群的知识产权的一般形式（的想法）则忽略了土著和传统所有权制度的错综复杂性和绝对多样化。"[2]这种复杂性和多样化既丰富了世界的文化多样性，同时也对我们保护传统文化表达提出挑战，即如何平衡诸多利益相关者的权益，并维持这种多样化。

---

[1]　WIPO, *Intellectual Property Needs and Expectations of Traditional Knowledge Holders, WIPO Report on Fact-finding Missions on Intellectual Property and Traditional knowledge (1998—1999),* (Geneva:WIPO, 2001), p.134.

[2]　同上书，P.221.

第三节　TCEs 保护之理由辨析

一、传统的知识产权保护理论

为与西方的知识产权体系相调和，我们先分析西方知识产权保护的几种传统理论，以此分析其适用于传统文化表达保护的可能性。

（一）功利主义理论

功利主义理论是目前运用最广泛的知识产权理论。功利主义财产权学说结合法经济学理论，能较好地解释著作权的具体制度。功利主义路径中，知识产权规则源于人是感性动物的事实，智力和艺术作品能增进人们的生活。赋予创作者财产权以激励进一步的创作和传播，从而促进"科学和有用艺术的获取"以惠及所有人。

很多学者认为，将功利主义理论运用于传统文化表达的保护存在一些难以跨越的障碍：（1）难以契合集体的特性，甚至与之相冲突。（2）激励针对的是新的、当代的创造，对老的、传统的东西不适用。（3）跟土著社群对传统文化表达的保护要求不相协调。许多土著社群要求对传统文化表达的保护是永久性的，也即将其移除出公开的范围。而激励理由要求的是通过公开来赋予权利，对保护期限予以限制，尤其是版权法。当前版权的长保护期在经济上导致无效，期限的冗长早已遭人诟病。①许多作品的经济价值其实是很短效

---

① 关于版权保护期限过长的弊端的讨论，可参见詹艳：《版权法之困境与出路——以文化多样性为视角》，西安交通大学出版社，2016，第242—245 页。

的。在美国 1909 年版权法的立法委员会报告中，国会回顾了过去更新版权的情况，发现只有"相当少的版权被更新"了。但理由并非更新的困难，而是因为作品的经济价值"在大多数情况下还没到 28 年就结束了！"[1] 但具有集体传承性的传统文化表达与其他具有经济短期效益的作品不同，在有限的几十年版权期限内，很多利益可能都不会产生。

但激励理论不适用于传统文化表达的理由并不能完全被人接受。如主张对传统文化表达进行知识产权保护的人认为，反对者将传统文化表达视为老的、已被创作出来的成果，但这是对 TK/TCE 是固定和静态的理解。这种理解是请求保护的人极力抵制的，相反，他们将传统文化表达视为动态发展的。WIPO《差距分析草案》也指出："传统创作活动是充满动态的集体与个人创作之间相互作用的结果，因此，'传统'创作作品的一个标志性特征是，其能代表一种活的传统，并能代表仍然传承和实践这种传统的社区。"[2] 在特征中也强调："在社区内不断地演变、发展和再创造。"[3] 因此，这一反对理由恐怕并不是最有力的。土著的知识产权不需要像西方作品那样被"激励"，因许多土著社群寻求保护的传统知识已经存在。但这并不是说传统知识不需被激励。传统知识并非静态的，而是作为土著世界中鲜活的、有生命的实体而存在。"其持续的再创造对保持作品的鲜活至关重要，且与部落环境的变化紧密相关。"[4] 譬如，神圣歌曲或故事的保管者会注入新的意义，以使典礼更强有力。因此，传统知识的持有者虽不像市场经济中的作品那样被激励，但无疑也受独特的、

---

[1] Patry W, *How to Fix Copyright, Oxford University Press*, (New York:Oxford University Press, 2011), p.104.

[2] WIPO 知识产权与遗传资源、传统知识和民间文学艺术政府间委员会：《保护传统文化表达：差距分析草案》，WIPO/GRTKF/IC/13/4（b）Rev，2008，附件一第 4 页。

[3] 同上，附件一第 5 页。

[4] Riley A R, "Recovering Collectivity: Group Rights to Intellectual Property in Indigenous Communities", *Cardozo Arts & ENT. L.J.* 18 (2000):205—214.

基于社群的目标启发，以不断地再创造，并重新想象其作品。

可以说，功利主义学说在一定程度上能适用于传统文化表达的保护：

第一，功利主义学说对激励实用主义者商业化传统文化表达有一定的作用。因许多传统文化表达在保持自己文化特征的同时，还能为使用者带来相应的经济利益。瑞托·赫尔提（Reto M. Hilty）也认为，更多基于经济的理由有着明显的优势。因其首要关注市场参与者的行为，而不管该无形产品是个人的性质还是集体的性质。① 对身处不发达地区的少数民族或土著人民而言，对传统文化表达进行商业化、参与市场交易是改善其贫困状况的一个重要手段。实际上，受外来文化的冲击，现在已经有很多土著人民或少数民族将其制作的手工艺品等传统文化表达予以销售，作为收入来源。

第二，激励论财产权是对新兴稀缺性的反应，稀缺资源公开获取会被过度消费，导致供不应求的公地悲剧。而常规的知识产权所针对的稀缺性是人为的。在传统文化表达的背景下，可以说，由于全球化的影响带来的损害，具有本真性的传统文化表达正处在天然稀缺的状态，按照激励论的逻辑来看，对其设立权利应该并不会有什么理论问题。同时，财产权要求最低限度的排他权。财产权只有在个人或群体作为所有者能有效保留稀缺物品的使用时才可行。所有者要能把物品防护起来。只不过这里的所有者是传统社群或传统文化表达的传承人。因此，要使传统持有者有效保留其稀缺的传统文化表达，就要为之创设权利。

但是，功利主义不注重智力创作成果的精神权利，对具有较强文化敏感性的传统文化表达毕竟支持力有限。对传统文化表达而言，有时比较难以区分保存、维续的需求和交易财产的需求。而且，传统文化表达的权利主体应

---

① Hilty R M, "Rationales for the Legal Protection of Intangible Goods and Cultural Heritage", Max Planck Institute for Intellectual Property, *Competition & Tax Law Research Paper*, No. 09-10 (2009):6.

为传统社群集体，而非个人，尽管作为传承人的个人在其间起到重要作用。因为一旦将传统文化表达这种具有集体传承性、动态发展的智力成果以静态的方式划归某人独享的话，传统文化表达也就失去了它的生命力。

（二）劳动财产理论

洛克的劳动财产权理论认为，财产权是一种与生俱来的天赋人权，源于人自身的劳动。作为人类脑力劳动的结晶，智力成果也是劳动成果。人对自身的所有权是一种天赋权利，故人理所当然地应对作为劳动成果的知识产品享有财产权。

但将其适用于传统文化表达也存在一些局限：

第一，不太符合土著人民对其与传统文化表达关系的设想。由于土著人民的世界观和文化观是体系化的，关联着他们对宇宙和大自然的看法，因此，他们并不认为传统文化表达是自己劳动创作的，而更多地视其为"造物主的礼物"，是造物主和大自然赋予的。

第二，不太符合许多国家知识产权制度的理论基础，因当前许多国家的知识产权制度是以功利主义理论为基础的。

第三，洛克的劳动理论侧重于个人，并未涉及集体的或社群的权利，因一直以来的观点认为，个人劳动者是知识产权的核心。罗伯特·墨杰斯（Robert Merges）在谈及网络上出现的协作和集体创新过程时就指出，今日的集体创新被视为对传统的激励、保护和认可的机制的挑战。知识产权被认为难以适应这种创新的新形式。当前的法律制度是围绕一个高度集中化的单一创新实体组织起来的，这一实体通常是个人或公司。[1] 因此，在涉及传统文化

---

[1]　Robert P, " Locke for the Masses: Property Rights and the Products of Collective Creativity", *Hofstra L. Rev.* 36 (2008):1181.

表达时，也存在同样的问题，即知识产权制度能否与传统社群的价值观和利益相协调，或是否将个人权利优先于社群的集体利益。

但第三个局限也被某些学者指出，并非那么不兼容。如贾斯汀·休斯（Justin Hughes）以米老鼠、蝙蝠侠、神秘博士等著名角色的保护为例，指出创造这些角色的视觉艺术家就很少有授权的价值，因首要的目标是将新作品与已知要素的"特别遗产"相联系。在西方的流行文化甚至博物馆绘画里，个人身份经常被像迪士尼或某某学院这样的团体所湮没。[1] 他认为，问题不在于是否中心化，而在于群体协作劳动是否具有区别于其他人类的独特身份，使群体能实现洛克所要求的使用和分享，从而保障财产权。就传统文化表达而言，关键问题是，怎么判断受益群体，即谁是持续的土著人民，以及构成几十年来"相同"当地社区的要素是什么。[2] 他同时也承认，洛克的财产理论立足的是现在人的劳动，而传统文化表达是动态发展的。[3] 这可能也是一个难以适用的问题。

娜塔莉（Natalie）和阿尔帕纳（Alpana）则认为，既然一个人的劳动具有自然权利，那么将权利赋予从事发展知识的个人或群体应是没有什么问题的，否则就不可能有知识产权中合作作品的合作所有权。因此，土著社群享有联合的权利也是可行的，与对其生态或医药的知识的集体所有权相一致，应能决定其知识被使用的方式、主体和条件。[4] 就像其他形式的知识产权，在传统或土著的知识上承认此种洛克的权利需要创建一个法律框架，譬如特别权保护机制。

---

① Hughes J, "Traditional Knowledge, Cultural Expression, and the Siren's Call of Property", *San Diego Law Review 49* (2012):1247—1248.

② 同上书，p.1249.

③ 同上书，p.1250.

④ Stoianoff N, Roy A, "Indigenous Knowledge and Culture in Australia—The Case for Sui Generis Legislation", *Monash University Law Review* 41 (2015):756—757.

（三）人格学说

相较其他理论，人格学说用于佐证知识产权可能更为直观：由于创造者的人格或自我体现在其思想中，思想就应归于其创造者。据此，作品是作者人格的势力范围，而著作权是对作者个人人格利益的保护。但适用人格理论的问题在于要承认社群有着自己的"社群人格"，不管是土著部落还是当地社区。

从法人人格的发展来看，承认"社群人格"或土著社群的集体人格并非不可跨越的难题。本来只有自然人才具有人格，但随着社会经济的发展，法人人格权制度也得以发展。法律赋予民事主体以权利能力是法人享有人格权的制度基础，而"团体—权利能力—法律人"的逻辑联系使法人与自然人一样可以在某些方面享有人格利益。[①] 既然人格可扩及法人人格，将其延及土著社群的集体人格看来也没有什么问题。甚至有学者认为，人格学说为传统文化表达的知识产权保护提供了更多的理论支持。[②] 因全球化、经济化和现代化的冲击，现代社会身份丧失、人格混同的现象并不少见，土著社群、少数民族乃至国家的价值理念、文化传统和道德体系都在不同程度上遭到侵蚀和破坏。个人或民族想要存续更需要身份或人格的认同。故而，特定社群应当对体现其人格身份特征和自由生存意志的传统文化表达享有财产权和人身权等法律控制权。佩吉·雷丁（Peggy Radin）就指出集体凝聚力的重要性，甚至对个体人格都很必要。[③] 因此，我们能通过保护集体的利益来保护集体成员个人的人格利益。

---

① 吴汉东:《试论人格利益和无形财产利益的权利构造——以法人人格权为研究对象》,《法商研究》2012 年第 1 期。

② 张耕:《民间文学艺术的知识产权保护研究》,西南政法大学博士学位论文，2007，第 43 页。

③ Hughes J, "Traditional Knowledge, Cultural Expression, and the Siren's Call of Property", *San Diego Law Review* 49 (2012):1252.

笔者以为，鉴于传统文化表达的文化敏感性，人格学说比起劳动财产论可能更适宜用来支持保护土著社群的精神权利和维护传统文化表达的文化完整性。譬如某喜剧演员在上海一家卫视的娱乐节目中，曾恶搞《木兰从军》传说。一直以来人们心目中花木兰"忠、孝、贞、烈、义"的形象被完全颠覆，被演绎成一个贪吃胆小的角色。这一恶搞遭到木兰故里（河南商丘市虞城县）众多观众的抨击。很多观众表示，不能接受这种颠覆木兰形象的行为。对传统文化表达来说，往往承载着所在社群或地域的文化情感和精神意义，对市场经济解释力薄弱的人格学说在这方面反而能获得较令人满意的说服力。

综上，许多文献中所谈到的传统文化表达知识产权保护的不适用性有些在实质上并非不可解决。每种理论在一定程度上皆可用来支持传统文化表达的知识产权保护或将集体视为权利主体。因此，在理论上，传统的知识产权保护理论并非阻止传统文化表达知识产权保护的障碍。WIPO 也认为，一个有效的保护传统知识的知识产权制度将促进基于这种知识的持续的创造和创新。知识产权不只是赋予财产权。知识产权也是承认和尊重所有人类创造者的贡献。从这个角度，知识产权在保护传统文化表达持有者的尊严上发挥着非常重要的作用，且通过承认此种知识的财产权，赋予这些持有者对他人的使用以某种程度的控制权。保护传统知识也能惠及第三方，他们能分享获取受保护的基于传统的创新和创造，没有知识产权这些可能不会被收集、记录或找到发行渠道。[①]

但因知识产权制度天然具有垄断性和商业性，这与传统文化表达的文化敏感性和集体传承性等相冲突，导致利用西方的垄断权来保护传统文化表达存在天然的缺陷。包括版权在内的知识产权保护过于强大已是颇遭诟病的问

---

① WIPO, *Intellectual Property Needs and Expectations of Traditional Knowledge Holders, WIPO Report on Fact-finding Missions on Intellectual Property and Traditional knowledge* (1998—1999), (Geneva:WIPO, 2001), p.134.

题。彼得·德霍斯早已提醒世人，应秉持知识产权工具论，清晰认识公共目标与知识财产的作用，垄断特权的授予也应伴随义务的观念，财产权应成为道德的仆人而非其驱使人；[①]英国知识产权委员会的报告也认为，宜将知识产权视为国家和社会促进人类经济权利和社会权利的手段之一。无论如何，不能将知识产权保护的需求凌驾于最基本的人权之上。相较知识产权由各国授予、保护有期限，人权却不能被剥夺，且永恒存在。[②]知识产权是市场所需的一种管理手段，这并非意味着其本身就一定是良好的。但我们当前的许多理论和实践仍是坚守兰姆利教授所批判的"基于信仰的知识产权（faith-based intellectual property）"立场，[③]即，将包括版权在内的知识产权本身视为一种道德目的，而不是基于其如何影响世界。因此，在考虑传统文化表达的保护时，我们需牢记过强的知识产权保护带来的教训，谨慎对待其权利保护路径，恰当平衡好不同利益。

二、人权保护之理由

（一）发展权和恢复正义之要求

对传统文化表达的盗用和滥用现象之严重，首先源于西方主流社会对土著社群的固有文化偏见："野蛮"。西方哲学家和法学家长久以来都基于这样的理念，即"文明和野蛮之间无法协调的差异"来形塑和指导其与土著人民之间相互关系的政策实质。[④]威廉姆斯（Robert Williams）是美国的著名作

---

① 彼得·德霍斯：《知识财产法哲学》，周林译，北京：商务印书馆，2008 年。

② 英国知识产权委员会报告：《知识产权与发展政策相结合》，伦敦，2002 年 9 月。

③ Lemley M A, "Faith-Based Intellectual Property", *UCLA L. Rev.* 62 (2015):1328.

④ Tsosie R, "Just Governance or just war?: Native Artists, Cultural Production, and the Challenge of 'Super-Diversity'", *Cybaris Intell. Prop. L. Rev.* 6 (2015):68.

家和研究美国联邦印第安法律的专家。他在其名作《野蛮的焦虑》（*Savage Anxieties*）中指出，西方欧洲人长达几个世纪以来都运用其对"野蛮"的文化意象剥夺他人（包括土著人民）的权利、重建他们的政府和社会。直到 21 世纪，也仍然保持着对本土人民的这种刻板印象。而这种印象和成见最大的危险是其威胁到世界土著人民的生存，因其将殖民主义下产生的等级化和利用关系正常化了。[①]

这种对土著人民和土著社群原始和种族歧视的刻板印象在西方主流社会并不鲜见。譬如像"华盛顿红皮（Washington Redskins）"这样的广受瞩目和争论的冒犯性商标。作为著名的美国橄榄球队，"红皮"的称呼加强了美国土著是野蛮的这种刻板成见。美国的土著居民多次提出抗议，认为华盛顿红皮队的名字涉嫌种族歧视，具有攻击性和侮辱性。但美国政府一直相当抗拒对土著知识产权提供保护。经土著人民和有关媒体的多方活动，有关该名称的争议后来因美国国会和白宫的诸多政治领袖的呼吁而受到瞩目。有学者认为，这可能标志着美国对待土著知识产权的转折点。[②]2014 年，有 50 名美国国会议员要求美国橄榄球联盟（NFL）更改华盛顿红皮队的队名。美国总统奥巴马也建议球队所有人更改队名，他还表扬了阿迪达斯公司为使用美洲土著吉祥物的高中提供帮助更改队徽。[③] 美国有近 2000 所高中使用涉嫌种族歧视的校队队徽，由此可见这种野蛮偏见的固有印象多么根深蒂固。

---

① Tsosie R, "Just Governance or just war?: Native Artists, Cultural Production, and the Challenge of 'Super-Diversity'", *Cybaris Intell. Prop. L. Rev.* 6 (2015):69.

② Rimmer M, "Change the Mascot: the Washington Redskins, Offensive Trademarks, Freedom of Speech, and Racism in Sport", *Australian Intellectual Property Law Bulletin* 29, No7 (2016):178—183.

③ 据美联社报道，阿迪达斯公司高管在今天举行的白宫部落会议上宣布，阿迪达斯计划为美国近 2000 所高中提供设计资源和资金支持，以帮助他们撤销原有涉嫌种族歧视的校队队徽，并创作全新的队徽设计。参见：环球网：《阿迪达斯为美国高中球队提供吉祥物设计资源》，http://tech.huanqiu.com/news/2015-11/7923689.html，访问日期：2023 年 5 月 10 日。

刻板成见会对人们的认识产生影响，并因身份关系而对弱势群体产生消极作用。如男性利用其男性身份对女性盛气凌人或实行胁迫行为。虽然有时可能是轻微的，不能被起诉，但仍会对当事人有不良影响，也会对周围的环境造成影响。不当描绘的刻板成见会通过限制土著人民、少数民族、妇女等人的机会而对其造成负面影响，但法律并不承认这种伤害。为了反抗这种野蛮偏见，有必要在法律上确立传统文化表达的权利，提高社会对传统文化表达价值的认识，促进人们对传统社群和土著人民的尊重。

与野蛮成见相联系的是，西方主流社会长期以来对土著人民的土地、财产和资源进行剥夺、侵占的殖民历史。而对传统文化表达的盗用和滥用从历史和文化根源上反映了这一殖民不公的延续。如莱利（Riley）和卡彭特（Carpenter）所主张的，应将无形文化财产的主张放置于一个更大的历史中，一个关于对印第安财产进行法律剥夺的历史。[1] 他们称之为"印第安盗用"（Indian appropriation）现象。在殖民过程中，印第安人的土地、遗骸、艺术和文物、宗教，直至文化和身份等，都被剥夺和盗用。殖民化都围绕着对自然资源的攫取过程，对土地的攫取导致对土著知识的攫取态度。印第安的资源一直被法律低估，还被非印第安人随意使用。从许多美国印第安人的视角看，美国的法律制度和美国社会层面一直将印第安的所有事物，包括土地、文化和身份，都视为非印第安人的资源，消极地影响了土著人民的自主权、文化的生存、安全和保障。虽然近些年法院对侵占印第安土地、遗址、墓地和文物等有形物质的现象做出了一些补偿，但无形财产的问题更为复杂。

这种现象不光只存在于美国印第安部落，在世界许多其他地方都存在。如澳大利亚土著和托雷斯海峡岛民在殖民主义、强占土地、系统的种族歧视

---

[1] Riley A R, Carpenter K A, "Owning Red: A Theory of Indian (Cultural) Appropriation", *Texas Law Review* 94 (2016):859.

和边缘化的历史中也有许多不公正的经历。[①] 对本土夏威夷传统文化表达的研究[②] 也发现，由于本土夏威夷人不符合美国联邦对部落的承认标准，因此不能像美国印第安土著一样，获得 1935 年《印第安艺术和工艺品法案》所创建的商标制度的保护，导致本土夏威夷的传统文化表达遭到盗用的情况更为严重。

主流殖民者社会已经利用土著的土地、领土和资源获得了高标准的生活水平和非土著社会的高品质生活，且极大惠及殖民者后人。而土著人民所尝试获得的只是其在无数非土著人民财富中的社会生存和发展。

殖民不公背景下的传统文化表达的盗用和滥用会对土著社群和土著人民造成严重的损害。一是，主流社会的旨在维持主导权力的法律结构无视土著人民的主权和权利观念，干涉了传统文化表达来源社群界定自己和建立自己身份的能力，损害了文化的自我表达；二是，主流社会的知识产权和财产制度将传统文化表达商品化，将其转变成财产，实际上促使私有企业控制和销售土著文化。而一旦公开，就进入了公有领域。这会损害或改变土著社群的文化实践，从而危及其文化的完整性。从社会政治和经济的视野看，这实际上体现了对待边缘化群体的不公正现象，因为拒绝了他们自己决定自己的文化利用和是否市场化的机会，使其难以融入主流社会和主流市场，进一步边缘化了这些群体。

在土著社群内部对待传统文化表达是否商业化也呈两种不同的态度，据此可分成传统主义者和实用主义者。传统主义者坚守传统和文化敏感性，拒绝传统文化表达脱离传统的背景和环境，反对对传统文化表达商业化。而实

---

① Stoianoff N, Roy A, "Indigenous Knowledge and Culture in Australia—The Case for Sui Generis Legislation", *Monash University Law Review* 41 (2015):745.

② Mantilla N, "The New Hawaiian Model: The Native Hawaiian Cultural Trademark Movement and the Quest for Intellectual Property Rights to Protect and Preserve Native Hawaiian Culture", *American University Intell. Prop. Brief* 3 (2012):26.

用主义者则希望利用现代技术和贸易的便利，将传统文化表达进行商业化，为自己和本社群带来商业收入，以改善生活。考虑到土著社群一般所处的贫困境况，实用主义者的考虑也无可厚非。但传统文化表达的盗用和滥用一方面既未尊重传统文化表达的文化敏感性，进行歪曲甚至篡改，违背了传统主义者的期望；另一方面也剥夺了实用主义者通过自身对传统文化表达进行利用并获益的机会。传统文化表达的价值既未得到承认和尊重，也未得到补偿。因此，保护传统文化表达对改变这种不公现象是必要的。

如果不对传统文化表达进行保护，使土著人民免受文化伤害，殖民主义就会持续。土著生存取决于在土著人民互相联通存在的所有层面保护其人权，而这基于其与土地、知识体系、资源和文化的家族关系，这些都会影响西方世界的财产权观念，不管是物质财产还是智力财产。因此，人权成为保护土著社群和土著人民要求保护传统文化表达和传统知识的最重要理由。

不少土著社群也将人权作为要求传统文化表达保护的重要理由。如前述的华盛顿"红皮"商标案，领导要求撤销该商标之运动的纳瓦霍族社会活动家阿曼达·布莱克霍斯（Amanda Blackhorse）就态度坚定地表示："我们要求终结对土著人民种族歧视的斗争和终止对土著人民文化盗用的斗争都尚未结束……归根结底，这是一个人权问题。"[1]

其中，发展权被视为一个重要的人权理由。发展权是指世界各国及其人民均能参与、促进和享受经济、社会、文化和政治发展，并分享发展成果的权利。在这种发展中，各项人权都得以实现。发展权的提出是为了呼吁国际社会给予发展中国家更多的关注和帮助。许多学者对现行知识产权制度提出质疑，他们认为，当前的知识产权保护并未促进社会、经济、文化、科技等的

---

[1]　Blackhorse A. A Single Poll Will Not Shut Us Up, June 01, 2016, June 01, 2023, http://indiancountrymedianetwork.com/news/native-news/blackhorse-a-single-poll-will-not-shut-us-up/.

发展，相反地构成了障碍，他们主张限制甚至废除知识产权制度，引起强烈的社会反响。

作为最不发达国家（LDC）之一的马拉维的代表团就在 WIPO 上指出，作为知识产权对世界上最贫困人群以此为生的遗传资源、传统知识和传统文化表达给予承认和保护，将使其能够商业利用这种知识，并鼓励它们在其社会文化背景下，并在这种知识体系的基础上，进一步发展。这将会提高知识产权保护制度在最不发达国家的价值，并有助于促进亟须的经济发展。[①]

如丽贝卡·佐西（Rebecca Tsosie）阐明，文化挪用在世界文化中非常普遍，也有着有益的方面。因此，作为一个一般规则，通过将其保护成"财产"商品化文化是不明智的。但在某些情况下，将文化形式的控制权赋予土著群体是唯一能避免不公正的方式，这就有必要。[②] 据 WIPO 的调查，土著人民和传统社群愿意分享其知识和文化，分享是其社群的根本原则，是其思考和实践必不可少的，且与其哲学观和宇宙论相一致。但这种公开被太过滥用，以致损害到这些知识和文化的持有者，尤其是在承认来源上。还有控制、使用或利用，以及惠益分享问题等。[③]

过去人种学的标准未将土著人民视为合法的和平等的主体。如土著人民对材料（如包含仪式、歌曲、故事或亲属形象的录音和图片等）所有权的主张很少被承认。土著人民和传统社区在传统文化表达的收集上应成为决策过程中的一部分，享有合法的利益。尽管这在历史上经常不被考虑，但当前维

---

① WIPO 知识产权与遗传资源、传统知识和民间文学艺术政府间委员会：《第二十八届会议报告》，2014 年 7 月 7 日至 9 日，日内瓦，WIPO/GRTKF/IC/28/11，第 24 页。

② Tsosie R, "Reclaiming Native Stories: An Essay on Cultural Appropriation and Cultural Rights", *Arizona State Law Journal* 34 (2002):353—354.

③ WIPO, *Intellectual Property Needs and Expectations of Traditional Knowledge Holders, WIPO Report on Fact-finding Missions on Intellectual Property and Traditional knowledge(1998—1999),* Geneva:WIPO, (2001) : 134.

持公平、自由和正义等根本原则的实践和责任要求传统持有者及其观点被倾听并予以考虑。

在知识产权方面，发达国家与发展中国家的保护标准和保护水平相差较大。就传统文化表达而言，众多发展中国家这方面的资源丰富，而发达国家利用已有知识产权制度在这方面的立法空白和先进的科技手段无偿攫取发展中国家的传统文化表达，使之成为自己的知识产权资源，且以此获得丰厚利益，资源地的人民却未获报偿。这是严重的不正义。

《文化时代：第一张文化创意产业全球地图》中的数据揭示了发达国家和发展中国家文化产品与服务贸易存在的不平衡。2013 年的全球文化产品出口有 46.7% 来自发展中国家，而其中大部分来自中国和印度两大发展中国家。其他发展中国家自 2004 年以来的文化产品出口额的年均增长值不到 5%。[①] 而且，发展中国家出口的这些文化产品主要是视觉艺术产品，如小雕像、纺织工艺品和黄金饰件等，而不是像发达国家主要交易的是艺术品、书籍和文化服务。[②] 黄金饰件作为各国交易最多的文化产品，主要是归因于黄金的高价和黄金被认为是金融危机中保险的投资。而发展中国家在 2012 年全球 1285 亿美元的文化服务出口份额中仅占 1.6%，可谓惨不忍睹。而 2013 年，美国向发展中国家出口的视听及相关服务与可复制权比重与 2004 年相比，从 11.34% 增长到 20.28%。[③] 这里的可复制权虽未指明是知识产权使用费，但毫无疑问，比重的增长与美国频频向诸多发展中国家通过包含 TRIPS 递增标准的贸易协定和贸易制裁施加的压力密切相关。虽然美国的双边贸易协定早因

---

① 联合国教科文组织编：《重塑文化政策：为发展而推动文化多样性的十年》，意娜译，社会科学文献出版社，2016，第 4 页。

② UNESCO, Report of UNESCO Institute for Statistics, *The Globalisation of Cultural Trade: A Shift in Consumption,* 2016, p.11.

③ 联合国教科文组织编：《重塑文化政策：为发展而推动文化多样性的十年》，意娜译，社会科学文献出版社，2016，第 114 页。

其超 TRIPS 标准的规定而臭名昭著，但欧盟最近的政策和其他一些地区贸易协定也呈现这种趋势，无疑将潜在影响广大发展中国家，包括一些世界上最贫穷的国家。

国际关系实际上是一种博弈，旨在如何将国家的利益最大化，以及在迫不得已的条件下达成均势，而绝不是为世界利益着想。[1] 发达国家和发展中国家之间在全球化过程中本就存在结构不公，发达国家为了最大化其国家利益，依赖其资本的原始积累产生的优势进一步向发展中国家推行高标准和强保护的版权义务，更是深化了这种不平等的现象。有调查表明，在发展中国家，盗版流行的现象应该从更广泛的经济正义的角度去理解，主要是出于对贪婪的美国和跨国公司的看法和全球化日益增大的结构性不平等。[2] 国际合作中不平等的劳动分工和财富分配进一步强化了发展中国家对发达国家知识产品的依赖，大多数实物产品已经且在将来的几十年都会由发展中国家来制造，而大多数创新和创造则发生在发达国家。

这些不公平的现象直接导致了发展中国家对其本土文化和传统文化表达予以保护的利益需求。

不过只区分发达国家和发展中国家过于简化，且发展中国家间也有很大不同。对发展也有不同的理解，是获利还是想保存不被利用。就人权的角度而言，应是尊重而不是干涉的问题。已有学者指出，如果只关注经济补偿反而会损及发展中国家的利益。单纯的金钱支付远没有自助辅助有价值。相关民族群体和文化社群对"正义"的感受是不适于计算的。[3] 可能会重在短期状

---

① 赵汀阳：《天下体系——世界制度哲学导论》，中国人民大学出版社，2011，第 255 页。

② UNESCO, Report of the Social Science Research Council, *Media Piracy in Emerging Economies*, 2011, p.34.

③ Hilty R M, "Rationales for the Legal Protection of Intangible Goods and Cultural Heritage", *Max Planck Institute for Intellectual Property, Competition & Tax Law Research Paper*, No. 09-10 (2009):14.

况的改善，而忽视长期的可持续发展。更好的方法是促进逐渐允许自助的直接投资。社群更能促进可持续发展，因其拥有长期地利用其资源和知识的经验，这种利用是一种特别有效和珍贵的方式。[①] 而且获得知识产权与发展相关，因其提高土著群体和当地社区的效率、扩展其核心自由；对基本产品如教育资源和救命药物的获取能促进物质财富和更好的生活能力。

不公平的社会状况和国际格局加之以认知不公的现象，更是加剧了土著人民和传统社群的不利地位。哲学家米兰达·弗里克（Miranda Fricker）指出，我们基本的社会交流倾向于对特定群体有着深远影响，当个人在其传达信息或理解自己经历的能力受到伤害时就会产生认知不公。在这种情况下，"认知实践的政治学"决定了社会权力怎样运行从而产生日常社会实践中的不公。[②] 一个群体会因其平等参与创建既定社会经历（包括对艺术范围的界定）的能力而受到伤害。根据其说法，当群体不能行使权力，被排除在一个体制之外，如立法或司法机构，而该体制控制了群体自己经历的条件，不公正就产生了。土著人民在许多公共政策领域被认知不公（epistemic injustice）所影响，而这也存在于当前有关土著人民对文化和艺术的控制的讨论中。而且，本土艺术家常处于贫穷状况，更难获得传播的技术和资源，更难进入市场，也更难获得法律建议，包括如何运用知识产权等法律工具维护自己的权益等。在传统文化表达的创作和使用过程中寻求利益平衡点，并确定使用利用和收益分配的规则，应是传统文化表达和延续的关键。

---

① Hilty R M, "Rationales for the Legal Protection of Intangible Goods and Cultural Heritage", *Max Planck Institute for Intellectual Property, Competition & Tax Law Research Paper*, No. 09-10 (2009):15.

② Tsosie R, "Reclaiming Native Stories: Just Governance or Just War?: Native Artists, Cultural Production, and the Challenge of 'Super-Diversity'", *Cybaris Intell. Prop. L. Rev.* 6 (2015):72.

（二）自决权的要求

联合国于 2007 年发布了《土著人民权利宣言》，明确宣示对土著群体自决权的承诺：需符合事先知情同意原则（Free, Prior, and Informed Consent，FPIC），该原则已被国际人权法的各种文件所承认。自决权（包括对 TK 和 TCE 等恰当使用的决定权）被包含在国际人权法内，能吸引各国有义务进行保护，并使其在国内有效。当代实践中的自决权要求适用人权法原则，且将人权保护延及土著生活的任何领域，这将确保土著文化的生存和土著资源的可持续性。

单纯依赖自上而下的努力来界定土著人民自己的文化遗产削弱了土著人民的自决权。土著人民应有机会阐明自己的路径。赋权给土著人民控制和指导自己的文化和生活方式意味着，强调他们通过发展部落特定的文化维护法以掌握自己命运的作用。

自决权表明了身份的重要性：我们皆有信仰，深植于我们的潜意识中，影响我们的行为，指导我们相信何为可能。身份阐明了个体乃至集体之意义。土著的政治身份经常取决于群体使用其核心文化身份将自己独立于国家和其他群体的能力。这意味着文化生产应符合土著关于恰当分享和群体内保留范围的准则。对传统文化表达的保护也应注重土著人民自决权的实现。土著人民自决权的政治运动，就是拒绝多元文化主义，要求有能力控制其文化身份。

自决权被证明是唯一能惠及土著人民及其居住的州和国家的政策。自决权对土著人民有价值，是因其允许他们想象自己的未来、设定自己的目标，并做出必要的决定将这些想象和目标转变成现实。行使自决权既是抵御几个世纪的同化政策的过程，也是被证明能提高土著社群社会经济条件的唯一政策，而这些社群长期处于一国最贫困和最弱势的地位。

自从美国政府将土著自决权纳入官方政策后，美国印第安经济发展哈佛项目（Harvard Project on American Indian Economic Development，HPAIED）及其姐妹机构美国亚利桑那大学土著民族领导、管理和政策机构（Native Nations Institute for Leadership, Management and Policy of the University of Arizona，NNI）在此后的几十年系统调查了土著视角中的自决权。特别是，两个机构调查了美国土著民族重建其政府和管理机构以提高其社会经济条件并获得其目的的行为。结果表明，土著民族在有效行使其自决权上更紧密坚持五个原则，通常被称为"民族建设原则"（nation building principles）[1]。已有证据表明，民族建设原则对澳大利亚、加拿大和新西兰等国想要行使其自决权的土著人民也具有相关性。而土著自决权项目的创办人之一劳拉·西劳（Laura M. Seelau）和NNI的项目经理以智利为例调查英国殖民背景之外的国家，结果发现，民族建设原则对智利的状况也具有相关性，且更广泛的是，可能在整个拉丁美洲都是具有相关性的。虽然在智利和前英国殖民地之间有着重大的历史、法律和政治差异，但土著民族自决的含义以及它在实践中如何能有效地行使似乎超越政治界限。[2]而其中的"文化匹配"原则对土著民族而言，并不必然意味着时光倒流、重装传统的管理体系。在许多情况下也不可能，因古老的传统和习俗都已丢失。有时返回习惯实践也不可行或不理想。但记住文化不是静止的，而是动态的这一点很重要。文化根据新的情况和挑战而变化并调整。相应地，涵括文化价值观的管理机构也应改变观念。需回应当今世界的独特挑战。[3]

---

[1] 民族建设原则：1.实际的自治；2.牢固、有效和得力的政府机构；3.文化匹配；4.策略定位；5.具有公德心的领导。

[2] Seelau L M, Seelau R, "Making Indigenous Self-Determination Work: What the Nation Building Principles and Three Case Studies from Chile Teach Us about Implementing Indigenous Human Rights", *American Indian Law Review* 39 (2014):137.

[3] 同上书，p.151.

（三）文化权利的要求

《世界人权宣言》和《经济、社会、文化权利国际公约》等各种人权文书均确认了文化权利。《世界人权宣言》（*Universal Declaration of Human Rights*）第 27（1）条中明确规定了作为基本人权的文化权利："人人有权自由参加社会的文化生活，享受艺术，并分享科学进步及其产生的福利。"宣言旨在宣示，对科学和文化的参与和接触不应成为少数富人的特权，而应是所有人享有的根本权利。《经济、社会和文化权利国际公约》第 15 条进一步予以重申。其主要内容包括：（1）每个人不受歧视地获取科学进步的收益的权利；（2）每个人有从事科学文化生活的机会和进行科学研究的自由；（3）个人和社群有机会参与科学文化的决策并获取相关的信息；（4）享有一个保护、发展和传播科学文化知识的有利环境。这一权利可被认定为是每个人参与文化生活的自由与享有科学进步及其收益的权利，其核心重在参与和获取。

采用宽泛的、一刀切的控制文化表达的权利是不可行的。已有美国的研究指出，对文化权利的剥夺和损害使部落很难培育或反映部落价值观的宗教、经济和管理体系。所有这些都削弱了部落的自主权，阻碍联邦促进美国印第安人在社会经济、政治和文化生活等方面自决权的政策。①

文化权利与其他人权一样都属于国际社会认可的基本人权，是人之所以为人的基础。在历史上由于东西方冷战的紧张局势曾出现对不同权利的区分。奉行市场经济的西方发达国家往往更重视公民和政治权利，而推行计划经济的东方共产主义国家则强调经济、社会和文化权利的重要性。这种区分导致在人权领域形成了两个不同的公约——《公民权利和政治权利国际公约》和《经济、社会及文化权利国际公约》。但这种区分早已被放弃，近几十年来的

---

① Riley A R, Carpenter K A, "Owning Red: A Theory of Indian (Cultural) Appropriation", *Texas Law Review* 94 (2016):866.

人权条约，如《儿童权利公约》《残疾人权利公约》等均已经综合了一切权利。实际上，所有人权的享有都是互相关联的。譬如，没有文化、未受过教育的人通常更难找到工作、参加政治活动或享有言论自由。而政治权利和言论自由遭到剥夺的人也难以享有文化权利。因此，"公民和政治权利"与"经济、社会和文化权利"在当今社会并没有什么区别，都属于世界人权宣言框架下的基本人权范畴。

文化权利在很多区域性人权文件中也有所体现。譬如欧洲的《欧洲人权和基本自由公约》《欧洲社会宪章》《地区和少数族群语言宪章》《保护少数民族框架公约》；美洲的《美洲人权宣言》《美洲人权公约》《经济、社会和文化权利圣萨尔瓦多议定书》；非洲的《非洲人权与民族权利宪章》等。这些文件均包含并承认各种文化权利及文化多样性的价值，特别是对少数族群的价值。各国也都在宪法和相关的宪法文件中规定了这一基本人权。

尽管如此，与其他受到高度重视的基本人权如生命、自由、人身权、宗教信仰、受教育权等相比较，文化权利因其抽象性及相对的非紧迫性在国际和国家层面并未受到同等的关注度。这一方面是因为文化权利保障的是精神层面，相较其他人权更具抽象性。而文化的概念本身比较模糊，使得人们对文化权利的理解也有异议。某些传统社群的文化习俗可能在主流文化看来是不可接受的，如一些具有宗教性质或神秘色彩的仪式、某些在外人看来比较野蛮落后的习惯等。另一方面则是因为许多欠发达地区在物质落后的情况下没有条件也缺乏资源去保护文化权利。"仓廪实而知礼节，衣食足而知荣辱。"经济是文化发展的基础，文化权利要建立在经济基础之上。人类学家阿尔君·阿帕杜莱就指出，文化权利从根本上说是一种政治权利，具有相当的立法、司法和空间自主性，它使国家几乎有绝对的义务为少数族群提供文化表达的空间。但只有同时推行尊严的政治经济学，才可能有文化权利或更广泛意义上的可持续多元化。因此，文化权利应完全与所有公民的社会保障和福利以及全球减贫优先事项联系起来。[①] 这反映了文化权利与经济权利之间的关系。经济发展决定文化发展，文化发展也反作用于经济发展，物质文明与精神文明是相互影响、相互促进的。

　　文化权利同样属于基本人权，对人类社会的发展具有重要意义。首先，文化权利是改善生活甚至拯救生命的途径，尤其是在农业、生物化学和医药方面。其次，信息、思想和观念形式的知识也促进和便利了新的、具有附加值或独特特征的创新产品或服务的发展。它是一个社会文化进步的重要源泉。另外，文化权利赋予每个人以人的尊严和文化的骄傲感，这对社会凝聚力很有必要，有助于团结各群体，如年轻人、残障人士、被剥夺公民权的、穷人、少数民族、原住民和移民等，加强民主管理。联合国开发计划署（UNDP）2004 年的《人类发展报告》就指出，文化自由是人类发展的重要部分，因有能力选择个人的身份对一个完整的生命是重要的；文化自由允许人们有生活价值的生活而不被其他重要的选择排除，如教育、健康或工作计划；多元文化民主的几个新型模式为文化多样性群体的权力分享提供了有效的机制；权力分享安排被广泛证明对解决紧张关系很重要；承认不同群体差异的多元文化政策有助于解决深植于历史并在社会中根深蒂固的不公正。联合国教科文组织于 2013 年 5 月在中国杭州召开国际会议，其主题是"文化：可持续发展的关键"，并发表了题为"将文化置于可发展政策的核心"的《杭州宣言》。该《宣言》明确指出："文化作为一个价值体系、一种资源、一个框架，可以为实现真正可持续发展发挥作用。"

　　我国《宪法》也在第四十七条规定了公民有进行科学研究、文学艺术创

---

① 联合国教科文组织编：《共鸣：文化多样性——发展之路》，2011，第 24 页。报告全文可从联合国教科文组织的网址下载：http://www.unesco.org.

作和其他文化活动的自由，并在该条中进一步明确了国家对公民的此种自由应给以鼓励和帮助。有学者认为，保留一个健康而有活力的公共领域就是这种帮助的一种制度性安排。[①] 此外，我国《宪法》第四十六条规定的受教育权、第十九条要求国家发展教育、提高科学文化水平和第二十二条要求国家发展为人民服务的文学艺术事业及其他文化事业、开展群众性的文化活动、保护文化遗产等规定，均可视为对文化权利的一种宪法保障，并侧重于公民和群众对文化的参与和获取的自由权利。

多项国际性、区域性人权公约和许多国家的宪法均载有科学和文化权，往往还附有保护作者权和知识产权的承诺。[②]《世界人权宣言》除了规定文化权利，在第 27（2）条也规定了对作者权利的保护，即"人人对由其创作的任何科学、文学或美术作品而产生的精神的和物质的利益，有享受保护的权利"。很多学者从而认为，该条的规定实际上说明知识产权也属于基本人权的范畴，应作为人权予以保障。但亦有不少学者认为，该"保护"要素是后来才加入的，并历经了持久的争论，即使是在宣言签署后，反对声也仍未消散。相较而言，该条的科学与文化权利之规定，即第 27（1）条，则在起草时最早写入且一直未有异议。且人权宣言中的权利设计旨在由"每个人""普遍"享有，但作者权只是针对特定阶层的权利。所以，保护因素应被理解为仅指创作者从其作品获得适当生存标准的权利，并保护其作品的归属和完整的精神权利，这样两者才不致产生冲突。[③]

在人权宣言起草过程中建立的联合国教科文组织旨在通过教育、科学和文合作，促进世界和平与安全，对和平与安全做出贡献。这一宗旨也足以体

---

① 李雨峰：《著作权的宪法之维》，法律出版社，2012，第 119 页。

② ICESCR 和《公民政治权利公约》（ICCPR）均排除了版权为财产权，但许多地区文本里都包括了这一点。如欧盟人权公约 ECHR 第一议定书第 1 条规定的财产，欧洲人权法院解释其包括版权。

③ Shaver L, "The Right to Science and Culture", *Wisconsin Law Review* 10 (2010):147—151.

现《世界人权宣言》规定科学和文化权利的意图，即认为科学和文化知识的分享能团结国际社会，能促成跨文化理解并产生更安全的世界。《经社文权利公约》（ICESCR）第15条也强调了规定作者权的社会本质：既保护作者的权利，但也促使每个人都能参与文化生活，并从科学进步中获益。这意味着保护作者权要以文化权利的保障作为基础，文化权利的核心重在参与和获取，这从前述《世界人权宣言》的修订历史亦可看出。因此，在此背景下理解，文化权利中的文化除了狭义的人类学意义上的传统习俗，还应是更宽泛的艺术和科学上的知识发现与创新领域。具体到参与和获取方面而言，文化权利则主要指积极参与并与他人分享的能力，而不只是作为被动的消费者。应能够较为便利地获取科学文化素材、工具和信息；有机会进行创作和消费；并在施与受的意义上进行分享。面对当今社会技术飞速发展的现实，还需保障每个人能有机会接触新技术，并能充分利用新技术带来的机遇。这样才能促使人们在制定政策、表达和传播不同观点上的充分参与。

我们还应注意，人权文件中保护的作者权与版权有很大的不同。首先，人权文件的作者权要求各国尊重和保护作者因其创作的任何科学、艺术或文学作品而产生的精神和物质的利益。这里的"作者"应被理解为包括创造了作品的个人、团体或社群，即使该作品可能并不受到版权保护。而现实生活中作者往往将其作品部分或全部的版权利益出售给对其作品进行商业化的公司，使得版权框架下的版权人往往是那些商业化的公司。公司权利持有者虽然在文化经济中发挥着重要的作用，但其经济利益并不等同于作者的利益。实际情况反而经常是公司获得巨额利润，而真正的创作者所获甚少。其次，作者权受保护的人权立足于人的尊严，不可转让，且仅有个人创造者可以取得，"无论是男人或女人，个人或集体"。即使当作者将版权出让给媒介公司，作者权受保护的权利仍属于以创造性想象力表现了作品的个人作者（们）。[①]
而版权是有时限的，可被许可、转让或放弃。所以不能想当然地从这些人权
文件规定的对作者权予以保护就必然地视版权为人权。而且，现在的版权制
度更多偏向的是对产业利益的保护，其保护的版权人更多的是那些把控着文
化产业主要资源的媒体公司和媒体巨头，这些版权巨头善于利用强有力的修
辞来引导政府和普通民众，最重要的一个便是将知识产权等同于人权，以此
塑造版权话语并驱动当前的版权政策。我们尤应对此予以注意。

有学者指出，《世界人权宣言》的讨论和起草中未见有对宣言规定的作者
权与文化权利之间冲突问题的记录，主要原因应是当时的版权法与今日有很
大不同。现在的版权法实行强有力的国际标准，不需要登记或更新的形式要
求，对版权客体也没有限制，基本上是永久受保护的（期限很长）。而在宣言
通过的 1948 年时的版权法受的限制要大得多（很多要求登记、保护期限短），
而且各国分歧很大。[②] 因此，我们在考虑如今的文化政策和版权制度时要考虑
到这种历史背景和渊源，应以文化权利和文化多样性作为设计文化政策和制
度的主要宗旨，不能唯版权至上，尤其要注意二者相冲突之处。当代版权法
的许多方面已经超出了作者权受保护权利的要求，甚至可能与文化权利不符。

联合国经济、社会、文化权利委员会 2005 年关于 ICESCR 的《第 17 号
一般性意见》也对知识产权和文化权利进行了区分，强调知识产权与人权不
能视为一体，作者的精神和物质利益不一定与知识产权法的普遍方针一致。
除了指出人权是基本的、固有的权利，而知识产权只是一种手段，相对于人
权，知识产权一般都有时限，可被许可、转让或放弃。且该意见特别提到，知
识产权制度主要是保护工商业和公司利益及其投资，与人权的保护目标是有

---

① 联合国人权理事会第二十八届会议，文化权利领域特别报告员的报告 "版权政策与科学和文化
权"，A/HRC/28/57，2014 年 12 月 24 日，第 7 页。

② Shaver L, "The Right to Science and Culture", *Wisconsin Law Review* 10 (2010):149.

很大不同的。① 该意见可以说是比较清楚地阐明了当今的版权制度与作为基本人权的文化权利之间的本质区别。该意见还将作者的"物质利益"与创造者享有适足生活水准的能力相联系，并强调保护作者权利不应对文化参与造成不必要的负担。而2009年委员会关于人人有权参加文化生活的《第21号一般性意见》② 则强调了文化多样性以及能够参与广大社会的文化生活并为之做出贡献的重要性，还特别提醒全球化、产品和服务方面不适当的私有化都对参与文化生活有负面影响。联合国文化权利特别报告员2012年向人权理事会提交的专题报告③ 也阐述了享受科学进步及其应用利益的权利与知识产权制度之间存在紧张关系。该报告强调，人类知识是全球公有财产，并建议各国要防止促进知识私有化以致剥夺个人参与文化生活和享受科学进步的成果。

对许多人来说，文化产品就像基本食物和水电一样重要。如何消除版权制度与文化权利之间的潜在紧张关系是我们面临的一个重要问题。文化权利的视角要求版权制度承认文化产品内在固有的社会和人文价值观，并且更加尊重边缘化群体的基本权利和需求，同时强调了在更广泛的文化背景下积极参加文化生活、获得文化和科学作品的重要性。

在WIPO-IGC的历届会议上，土著代表发言人均多次提及传统社群和土著人民的自决权和文化权利的理由。如作为土著专家小组主旨发言人的联合国土著问题常设论坛主席达利·桑波·多拉（Dalee Sambo Dorough）发言的核心主题就是土著权利的性质，包括文化权利和土著人民文化遗产权利的性质。她认为，《联合国土著人民权利宣言》（UNDRIP）对各国规定了具

---

① 联合国经济、社会、文化权利委员会第三十五届会议：《第17号一般性意见：人人有权享受对其本人的任何科学、文学和艺术作品所产生的精神和物质利益的保护（〈经济、社会、文化权利公约〉第十五条第一款（丙）项）》，日内瓦，2005。

② 联合国经济、社会、文化权利委员会第四十三届会议：《第21号一般性意见：人人有权参加文化生活（〈经济、社会、文化权利公约〉第十五条第一款（甲）项）》，日内瓦，2009。

③ 联合国大会文件：A/HRC/20/26。

有法律约束力的国际义务，如土著人民的权利，其中包括自决权、自由事先知情同意权（"FPIC"）、文化权和身份权，这属于"习惯国际法"。她还指出，土著人民持有不同于集体机构的产权。她请 IGC 深思 UNDRIP 及其相关规定，以建立一种创新的、独特的制度，充分论及并保障土著人民的权利。多拉（Dorough）女士最后呼吁各方努力确保土著人民的基本权利得到保证，确保土著人民充分、有效地参与其中，以保证 IGC 取得公平、公正的结果。[①] INBRAPI（巴西土著人知识产权学会）的代表在代表土著事务小组发言时也强调，土著人民作为遗传资源、传统知识和传统文化表达的创造者、所有者和持有人，享有独占权和主权，也享有自决权，有权对其进行维护、控制、保护和发展。

（四）隐私权

隐私权是一些学者提出的针对传统文化表达保护的理由。凯·马蒂森（Kay Mathiesen）从结果主义（consequentialist）、康德的自由主义（Kantian liberal）和社群主义（communitarian）三个方面论述了以文化隐私权的理由赋予土著社群对其传统文化表达控制权的正当性。[②]

结果主义认为，隐私有价值，是因其导致好的结果：促进人们的福祉，保护其免受损害。赋予土著社群文化隐私权能保护其免受 TCE 遭盗用和滥用的损害，并因尊重其权利而使其更乐于分享其持有的传统文化表达，进而促进所有人的福祉。

康德的自由主义宣扬个人自主和尊严的极高地位。保护隐私，是因为侵

---

① WIPO 知识产权与遗传资源、传统知识和民间文学艺术政府间委员会：《第二十八届会议报告》，2014 年 7 月 7 日至 9 日，日内瓦，WIPO/GRTKF/IC/28/11，第 6 页。

② Mathiesen k, "A Defense of Native American's Rights over their Traditional Cultural Expressions", *The American Archivist* 75 (2012):456.

犯隐私就是侮辱尊严，对作为独特而自决之人的人格的冒犯。同样，群体也有自己的自主性和尊严。集体自主性是一个群体参与自治的能力，因此与自决权和主权观念又紧密相关。由于社群的集体身份体现在其文化符号和实践中，因此集体自主性就要求文化上的自治。

从社群主义的角度看，隐私对作为社会存在的人的重要性。作为社会性动物，我们会有某些需要和脆弱之处，使得隐私对我们而言很重要。通过赋予我们从社会审视中脱离出来的能力，隐私允许我们管理自己的社会生活。另外，隐私也允许我们全面参与社会关系。通过调整与他人不同程度的亲密度，来维持不同的关系。而对传统文化表达的集体隐私权，赋予土著社群成员独特的文化体验，如在集体仪式中保持与外界的距离，加深成员对集体世界观和宗教信仰的理解等。另一方面，集体隐私权也有助于群体成员内部关系的创建和维持。而且，通过提供有意义的背景，群体在为其成员创建意义和归属感上发挥着重要的社会功能。

凯·马蒂森（Kay Mathiesen）认为，基于上述理由，文化隐私权成为一个能得到不管是土著社群内或社群外之人的重叠共识的重要理论依据。所谓"重叠共识"（overlapping consensus）源自约翰·罗尔斯《正义论》中的观点。不像统一的共识，重叠共识不要求对一个道德原则的理由达成一致。当人们接受同一个原则，但却是基于不同的广泛概念时，共识就"重叠"了。譬如宗教信仰自由，不管是有宗教信仰的人还是无神论者，尽管在是否应拥有信仰上态度不同，但由于双方都认同，保持自己有无信仰的自由空间很关键，这样才能使人们达成重叠共识。在传统文化表达的保护上也是如此。尽管各方对其保护的具体看法不一样，但均认同群体隐私和修复式正义的理由，因此，各方也就能在赋予土著社群对传统文化表达的控制权上达成重叠共识。

贾斯汀·休斯（Justin Hughes）则认为，隐私理由对神圣和秘密的 TCE

容易适用，但对于那些社群成员想要披露或与外人分享的 TCE 来说，就产生了棘手的问题。① 其实许多有关秘密的法律本身就可用于神圣和秘密的 TCE，所要求的只是从保护个人，包括作为法人的公司，前进一步发展成为保护更模糊的，但被松散界定的群体。

三、文化多样性保护之理由

（一）西方的文化冲击引发文化多样性保护的要求

从目前的文献资料来看，更多的观点认为，保护传统文化表达除了体现各国政府和公众基于人权的考虑对土著人民的基本权利和利益的普遍关注，还体现了文化多样性的要求。

由于面临发达国家尤其是美国的文化产业全球化和文化霸权的冲击，许多民族国家的传统文化走向没落、趋于边缘化，② 各国的文化主权也因迫于各种国际公约和贸易协定的压力在逐步弱化。由于某些西方国家的文化霸权主义，许多族群的传统文化与所谓主流文化之间的关系较为紧张。当前的"文化风险"主要体现为民族国家文化主权的弱化和传统文化的边缘化。③ 传统文化表达消亡的危机也早已呈现。如果任由个别国家或少数跨国公司垄断某一特定文化产业，就会减少产品的多样性，也会导致受众的视角趋同、政治观点的范围越来越窄，影响民主话语的形成。强调各国文化主权的独立性和自主性在这种背景下显得尤为重要。政府实行文化主权的一个最重要形式就是

---

① Hughes J, "Traditional Knowledge, Cultural Expression, and the Siren's Call of Property", *San Diego Law Review* 49 (2012):1253.

② 当然传统文化的边缘化不完全归因于美国文化的冲击，还有许多原因，但美国文化的冲击是起重要作用的一个因子，尤其是在国与国之间。

③ 吴汉东：《论传统文化的法律保护——以非物质文化遗产和传统文化表达为对象》，《中国法学》2010 年第 1 期。

要对这样的垄断进行干预，以促进文化多样性和民主自由。麦圭根指出，文化政策和文化主权与民族国家具有紧密的联系，包括传播和媒介政策。而跨国力量通过全球经济和文化对政治的影响日益重要。虽然当前的国际社会处于全球化加速的背景下，但民族国家仍然是当前世界政治、经济、文化权力的重要构成部分，也是捍卫和延伸社会公民身份的关键因素。调和不同的族群身份和国民身份是一些多元化国家文化政策的重要特征。[①] 因此，尊重和坚持文化主权的独立性和自主性首先是保障各国民族身份、维系社会稳定的有力手段，而各国的民族身份和社会稳定对文化多样性氛围的形成和发展至关重要。从国家或社群的角度看，文化主权表现为一种文化自决权，即在文化领域某种形式的自治或自主、谋求文化发展和文化独立的权利。

美国政府自 GATT/WTO 与法国、加拿大等国家就文化与贸易问题发生争议以来，就一直反对各国以文化例外或文化多元化的名义行使文化主权，认为会形成新的贸易壁垒，影响自由贸易。但国际文化产品贸易应在文化多样性的基础上平等进行，文化贸易自由不应否认文化多样性文化主权的保护。[②] 各国享有文化主权是行使国家主权的应有之义，保护和发展文化多样性也是如今国际社会的一个共识，各国有权采取适合自己本国国情和特点的保护文化多样性的政策。完全的市场化既是不现实的，也不一定是公正的。市场只有在个人收益与社会收益非常一致时才会运行良好。因完美信息和不对称信息造成的市场失灵现象普遍存在。[③] 文化市场同样如此。国家有必要在本国文化表现形式处于弱势的情况下进行一定的干预，保护文化多样性。通过对文化多样性的保护，能维系国家的文化主权和文化的独立、促进国家的稳定和发展。

---

① 吉姆·麦奎根：《重新思考文化政策》，何道宽译，中国人民大学出版社，2010，第46页。

② 吴汉东：《文化多样性的主权、人权与私权分析》，《法学研究》2007年第6期。

③ 约瑟夫·E.斯蒂格利茨：《不平等的代价》，张子源译，机械工业出版社，2014，第154—155页。

版权之全球化和扩张化也使传统的西方版权概念在国际版权概念中占据支配地位，不符合发展中国家尤其是欠发达地区和落后国家的经济状况和基本国情。尤其是在有关传统文化表达和传统知识的保护问题上，西方国家的财产化思维与传统社区对精神利益的重视截然不同，版权产品和文化作品的地域性特征及其文化特性都在与版权的商品属性产生碰撞。西方版权产业行版权之名对许多传统文化表达和传统知识进行不当的占有和挪用，往往对传统社区和少数族群的文化及其生存环境造成破坏，引起了不少争议。正如围绕 GATT/TRIPS 的谈判所表明的，"著作权作品的本土性和地方化特征的观念还在继续产生着某种重要的影响。《著作权法》的文化维度在涉及本土知识产权问题时，也变得愈加突出。"[1] 但各国和各地方的文化日益受版权全球化和扩张化的影响，导致文化多样性的减弱。如赫斯蒙德夫所警告的，"现在的许多文本不是以某些特定国家的利益、关注和文化为基础，而是以不同国家或者是共享某种跨国文化的人民的利益、关注和文化为基础。"[2] 版权制度仅保护文化作品上的财产利益却不保护其同时存在的文化利益。版权全球化和扩张化更是使"以知识产权为后盾的西方主流文化在不断张扬，而以文化权利为表征的文化多样性却日趋弱化"[3]。

随着经济全球化的发展，对文化带来的冲击也日益引起人们重视。在过去的十几年中，文化多样性已站到了法律和政治讨论的前沿。要保障国际和平与安全，就要尊重文化多样性、开展对话与合作。文化多样性已经成为联合国教科文组织关切的一个主要问题，因为人们认为这种多样性正因全球化过程不断加速而受到威胁。在规范层面，联合国教科文组织作为文化多样性

---

[1]　布拉德·谢尔曼、莱昂内尔·本特利：《现代知识产权法的演进：1760—1911 年英国的历程》，金海军译，北京大学出版社，2006，第 260 页。

[2]　大卫·赫斯蒙德夫：《文化产业》，张菲娜译，中国人民大学出版，2007，第 209 页。

[3]　吴汉东、郭寿康：《知识产权制度国际化问题研究》，北京大学出版社，2010，第 387 页。

最活跃的主要倡导者之一，采取了一系列举措，包括制定和通过《世界文化多样性宣言》《文化多样性公约》等，促进了把文化多样性作为一个理想目标的理解。根据 2001 年《世界文化多样性宣言》的主要思想，它所宣传和倡导的文化多样性，被定义为"范围很大、各具特色的种种文化"，而"文化"这一术语是指：社会或社会群体一套鲜明不同的精神物质知识和情感特征，以及（包括）除艺术和文学之外的生活方式、生存方式、价值体系、传统和信仰。联合国教科文组织的这种做法，被认为不仅是试图保护文化的多种维度，而且也是主张文化多样性有益于当代各国社会。

按照《文化多样性公约》的界定，文化多样性不限于文化产品和服务，也包括有形和无形文化遗产的保护，表明了文化表现的形式、方法和过程的多样性。文化多样性的表现是多方面的，在形式上可以表现为传统的艺术形式，如属于文化遗产的口述神话传说和其他传统文化表达形式，也可以表现为后现代艺术的新形式，如混搭、同人作品等；方法上既可以采取个性表达的方式，也可以采取文化传承的方式；过程的多样性则体现在各种文化表现形式的创造、生产、传播、销售和消费的各个步骤，也包括文化过程中媒体的多样性。概言之，这种多样性主要体现在文化表现形式的独特性和多元性上。由此可见，作为具有族群的独特属性和代际传承特征的表现形式，传统文化表达无疑是文化多样性保护中的重要一维。

（二）文化多样性理由对 TCEs 保护的意义

以文化多样性为理由保护传统文化表达具有以下几个意义。

1. 对文化认同和集体凝聚力的意义

文化多样性有助于维持土著社群的文化认同，增强集体凝聚力，进而维持整个社会的稳定，并进而增强一个民族、一个国家的集体凝聚力。许多学者指出，文化冲突可能是我们所面临的最危险的冲突。当今世界许多冲突和矛盾究其实质乃是不同文化观念和价值观之间的碰撞和抵触。长期以来对社会不平等产生的冲突主要是着眼于挣值分析和总结，而极少着眼于文化多样性。吴尔敦经分析认为，最主要的原因是，欧洲和西方世界思考的视角不是提倡文化平等的多样性，而是文化和文明等级。[①] 通过提倡文化平等的文化多样性，有利于文化交流增进理解，促进民主制度，为减少文化冲突奠定基础。《世界文化多样性宣言》第 2 条就明确宣示："主张所有公民的融入和参与的政策是增强社会凝聚力、民间社会活力及维护和平的可靠保障。因此，这种文化多元化是与文化多样性这一客观现实相应的一套政策。文化多样化与民主制度密不可分，它有利于文化交流和能够充实公众生活的创作能力的发挥。"

文化多样性植根于对权利的注重和对多样性的尊重，是人的尊严和自主权的基础。通过促进人权、社会凝聚力和民主治理，文化多样性成为对建设和平共处必不可少的这三个因素的汇合点。[②] 文化多样性能增进对个人人权的认识，并促使各地的人有效行使人权，没有歧视或例外，强调权利和自由在宽泛的文化背景和条件下行使的多种形式。对每种文化价值的认可赋予所有人以骄傲感，这种骄傲感对社会凝聚力很有必要，在此差异更多是被团结起来而不是被分割开来。文化多样性能提供方式更新民主治理模式，因此各群体——年轻人、被剥夺公民权的、穷人、少数族裔、原住民和移民——将对民主管理制度恢复信任，并看到其贡献是被认可和赞赏的，从而产生不同的意义。

文化多样性有助于增强一个国家或民族的社会凝聚力，促进民族文化的认同。个人或群体或民族的身份植根于其出生和成长的文化传统，保存这种

---

① 多米尼克·吴尔敦：《拯救传播》，刘昶、盖莲香译，中国传媒大学出版社，2012，第 146 页。

② UNESCO World Report, *Investing in Cultural Diversity and Intercultural Dialogue*, 2009. p.242.

身份对幸福感和自尊极其重要。而每个国家或民族的历史和真相都需要依靠文化和艺术来讲述，尤其是在过去影像技术缺乏的情况下。每个国家每个民族都有其独特的文化和艺术，包括最早的口述形式和进行交流的简单绘画。文化多样性记录着一个国家或民族过去的积累和沉淀，也见证着不同政治制度的变迁和社会万象，是一个国家或民族产生文化认同的重要基础。文化多样性能于特定条件下产生强烈的感召力，大大增强本民族或本土人民的凝聚力。人们在共同的文化背景（共同的精神结构、价值系统、心理特征和行为模式）中获得归属感和认同感。正是因为文化多样性同时体现着文化独特性，所以并不存在普遍适用的单一发展模式。应尊重不同国家和民族的个别发展模式，并承认不同文化的价值。我们应推行一种开放、宽容的文化政策和经济发展政策，既拒绝狭隘的民族主义，但又要保护自己具有文化特性的文化传统和文化表现形式。

2. 对可持续发展的意义

传统文化表达反映的是一个社群和一个民族鲜活的文化，在代际传承中按照自然的方式、顺应周围环境的发展而发展。保护传统文化表达对维护可持续发展有着重要的意义。

保护文化多样性能增进可持续发展，本身是获得公认的，被认为是获得千年发展目标的有力工具。2016 年 1 月 1 日正式启动的《2030 年联合国可持续发展议程》被认为首次从全球层面上承认文化、创意和文化多样性对解决可持续发展挑战的重要性。[①]

就传统文化表达而言，以文化多样性为由进行保护对可持续发展的重要作用主要体现在以下几个方面。

---

① 联合国教科文组织编:《重塑文化政策：为发展而推动文化多样性的十年》，意娜译，社会科学文献出版社，2016，译者前言第 1 页。

（1）提高传统社群成员各方面的能力，促进其有尊严地发展

《世界文化多样性宣言》在第3条就明示："文化多样性增加了每个人的选择机会；它是发展的源泉之一。它不仅是促进经济增长的因素，还是享有令人满意的智力、情感、道德精神生活的手段。"文化越多样，社会成员就越需要判断和思考，从而促使社会成员各方面能力的提升，进而丰富整个社会的文化。新技术和网络的普及使个体对文化产品和文化服务的选择能力极大扩展，使个体的自主选择权有更大的实现空间，也使个人获得更多的机遇，进而使整个民族、国家乃至整个世界的各种能力都得到提高。尤其是对本土族群和原住民来说，他们也更有机会和能力来表达以往不受重视的观点和看法，并能将自己的文化传统和文化思想以更符合自己特性的表达形式展现给世人。如一些地方主义群体，因其语言的使用者很稀少，所以反而会更多地在维基百科上运用他们的地方语言。[①] 通过更多地使用其本土语言，这些少数群体既加强了自己的文化身份认同，更促使了世界认识和了解其文化。保护文化多样性使原住民和其他弱势群体能基于其文化表达、价值观和观念实现自我，进而追寻可选择的发展路径，即有尊严地发展。

（2）文化多样性有助于在各个社会之间搭建理解的桥梁，维护公共领域，进而促进发展

足够多样的存在方式是生活意义的基础，文化多样性认同多元的存在和文化，有助于在各个社会之间搭建理解的桥梁。联合国秘书长潘基文在2013年6月纽约召开的联合国大会文化和发展专题讨论的开幕词中就指出："太多好的发展计划以失败而告终的原因在于未考虑文化环境，发展也并非总是以人为本。为了调动人们的积极性，我们需要理解和接纳他们的文化。而这需

---

① 弗雷德里克·马特尔：《智能：互联网时代的文化疆域》，君瑞图、左玉冰译，商务印书馆，2015，第297页。

要鼓励对话，倾听个体的声音，并保证可持续发展新进程尊重文化和人权。"[1] 拥有民主自由的环境和丰富多彩的文化多样性，使个体和群体的声音被倾听，尤其是边缘化或弱势群体的观点和看法被重视，使不同的文化被理解和接纳，才能有助于问题的解决，进而促进发展。对这些群体而言，在保障基本生活水平的同时又面临国际发展带来的新的社会压力，其本就脆弱的生存方式和生存环境需要更多的自由空间。以文化多样性理由保护传统文化表达意味着要更多倾听土著人民和传统社群的心声，尊重其观点和看法。

（3）文化多样性能增强决策的透明度和公众参与，启发其他领域忽视或漠视的价值，平衡不同利益群体的需求，促进可持续发展

文化多样性通过信息的广泛传播，对涉及公共利益的事项激发公众参与，增强决策的透明度，还能启发其他领域忽视或漠视的价值，平衡不同利益群体的需求。如文化多样性对消除贫困方面的启发作用。拉芒和斯莫尔通过考察文化与贫困之间复杂的双向关系，发现不仅文化对贫困具有因果性影响，而且贫困对文化也有因果性影响。在制定反贫困政策时借鉴这些影响，将极大有助于消除贫困。[2] 在他们看来，根除贫困并非鼓励穷人接受主流的信仰，而是更好地理解和疏通异质性。通过承认共同体的存在和文化独特性并将减贫政策建立在这种独特性的基础上，可以切实实现真正的改变。这意味着应承认个人权利和群体权利，公平对待具有各自特色的群体，在决定其命运的决策过程中要赋予来自不同文化和族群的人以平等的发声机会。在传统文化表达领域，更是如此，提倡文化多样性的保护同样能起到积极的作用。包括版权在内的国际知识产权体制长期以来仅关注经济利益，漠视少数民族和传

---

[1] 联合国教科文组织编：《重塑文化政策：为发展而推动文化多样性的十年》，意娜译，社会科学文献出版社，2016，译者前言第3页。

[2] 米歇尔·拉芒、马里奥·路易斯·斯莫尔：《文化多样性与反贫困政策》，黄照静译，《国际社会科学杂志（中文版）》2011年第2期。

统社群的文化表现形式，忽视文化多样性和分配正义等社会基本价值，通过强调尊重和保护文化多样性有助于改善国际版权体制长期存在的一些弊端，如决策不透明、公众参与不够等问题，更好地平衡不同利益群体的需求，促进可持续发展。

3. 对传统创新和社会进步之意义

文化多样性是创新的源泉，是人类的共同遗产。文化多样性既包括古老的文化遗产，也涵盖当前以不同方式表达出的创新。不管是前者还是后者，里面都包含有传统文化表达。传统文化表达既有过去的文化遗产的形式，同时也是动态的，可以与现代科学技术相融合，以新的形式予以展现和传承。

文化多样性不光涵盖创新，更是创新的源泉。正是丰富多样的文化资源为创新提供了极大的灵感和便利，数字革命更是推动了各种不同文化资源之间的交流和吸收，进而激活创新。"虽然当代全球文化受经济一体化的影响呈现融合的势头，但其发展的目标应是多元化而非一元化，一元化的结局必然是思想认识的统一，其恶果将表现为僵化和无创新……其实保护传统文化的必要性观点与保护珍稀物种的必要性是十分相近的……在文化领域，只有那些拥有自己特殊'基因'的本土文化才具有无可取代的价值，在世界文化发展中保有一席之地。换句话说，越是民族的，就越是世界的。人们更愿意接触有独特风格和文化底蕴的产品"[①]。

正是意识到传统文化表达的这种独特风格和文化底蕴，全球文化产业更是加强了对全球范围内的文化多样资源的争夺和分享，美国可能是最会利用这些资源的代表。好莱坞许多电影大片的素材就来自发展中国家的文化资源，如《侏罗纪公园》的创意就来源于中国云南禄丰的侏罗纪恐龙化石，《花木

---

① 管育鹰：《传统知识及传统文化表达的法律保护问题》，《贵州师范大学学报（社会科学版）》2005年第2期。

兰》和《功夫熊猫》等也是取材自中国的文化元素。而美剧翻拍的《魔爪》早已横跨大西洋和太平洋，甚至伸向了阿拉伯海的中东地区。[①]其中翻拍最多的就是拥有相似语言、有着共同根源的英国电视剧。

文化多样性是人类的共同遗产，与生物多样性一样都是人类生存发展繁荣的宝贵资源。但全球化的浪潮给世界文化多样性和各民族的文化遗产带来极大冲击，文化多样性的保护成为一个国际关注的紧迫问题。尤其是对特定的群体和文化来说，抵御这种冲击的能力特别脆弱。许多发展中国家和"转型"国家的社会本来就受到贫穷和现代化进程产生的独特压力，无力对抗外来文化的侵蚀，而一国国内的少数群体或土著人民也会受到特别影响。

尤其是以 TRIPS 为主导的现代知识产权制度不能有效保护传统知识和传统文化，传统知识和传统文化的"剽窃"和滥用现象日趋严重。在现行知识产权保护机制和社会价值观的影响下，传统知识和传统文化被严重轻视和不尊重。保护机制的缺失和社会的轻视导致传统知识和传统文化表达被盗用、"剽窃"的现象猖獗。"剽窃"现象的严重，既损害了传统知识持有者的利益，也威胁到传统知识和传统文化的生存与延续。因此，有的学者称，"TRIPS 促进了'生物盗版行为'和对传统知识的全球化的漠视"[②]。

在传统知识和传统文化保护这方面，光是具体措施的讨论是不够的，文化的交流恐怕更为重要。全球化在带来巨大机遇的同时也带来不少挑战。就像某位学者所说，我们不仅要对经济的全球化提出问题，也要追寻这些问题的历史和政治背景，并将之与当前的全球道德规范相联系。[③]而传统知识和传

---

① 新浪娱乐:《论美剧翻拍成功的三大技巧》，http://ent.sina.com.cn/v/u/2015-04-03/doc-iawzuney 2420093.shtml，访问日期：2023 年 5 月 10 日。

② SHIVA V, "TRIPS, Human Rights and the Public Domain". *The Journal of World Intellectual Property* 7 (2004): 668.

③ Riley A R, "Indigenous Peoples and the Promise of Globalization: An Essay on Rights and Responsibilities." *Kan. J. L. & Pub. Pol'y* 14 (2004).

统文化本身就承载着丰厚的历史文化积蕴，因此，在国际知识产权领域展开跨文化的对话交流，理解保护传统文化表达的意义恐怕是最为重要也最迫切需要的。联合国教科文组织也呼吁各国政府要采取切实有效的措施来保护代代相传的民族文化和民间文化。各民族的文化中都既有历史悠久的文化遗产，也有富有本土特色的文化创新。保护文化多样性，既要保护这些文化创新，也要保护作为一个国家或一个民族历史之根源的文化遗产。

第二章 TCEs之国际保护现状及分析

传统文化表达面临衰落和消亡之危机，遭受盗用和滥用之困境，引起土著社群及其所属国家乃至国际社会的重视。国际层面和国内层面都要行动起来，对传统文化表达的保护采取措施，以挽救这些属于世界文化遗产的重要内容。本章将介绍传统文化表达的国际和国内之保护现状，并对其进行分析，指出这些保护措施在保护传统文化表达方面存在的优点和不足，以作为后文构建特别权保护机制的参考。

第一节 国际条约和国际组织保护现状分析

一、国际知识产权条约

在当前的国际知识产权条约中，涉及传统文化表达保护主要有以下一些规定：

（一）《伯尔尼公约》

《保护文学艺术作品伯尔尼公约》（以下简称《伯尔尼公约》），从版权保护的角度提供了传统文化表达保护的思路。该《公约》第十五条第四款规定："（a）对作者的身份不明但有充分理由假定该作者是本联盟某一成员国国民的未发表作品，该国法律有权指定主管当局代表该作者并据此维护和行使作者在本联盟各成员国内的权利。（b）根据本规定而指定主管当局的本联盟成员国应以书面声明将此事通知总干事，声明中应写明被指定当局的全部有关情况。总干事应将此声明立即通知本联盟其他所有成员国。"[①] 该条针对的是作者不明的作品的保护，虽未明确提及传统文化表达，但该条款的立法过程表明，传统文化表达本是打算被纳入的，只是委员会未找到一个各国皆能接受的定义。根据该规定的三个条件——作者身份不明、作品未发表、作者应是成员国国民，许多未公开的传统文化表达是可以构成保护客体范围的。

但该条款并未得到成员国普遍认可和实施，原因可能有几个：一是要求须为作者身份不明的未发表作品，对那些易被公开的或土著社群成员个人创作的作品不能提供保护，范围有限。二是《伯尔尼公约》保护的是符合现代《著作权法》标准的作品，即便是第十五条第四款规定的这种作品也仍需符合作品的独创性、思想表达二分法等要求，多数传统文化表达显然不符合这些要求。且公约规定有明确的保护期，对匿名作品提供的保护期也限制为"自其合法向公众发表之日起 50 年"，而"如果有充分理由假定其作者已死去 50 年"，成员国也没有义务予以保护。[②] 这对具有集体传承性和文化敏感性的传统文化表达而言，保护力度是远远不够的。三是该条款规定的是由各国根据其国内法自行指定主管当局"代表该作者"，并维护和行使作者在本联盟各成员国内的权利，因此权利内容仍受制于各国的版权法，且权利享有和行使的主体不是传统持有人或土著社群，而是国家有关机构。

---

① 《保护文学艺术作品伯尔尼公约》第十五条第四款。

② 《伯尔尼公约》第七条第三款。

（二）《TRIPS 协议》

世界贸易组织（WTO）的《与贸易有关的知识产权协议》（TRIPS 协议），从文化贸易的角度对知识产权做了比较全面的规定，且规定了一个强有力的执行机制。TRIPS 协议也未直接规定传统文化表达保护的问题，但如果一些传统文化表达符合协议保护的知识产权客体的条件，当然可以受到知识产权的保护。如能确定是由土著社群成员个人创作的作品，自然可以依据协议中著作权的规定予以保护。但正如前述，传统文化表达本身具有文化敏感性、环境依赖性和集体传承性，在独创性、个人主体特征、思想表达二分法、新颖性等方面难以达到知识产权保护的标准。尽管如此，由于广大发展中国家的争取，也已显露一些解决的希望。如针对 TRIPS 的修改，发展中国家集团就提议增加事先知情同意和惠益分享的规定。TRIPS 理事会已将协议第 27 条 3（b）款有关动植物发明和植物新品种保护的审查扩及传统知识和传统文化表达。2001 年的《多哈部长宣言》第 19 段也指出，TRIPS 理事会应特别审查 TRIPS 协议与《生物多样性公约》之间的关系、审查对传统知识和民间文学艺术保护的问题。

（三）WIPO 通过的知识产权条约

WIPO《世界知识产权组织表演和录音制品条约》（WPPT）明确涵括了民间文学艺术表达的表演者，为传统文化表达的表演者提供了邻接权的保护。[①] 菲彻尔认为，WPPT 消除了长期以来在国际层面上对"表演者"和"表

---

① WIPO《世界知识产权组织表演和录音制品条约》（1996）第 2 条中规定："'表演者'指演员、歌唱家、音乐家、舞蹈家以及表演、歌唱、演说、朗诵、演奏、表现或以其他方式表演文学或艺术作品或民间文学艺术作品的其他人员。"

演"概念的不正确的限制,^① 而且能以一种间接的方式有效保护那些传统文化表达的创作团体。^② 而 2012 年签署的《视听表演北京条约》将表演者权延及对视听作品的保护。据此,传统文化表达所属的相关社群可以阻止对其表演的使用（如对现场表演的固定、对此种固定的复制及其传播等）,其表演者也可以享有人身权、条约所规定的五种排他权（固定、复制、向公众传播、发行、出租）和报酬权等,从而获得了较强的保护。但这种邻接权保护也存在几个缺陷:一是,只针对表演,不针对被表演的传统文化表达。因此,如果他人借用和模仿传统文化表达向公众进行公开而独立的表演,相关社群的持有人并没有权利阻止。二是,该保护仅能保护那些能以表演、朗诵、歌唱或舞蹈等表演方式演绎的传统文化表达,而对其他不能以表演形式演绎的 TCEs,如固定于某一物质载体上的有形表达,提供不了什么帮助。三是,受到保护的表演者通常是传统文化表达来源社群的成员个人,根据条约享有权利,该社群却得不到直接保护。如条约为表演者提供了报酬权,使其能从为商业目的发行其表演的视听产品中获益,却不能惠及相关社群。

由上可知,由于国际知识产权条约主要关注的是当代智力创新,对传统文化形式的保护欠缺,故 WIPO 专门成立了讨论该问题的委员会（IGC）。

二、《WIPO-UNESCO 示范规定》

发展中国家意识到保护传统文化表达的需要,并在国际层面积极呼吁。由于缺乏具体的措施来制定法律标准,在 WIPO 提出的草案基础上拟定了《WIPO-UNESCO 示范规定》。该规定被提交到 1983 年召开的《世界版权公

---

① 因在这之前,表演者均指的是表演著作权法意义上作品的人,表演指的是对作品的表演,因此不包括表演传统文化表达的人。

② 米哈依·菲彻尔:《版权法与因特网（下）》,郭寿康等译,中国大百科全书出版社,2009,第871 页。

约》政府间委员会和《伯尔尼公约》执行委员会的联合会议。委员会认为这一发展是创建民间文学艺术表达的知识产权类型保护特别机制的第一步，并认为对各国立法是一个恰当的引导。

《WIPO-UNESCO 示范规定》注意到维持防止滥用的保护和发展与传播的自由之间的恰当平衡的必要性，并为各国立法留有足够空间，以最好地适应本国的条件。该规定的主要内容如下。

（1）在保护客体上，该示范规定使用了"民间文学艺术表达"这一术语，将其界定为："由一个社群……或被反映此类社群传统艺术期望的个人发展和维护的传统艺术遗产的特征性要素组成的产品"，特别提到口头表达、音乐表达、行动表达和有形表达四种类型。同时用"表达（expressions）"和"制作（productions）"① 而不是"作品"的术语，来强调这是采取的特别保护机制而不是版权保护。

（2）在保护范围上，其规制的行为包括"非法利用"和"其他有害行为"。非法利用包括出于获利目的的利用和在传统、习惯背景外的未授权利用。而"其他有害行为"包括：不注明出处；需经授权而未授权的使用；误导公众的仿冒行为；以及损及有关社群文化利益的歪曲行为等四种。并对传统背景和习惯背景进行了区分，允许社群成员在传统或习惯背景内的自由利用，不阻碍传统或习惯背景外合法且非盈利目的的使用。

（3）在保护主体上，没有使用"所有者"的说法，而代之以"有权机构"和"有关社群"。考虑到各国对所有权管理方式的不同。"机构"应被理解为有权行使示范法规定职责的任何人或机构。还规定，对有权机构的任何决定均可上诉。

---

① WIPO-UNESCO, *Model Provisions for National Laws on the Protection of Expressions of Folklore Against Illicit Exploitation and other Forms of Prejudicial Action*, 1982, Section 2.

（4）在保护内容上，确立了授权机制以阻止歪曲民间文学艺术表达的利用，同时允许但不强制对许可收费。规定了所收费用需用于促进或保障本国的民间文学艺术或促进民族文化。

（5）在限制与例外上，规定了四种不需授权的例外：教育目的的使用；符合公平实践的说明；创作原创作品的借用；以及"附带性利用"（如报道事件的利用和位于公开场所的场所利用）。

（6）在保护方式上，规定了两种主要的惩罚：罚金和监禁。但并未建议任何特别的惩罚，留待各国立法决定其形式和措施。

此外，该示范规定还提供或通过互惠规定或基于国际条约的方式对外国表达予以保护。

可以说，《WIPO-UNESCO 示范规定》创建了一个比较完整地对传统文化表达进行特别保护的机制，具有较大的参考价值。虽然它不是具有约束力的法律文件，但却激励了许多非洲国家相继立法，为国际层面保护传统文化表达打开了良好的局面。

但该示范规定的两个局限也经常被提到。一是该示范规定未赋予传统文化表达的专有权；二是保护客体限于"传统艺术遗产"范围，范围较窄。

三、国际人权文件

由于传统文化表达的保护关涉土著人民的人权根本，因此，联合国国际人权框架的系列文件也经常被用来说明和支持保护依据。这主要包括 1948 年的《世界人权宣言》（UDHR）、1966 年的《公民权利和政治权利国际公约》（ICCPR）和《经济、社会和文化权利国际公约》（ICESCR），以及 2007 年的《土著人民权利宣言》等。

（一）UDHR 和 ICESCR 对文化权利之规定

UDHR 第 27 条规定了参加文化生活、享受艺术、分享科学进步及其福利的权利和保护创作作品利益的权利。宣言旨在宣示，对科学和文化的参与、接触以及创作不应成为少数富人的特权，而应是所有人享有的根本权利。该权利进一步通过 ICESCR 第 15 条予以重申。经济、社会和文化权利委员会（CESCR）于 2005 年通过的《第 17 号一般性意见》"向原住民社群和文化少数族群敞开了保护"[①]。该《意见》的第 32 条明确规定了缔约国应采取措施保护土著人民与其作品（其作品往往表现为其文化遗产和传统知识）有关利益的义务，同时强调了缔约国应考虑土著人民的喜好，尊重事先知情同意原则、尊重其传播方式和必要时集体管理作品利益的权利。之后，CESCR 于 2009 年就《经济、社会、文化权利公约》第 15 条第一款（甲）项通过的《第 21 号一般性意见》，进一步巩固了原住民社群和文化少数族群的这种权利。该《意见》除第 36 条强调了土著人民文化生活的族群性的重要性，第 37 条又再次强调了尊重土著人民自由、事先和知情同意的原则。

同时，在《第 17 号一般性意见》中，委员会坚持上述人权保护应区别于知识产权体系中承认的大多数法律权利。"绝不能将知识产权与第十五条第一款（丙）项所承认的人权视为一体。"[②] 在该《意见》中，委员会指出，第十五条保护的受益者也包括个人组成的群体。而群体或社区也可以在某些情况下享有相关的利益保护。[③] 委员会还指出，"科学作品"是指诸如科学出版物和创新，包括知识、创新以及土著和当地社区的传统做法；"文学和艺术作

---

① 莱万斯基：《原住民遗产与知识产权：遗传资源、传统知识和民间文学艺术》，廖冰冰译，中国民主法制出版社，2011，第 397 页。

② 联合国经济、社会和文化权利委员会：《第 17 号一般性意见：人人有权享受对其本人的任何科学、文学和艺术作品所产生的精神和物质利益的保护（第十五条）》，第三十五届会议，2005，第 1—3 段。

③ 同上书，第 7、8 段。

品"是指诗歌、小说、绘画、雕塑、音乐创作、戏剧和电影作品、表演以及口头传统等。明确将传统文化表达和传统技艺等包括在内。

（二）ICCPR 对自决权之规定

ICCPR 授权人民自由决定政治地位、自由谋求经社文发展和自由处置其天然资源。并强调每一个国家都应尊重这种自决权。[①] 同时，公约第 27 条规定："凡有种族、宗教或语言少数团体之国家，属于此类少数团体之人，与团体中其他分子共同享受其固有文化、信奉躬行其固有宗教或使用其固有语言之权利，不得剥夺之。"联合国人权委员会通过解释使这一条款用来保护传统文化和传统知识。在 Ominayak v. Canada 一案 [②] 中，联合国人权委员会认为，加拿大政府对印第安 Lubicon Lake Band 部落土地的征收与有关的开发，威胁到该部落的生活方式和传统文化，构成对该公约第 27 条的违反。在人权事务委员会 1994 年的第五十届会议通过的《第 23 号一般性意见》对公约第 27 条做了具体解释，其中第 7 条规定："关于第 27 条所保护的文化权利的行使，委员会认为，文化本身以多种形式表现出来，包括与土地资源的使用有联系的特定生活方式，土著人民的情况更是这样。这种权利可能包括渔猎等传统活动和受到法律保护的住在保留区内的权利。为了享受上述权利，可能需要采取积极的法律保护措施和确保少数群体的成员切实参与涉及他们的决定。"第 9 条进一步说明："委员会总结认为，第 27 条体现了缔约国具有特定义务加以保护的一些权利。保护这些权利的目的是要确保有关少数群体的文化、宗教和社会特性得以存活和持续发展，从而加强整个社会的结构。因此，委员会认为，这些权利应该以上述方式予以保护，而不应该同依照《公约》赋予一个人和所有人的

---

① 1966 年联合国《公民权利和政治权利国际公约》第 1、2 条。

② Lubicon Lake Band v. Canada, Communication No. 167/1984（26 March 1990），U.N. Doc. Supp. No. 40（A/45/40）at 1（1990）.

其他人身权利混淆。因此缔约国有义务确保这些权利的行使得到充分的保护，缔约国应该在提交的报告中说明为此目的采取了哪些措施。"

（三）UNDRIP 对土著人民权利之规定

经许多土著人民和发展中国家的争取，到 2007 年，143 个成员国投票通过了《联合国土著人民权利宣言》（UNDRIP）。澳大利亚、新西兰、加拿大和美国等四个国家反对，[①]11 个国家弃权。该《宣言》第 31 条确认了土著人民对其文化遗产、传统知识和传统文化表达维持、控制、保护和发展其知识财产的权利。《宣言》的通过被认为代表了拥护以权利为基础保护土著人民的分水岭。[②] 该《宣言》有几个独特之处：首先，宣言是重要而独特的，因土著人民在文件中由自己代表，而不是被政府或国家代表。其次，宣言代表了世界土著人民高度组织的游说主体的政治愿望，该主体发展出一个复杂而广泛的基于权利的框架，以挑战过去政府和联合国强加的基于福利的框架。[③]《宣言》的通过得益于非洲、亚洲、太平洋、拉美、北美、北极和俄罗斯等七个地区土著人民的联合。最后，土著人民对土地权问题态度坚决，在其立场上绝不让步。如《宣言》第 25、第 26 条明确宣示土著人民对其土地和资源的权利，并要求各国应给予承认和保护。

UNDRIP 针对土著人民的人权和理念做了潜在的承诺，明确承认，并承诺保护土著人民的土地、资源和传统文化表达等。但 UNDRIP 属于非约束性的文件，因此不具强制力和执行力。

---

① 2009 年 4 月 3 日，澳大利亚政府宣布改变立场，支持《土著人民权利宣言》。

② Conway D M, "Indigenizing Intellectual Property Law: Customary Law, Legal Pluralism, and the Protection of Indigenaous Peoples' Right, Identity, and Resources", *Texas Wesleyan Law Review* 15 (2009):230.

③ 同上书，p.231.

四、保护文化多样性的国际文件

（一）UNESCO 之系列文件

传统文化表达属于世界文化多样性中的重要组成部分。随着全球化的冲击，包括传统文化表达在内的本土文化都感受到了威胁。为维护本国和本民族的本土文化，以法国为代表的许多国家在国际层面联合起来，呼吁保护文化多样性的重要性。

为在国际、区域和国家各个层面保护和促进世界文化多样性，联合国教科文组织制定并通过了一系列国际法律文件。1972 年，UNESCO 就通过了《世界文化和自然遗产公约》（1975 年 12 月 17 日生效），确立了国际社会保护人类物质遗产的义务。1998 年的政府间文化政策促进发展会议承认文化多样性可推进经济、社会和人类发展进程。会上通过的《斯德哥尔摩行动计划》指出，文化产品和服务具有重要的经济价值，但它们又不仅仅是可交易的商品或消费品。2001 年又通过了《世界文化多样性宣言》，强调文化多样性是人类的共同遗产，是发展的要素。并指出，捍卫文化多样性也是创新的源泉。《宣言》呼吁各国政府培育和加强在全球范围内创作和传播文化产品以及服务的能力。2003 年通过的《保护非物质文化遗产公约》则旨在保护通过传统方式世代相传的各种社会实践、观念表述、表现形式、知识、技能等非物质文化遗产，在这方面开展国际合作及提供国际援助。而 2005 年的《文化多样性公约》则将各种文化表现形式认定为人类的共同遗产，体现的多样性可视为一种创造力来源及文化表现能力，并赋予各国政府制定文化政策的主权。根据该《公约》第 18 条的规定，UNESCO 还设立了文化多样性国际基金（IFCD），以支持有助于实现公约目标的项目，尤其是出台保护和促进文化表现形式的多样性、培养或加强新的创意文化产业（尤其是发展中国家）的政策。根据官方统计，^①自 2010 年起，IFCD 已经为 49 个发展中国家的 84 个项目投资了 5 800 万美元。

同时，联合国在保护文化多样性方面发布了许多相关的报告和决议，包括联合国发展议程课题组 2012 年 5 月发布的联合国 2015 年后议程文件——《文化：可持续发展的驱动力》、由联合国人口基金（UNFDA）、联合国开发计划署（UNDP）和 UNESCO 编制的《2015 年后全球文化与发展对话报告》等。联合国大会还于 2010、2012、2013 和 2014 年分别通过了四项文化和可持续发展领域的决议。^②这些决议均强调了文化多样性的重要性及对可持续发展的贡献。

（二）《保护和促进文化表现形式多样性公约》

《保护和促进文化表现形式多样性公约》（以下简称《公约》）体现了《世界文化多样性宣言》第 8 条的各款，旨在保护文化多样性免受贸易自由化的消极影响。《公约》明确指出：面对当前的经济和技术的发展变化，应当特别注意创作意愿的多样性，公正考虑作者和艺术家的权利，以及文化物品产品和服务的特殊性，因其体现了文化特性、价值观和观念，不应被视为一般的商品或消费品，也就不应遵循与其他产品和服务一样的贸易规则。^③《公约》对缔约方采取的有关保护和促进文化表现形式多样性的政策和措施的广泛规定也表明创建者希望寻求在世界不同人民和文化之间相互理解的各种行动方

---

① 联合国教科文组织网站：http://en.unesco.org/creativity/ifcd/discover-projects/database-funded-projects，数据截止时间 2016 年 7 月 28 日。

② 联合国 2010 年 12 月 20 日大会决议 A/RES/65/166，2011 年 12 月 22 日大会决议 A/RES/66/208，2013 年 12 月 20 日大会决议 A/RES/68/223，2014 年 10 月 29 日大会决议 A/C.2/69/L.27。

③ 《保护和促进文化表现形式多样性公约》的序言部分、第一条的"目标"、第四条对相关概念和术语的定义、第七条规定的"促进文化表现形式的措施"都体现了这样的理念。

案。[①]从《公约》鼓励缔约方"为个人和群体获取本国境内及世界其他国家的各种文化表现形式创造环境"以及要求缔约方"努力承认创作者的重要贡献和核心作用"的规定[②]看，《公约》旨在使各国国内政策的使用合法化，并不排斥外国的文化产品，只是希望能保留各国的文化生产方式和维护各国的文化特性。

《公约》通过至今已经十年，从《公约》的实施情况看，在文化多样性的促进和保护方面还是卓有成效的。根据《公约》第 9 条第 1 款的要求，各国应在向联合国教科文组织四年一度的报告中，提供其在本国境内和国际层面为保护和促进文化表现形式多样性所采取的措施的适当信息。《公约》第 19 条对信息交流、分析和传播进行了详尽的规定。2011 年 6 月的缔约方大会第三次例会还通过了《第九条操作指南》和《四年期定期报告（QPR）框架》，旨在为民间社会组织开展活动、参与决策创造条件，以达到共享信息、识别全球趋势与挑战的目标。截至 2015 年年底，已有 61% 的缔约国递交了首批报告。UNESCO 通过对这些报告的研究和对《公约》十年实施情况的评估认为，2005 年的《公约》有利于文化表现形式多样性的政策制定，世界各国正采取行动支持其创意行业的发展与增长。各国已开始出台一系列新政策，尤其是发展中国家采取的战略越来越符合人类发展理念。[③]然而其结论也指出，尽管在过去十年取得了一些进展，但在电信、知识产权、人权和可持续发展等领域，仍然存在不少挑战，尤其是对未提交报告的缔约国而言。[④]尤其是，

---

① Bruner C M, "Culture, Sovereignty, and Hollywood: UNESCO and The Future of Trade in Cultural Products", *New York University Journal of International Law and Politics* 40 (2008):359.

② 参见：2005 年《保护和促进文化表现形式多样性公约》第七条。

③ 联合国教科文组织编：《重塑文化政策：为发展而推动文化多样性的十年》，意娜译，社会科学文献出版社，2016，第 5 页。

④ 联合国教科文组织编：《重塑文化政策：为发展而推动文化多样性的十年》，意娜译，社会科学文献出版社，2016，第 192 页。

随着国际法碎片化的现象日益严重，各种其他领域的国际条约或协定陆续制定，《公约》将产生何种影响尚不确定。缔约方是否具备能力或政治意愿来拒绝其他条约下可能限制其采纳保护和促进文化表现形式多样性的政策的权利仍有待进一步观察。

也有学者主张，在 WTO 内可以借鉴《公约》的内容进行制度改革，缓解市民社会要求文化价值回归的压力。但更现实的选择可能是以部长会议决定的形式，在相关协定中加入涉及《公约》的程序性条款。① 这种条款既可作为解释 WTO 规则的支持文献，供专家组和上诉机构在贸易与文化发生冲突的案件中予以参照，也可作为重要因素，供 WTO 在修改旧规则、谈判新规定和缔结新条约时予以考量。不过，从 WTO 已有的几个相关案例看，文化产品在该贸易体制内不会被区分对待。自 1995 年以来，美国向 WTO 提出了两次有关文化产品和服务措施的诉讼，两次都胜诉，充分说明 WTO 体制对贸易自由化的坚持。不过，如果说 1996 年美国和加拿大之间的纠纷② 使许多国家认识到面对 WTO 协定文化政策的脆弱性，2009 年美国和中国在WTO 之间的诉讼③ 则体现了法庭在承认文化问题方面的某种开放性。后一案件中，虽然美国再次胜诉，但陪审员承认和建立了 GATT 范围下大量文化产品非物质内容与第 20 条中提及的保护公共道德（处理例外情况）之间的联系，代表了一大进步。④ 在该案中，中国援引了《世界文化多样性宣言》和《公约》的内容。

---

① 薛狄、那力：《国际文化贸易的价值冲突和法律选择——由近期中美文化产品进口纠纷引发的思考》，《中国政法大学学报》2009 年第 2 期。

② 加拿大——与期刊相关的某些措施（1997 年），WT/DS31/AB/R（上诉机构报告）与 WT/DS31 /R（陪审员报告）。

③ 中国——影响某些出版物和视听娱乐产品交易权和分销服务的措施（2009 年），WT/DS363 /R。

④ 联合国教科文组织编：《重塑文化政策：为发展而推动文化多样性的十年》，意娜译，社会科学文献出版社，2016，第 122 页。

当然公约对未来谈判的影响主要取决于谈判国家的实力和条件，特别是其所需美国市场准入的程度。但即使是强有力的谈判对手如法国和加拿大，公约的影响也要在很大程度上依赖于谈判的背景和利益的博弈。但总的来说，《文化多样性公约》是文化领域对 TRIPS 的一个有益补充，它试图弥补已有知识产权制度忽视智力源泉的缺陷，以期达成文化权利与知识产权之间的平衡与协调。[①]《公约》对文化多样性意义的强调、对各国维护本土文化特性的肯定使各国增强了这方面的意识，对今后的谈判和规则制定即便不能直接发挥作用，也至少能潜移默化地渗入各国的决策过程，进而影响国际体制。

五、地区性的保护文件

（一）太平洋岛国地区的文件

在该地区，就传统文化表达和传统知识的保护出台了好几个相关的文件。2002 年通过了《太平洋地区保护传统知识和传统文化表达的框架协议》（《太平洋地区框架协议》），还发布了配套的《指南》。而由斐济、巴布亚新几内亚、所罗门群岛、瓦努阿图等国组成的美拉尼西亚先锋集团（Melanesian Spearhead Group，MSG）也于 2011 年通过了《传统知识和传统文化表达的框架协定》。

2002 年的《太平洋地区框架协议》创建了"传统文化权"，控制对传统知识和文化的使用，要求第三方使用前的事先知情同意。该《协议》规定了使用申请和传统所有者的确认机制，赋予个人或社群对 TCEs 的灵活所有权；有关民事和刑事制裁的执行机制；以及监管整个机制的文化机构等。同时，《协议》还要求注意群体或民族决定所有权人的习惯法和实践，对习惯法要素予

---

① 吴汉东、郭寿康：《知识产权制度国际化问题研究》，北京大学出版社，2010，第 387 页。

以了重视。该《协议》旨在提供参考以帮助太平洋岛国和地区为其 TCEs 寻求保护，被斐济和帕劳群岛以及之后的库克群岛作为指导发展特别法。有学者认为，《协议》的规定更适合比较完整的文化社群，而非因殖民化和民主化变得多元化的社群。因此具有地域性，主要是用来指导具有相对同质的 TCEs 的小岛国和地区。[①]但该《协议》为传统文化设立了专门的权利，并在具体规定上注重习惯法的使用和灵活性，无疑有很多可借鉴之处。

（二）非洲的《班吉协定》（*Bangui Agreement*）

非洲的《班吉协定》于 2002 年 2 月 28 日生效，涵盖了专利、实用新型、商标、工业设计、商号、地理标志、版权、不正当竞争、集成电路设计和植物品种权等各方面，而传统文化表达的保护是在其附录七"文学和艺术财产"的第二章"文化遗产的保护和促进"做出规定的。其中界定的"民间文学艺术"包括了所有由非洲的居民团体创作而构成非洲文化遗产基础、代代相传的文学、艺术、科学、宗教、技术等领域的传统表达与作品。该《协定》的范围未免过广，将科学知识和技术知识等属传统知识的内容也归入其范畴。但该《协定》所规定的保护手段被认为十分有效，[②]因其建立了真正有效的对文化遗产进行预先授权的制度，以及更切实的用于禁止其他形式利用的措施。

（三）安第斯共同体的特别法

作为八大文明起源中心之一，安第斯共同体的传统文化表达丰富多彩。安第斯共同体一直在保护传统知识、获取遗传资源，以及促进和保护传统文

---

① Mantilla N, "The New Hawaiian Model: The Native Hawaiian Cultural Trademark Movement and the Quest for Intellectual Property Rights to Protect and Preserve Native Hawaiian Culture", *American University Intell. Prop. Brief* 3 (2012):31.

② 莱万斯基："第四节 民间文学艺术"，转引自莱万斯基《原住民遗产与知识产权：遗传资源、传统知识和民间文学艺术》，廖冰译，中国民主法制出版社，2011，第 390 页。

化表达方面处于前沿，这已经由关于工业产权的第 486 号决议、关于遗传资源的第 391 号决议，以及关于保护和促进安第斯共同体的物质和非物质文化遗产的第 760 号决议所证实。这些决议在安第斯共同体的成员国内具有法律效力，并已立即强制性地纳入各自法律制度之内，并自动适用，甚至在发生冲突时效力高于各自的国内法。而且，安第斯共同体还打算审议并更新有关获取遗传资源的第 391 号决议，因为安第斯共同体计划继续增加保护和促进传统知识和民间文学艺术方面的法律武器。[①]

第二节　各国立法和实践之保护现状分析

一、各国的立法保护现状

（一）知识产权法保护现状

与传统文化表达最相关的知识产权无疑是版权和商标，各国通过这两种方式来保护 TCEs 也是目前比较常见的方法。

首先是通过版权法对传统文化表达予以保护的方式。当条件允许时，版权法所提供的保护可以满足土著人民和传统社群的需求和目标。

版权法主张最初的目的是对抗发达国家不适当商业化利用发展中国家传统文化表达的行为，源于非洲、拉美等一些发展中国家。突尼斯于 1967 年率先通过版权法保护民间文学艺术作品；第二年，玻利维亚在南美开启民间文

---

① WIPO 知识产权与遗传资源、传统知识和民间文学艺术政府间委员会：《第二十八届会议报告》，2014 年 7 月 7 日至 9 日，日内瓦，WIPO/GRTKF/IC/28/11，第 18 页，第 60 段，安第斯共同体总秘书处的代表发言。

学艺术版权法保护之路。至 2012 年 3 月 20 日，在版权法框架内保护传统文化表达的国家有三十几个。[①] 还有许多国家在版权法中为民俗文化做了特别的规定，如墨西哥、越南和一些非洲国家。

许多通过版权法保护传统文化表达的国家中，均规定由各种国家机构行使此类权利，如有权的部门或保护作者权的机构，而不是将权利直接赋予相关社群。有些国内法则将民间文学艺术创造类似于文学艺术作品，未包含任何特别的规定。有的则提供了特别的机制，规定某些特别行为，如果出于营利目的，则要基于有权机关的授权。有的规定禁止进口和传播任何国家民间文学艺术的作品，或未经授权的翻译、改编等。考虑传统文化表达的传承性，有些要求保护不能有时间限制。

有些国家在版权法中纳入了传统文化表达的客体，但缺乏相关的具体规定。如印尼版权法第 10 条在代表共同财产的大众文化产品方面赋予了版权，包括民间文学、故事、童话、传说、年历记载、民间歌曲、手工艺品、舞蹈设计、民间舞蹈、书法和其他艺术作品。版权法虽规定了有必要进一步立法以实施防止外人使用民俗文化的版权，但至今未有具体立法。我国亦如是，在《著作权法》中纳入了民间文学艺术作品，但至今也尚未出台相关的具体规定。

另有许多国家将传统文化表达明确排除在版权保护范围之外。如原苏联的所有国家，希腊、匈牙利等。有的则把传统文化表达与公有领域概念相联系，如中美洲一些国家。有些国家则规定了民间文学艺术被用于营利目的的付费制度。如玻利维亚和克罗地亚的版权法等。在这种制度中，传统文化表达被认为是国家遗产的一部分，不管是否符合版权标准均需付费。一般所

---

① WIPO, "Intellectual Properly Protection of Expressions of folklore: Attempts at the International Level", accessed June 12, 2018, http://tm.ua/laws/int/Intellectual%20Property%20Protection%20of%20Expressions%20of%20Folklore%20Attempts%20at%20the%20International%20Level.pdf.

收费用通常是用于促进文化的目的和该国作者们的福利目的。而中非、几内亚和塞内加尔等国则主要将费用给予了收集的人。原则上，对传统文化表达的利用不受限制，但需支付费用，且承担尊重完整性和注明传统文化表达来源的义务。这一制度的优势在于既不会阻碍传统文化表达，又能保证对其使用予以公平补偿。但这种制度也遭到一些质疑：一是，从长远来看，仅对民间文学艺术而不是版权到期的公共艺术创作引入该规则将会产生不一致的后果；二是，该模式并未被广泛接受。国内的规则影响将很小，因所有的境外使用仍将是免费的，从而造成仅有国内使用者付费的情形。[①] 三是，这种模式对一些使用者而言，可能带有税收的形式，像在美国就可能会因政治原因难以设立。[②]

其次是通过商标法和相关认证制度对传统文化表达予以保护的方式。

相较对产品本身的专有利用权，通过标志的使用来区分产品的权利被认为能更广泛运用于土著创新的产品和服务。[③] 由夏威夷事务局（the Office of Hawaiian Affairs，OHA）发起的本土夏威夷文化商标研究也发现，大多数被调查的本土夏威夷艺术家青睐使用一个文化商标计划来保护免遭盗用，并向公众提供对本土夏威夷文化的认识。[④] 商标保护的优势在于：商标保护的成本要比专利成本低，也不需要特别的技能。商标保护与土著知识体系的去中心

---

① Hilty R M, "Rationales for the Legal Protection of Intangible Goods and Cultural Heritage", Max Planck Institute for Intellectual Property, *Competition & Tax Law Research Paper*, No. 09-10 (2009):24.

② Gervais D J, "The Internationalization of Intellectual Property: New Challenges from the Very Old and the Very New",Fordham Intellectual Property, *Media and Entertainment Law Journal* 12 (2002):969.

③ Drahos P, "When Cosmology Meets Property: Indigenous Peoples' Innovation and Intellectual Property", *Queen Mary University of London, School of Law Legal Studies Research Paper*, No. 90 (2011):13.

④ Mantilla N, "The New Hawaiian Model: The Native Hawaiian Cultural Trademark Movement and the Quest for Intellectual Property Rights to Protect and Preserve Native Hawaiian Culture", *American University Intell. Prop. Brief* 3 (2012):27.

化本质有着更好的规范拟合度。商标还允许许多土著企业围绕一个资源繁荣的可能性，而专利则只允许赢家从资源中获得所有的专利租金。相关的认证和信息制度可告知消费者各种信息，如产品是否可持续制造，制造者是否获得公平回报。从而赋予消费者利用不同的选择标准的权利，得以使价值观与价格相混合。而参与公平贸易的企业以创新的方式利用这些制度将市场与消费者偏好及其支付的意愿相匹配。商标和认证制度能较好地契合传统文化表达集体性的特征，且要求本真性，在一定程度上能符合传统文化表达的文化敏感性，同时又不脱离其环境依赖性，故有不少国家和地区通过该方式保护传统文化表达，尤其是可作为产品销售的手工艺品。

在此列举几个在这方面比较有代表性的国家。

一是美国。在美国土著社群的积极推动下，美国 1935 年出台了《印第安艺术和工艺品法案》（*Indian Arts and Crafts Act*, IACA）[①]。该《法案》创建了国有的商标制度代表美国印第安部落和被印第安部落[②]使用，并规定"为销售产品直接或间接地提供或展示……以错误表明印第安制造的方式"是非法的，禁止非土著产品仿冒土著产品；最高可罚 25 万美元和五年监禁。包括美国印第安在内的土著社群也能利用该制度保护其声誉。此外，美国专利商标局（USPTO）建议各部落创建部落标志的详单，并进行注册，这样有助于防止外人的误用，也能推动撤销利用土著标志的已有商标。但 IACA 不具有知识产权的效力，只是赋予美国土著一个诉讼理由，举证责任也仍在于美国土著，因此实际效力有限。2000 年的 Senate Report 452 指出，IACA 还没有一个成功的起诉。十年后发布的 House Report 397 结论仍是一样。这十年尽管有许多诉讼被提出，但无一能通过驳回起诉的申请。Native American Arts, Inc. v

---

① 该法于 1990 年进行了修订。因此，有些文献中提及时称为"1990 年《印第安艺术和工艺品法案》"。

② 目前被美国联邦承认的印第安部落有 564 个。但本土夏威夷人不能作为联邦承认的部落享有保护。

Contract Specialties, Inc. 一案[①]是第一个得以在第一地区法院受理的案件。[②]而且，美国 IACA 规定了两个受保护的标准。一个是需与纳入官方标志数据库的美国土著标志具有可辨相似度。这样能保证本真性。但另一个标准要求受保护的产品需是在 1935 年后制造的，这一限制会将大多数传统文化表达排除在保护范围之外。

作为联邦制的国家，美国各州在利用商标法和相关认证制度保护 TCEs 方面也有成功的例子。譬如阿拉斯加州的"银手项目"（Alaska Silver Hand Program）。该项目使用海豹标志来证明本真的阿拉斯加土著艺术，仅适用于土著阿拉斯加人，须属于联邦或州所承认的村庄或部落，且居住在阿拉斯加州内。使用该标志的许可为两年，但许可能无限更新。

二是新西兰。新西兰创设了 Toi Ibo 计划（Toi Ibo Program），利用商标来证明具有高品质的、表达传统毛利文化的艺术作品。值得注意的是，该计划维持高品质的艺术标准，而不是关注艺术家的种族。允许土著的自决权，赋予了灵活的所有权选择。商标形式可分为毛利人制造、主要为毛利人制造和与毛利人合作三种，以区别不同的制作类型。其目标是维持毛利艺术文化的完整性，并促进和发扬国内和国际的毛利艺术和艺术家。而且，该计划不区分是否商业性使用。新西兰政府曾于 2009 年宣布砍掉该项目的资金，招致毛利艺术家们的激烈反对，之后又重新恢复。这说明了该计划对保护毛利艺术家的作品具有重要的作用。有学者认为，新西兰模式的成功很大程度上是因为赋予了土著艺术家与非土著艺术家合作的选择，使他们仍能创造出传统文

---

① Native Am. Arts, Inc. v. Contract Specialties, Inc., 754 E Supp. 2d 368, at 369（D.R.I. 2010）.

② Mantilla N, "The New Hawaiian Model: The Native Hawaiian Cultural Trademark Movement and the Quest for Intellectual Property Rights to Protect and Preserve Native Hawaiian Culture", *American University Intell. Prop. Brief* 3 (2012):29.

化表达的作品。① 要求两年一更新，艺术家需提供最近制造的品质产品以符合再认证标准。商标的定期更新确保品质和本真性。但该模式还存在一些实际问题，如怎样判定作品的品质，是否可通过由毛利人代表组成一个委员会予以判定的形式。但可能也会有主观性的问题。

三是智利。智利因其气候、地理和文化的多样，文化表现形式也是非常多元化的。每种传统文化表达都代表着祖传的身份，支持着每个社群独特的传统。其闻名的代表形式有陶器、毛毯、披风斗篷等。为努力促进这些社群发展许多高品质的产品，也为了保存本土的制造传统并增加价值，智利的经济、发展和旅游部以及国家工业产权部（INAPI）于 2012 年 7 月发起了 Sello de Origen 的来源标志项目。由于消费者日益重视所消费产品的来源及其制造方式，该项目通过将制造者组织起来保护其原生产品，帮助创造了新的价值链和商业模式，以确保智利的传统产品更具竞争性，也更好地防止不正当竞争。制造者针对任何误用也更容易提起法律诉讼。迄今，通过地理标志（GI）、原产地标志（AO）、证明商标和集体商标等方式，已有 21 种产品受到该项目的保护。② INAPI 与受益方建立紧密联系，并提供实用的指导。

（二）其他法律保护现状

由于当前的知识产权法不足以充分保护 TCEs 和传统知识，许多国家要么制定或正在制定特别法。该想法源自 1972 年的《突尼斯版权示范法》和 1982 年《WIPO-UNESCO 示范法》。根据《WIPO-UNESCO 示范法》的规

---

① Mantilla N, "The New Hawaiian Model: The Native Hawaiian Cultural Trademark Movement and the Quest for Intellectual Property Rights to Protect and Preserve Native Hawaiian Culture", *American University Intell. Prop. Brief* 3 (2012):40.

② Olivos M C, Carrasco F. "Adding value to Chile' s heritage products with the Sellode Origen", *WIPO MAGAZINE* , 2016(3) : 13.

定，保护旨在防止传统文化表达被非法利用的行为和其他有害的行为。虽然颁布这种保护机制的其他成员国也考虑到这些目的，但还有一个目的是想要以一种有效而统一的方式提供知识产权保护。

其中，巴拿马模式是比较突出且经常被提到的。巴拿马 2000 年颁布的第 20 号法是专门用来保护传统文化表达和传统知识的，其全名是《为保护文化特征和传统知识而针对本土社区集体权利建立专门知识产权制度而制订》。巴拿马颁布其特别法旨在保护集体知识产权和传统知识，通过登记、宣扬、商业化和销售其权利以突出土著的社会文化价值观念和文化身份，并促进社会正义。另一目的则是欲维护传统文化表达和传统知识的本真性。该法只允许集体权，排除个人艺术家。值得一提的是，巴拿马特别法的一个主要特点是通过登记、宣扬和销售权利的机制保护能被商业使用的 TCEs。但这种以市场为核心、商业化的导向也遭到一些批评，对那些不想被商业使用的 TCEs，显然难以适用。

另一代表性的立法是菲律宾的《土著人民权利法案》(*Indigenous People's Rights Act of* 1997，IPRA)。该法被 WIPO 和 UNESCO 公认为是应当借鉴的先例。[①] 该法涵盖范围相当广泛，承认、保护和促进传统社群和土著人民的权利、设立土著人民国家委员会，还特别承认土著社群的自决权和文化完整权。该法第 6 章"文化完整性"专门规定了"社群知识权利"，其中特别提到对传统文化表达的权利："土著人民的文化社群／土著人民对其文化和知识享有获得承认权、所有权、控制和保护权。他们有权采取特别措施控制、发展和保护其……各种文化表现形式，包括……口头传统文化、文学、设计和视觉、表演艺术。"明确承认土著社群的知识产权。该法赋权给群体而非个人。直接相关的是第 32 条（实践权和复兴文化传统与习俗的权利）和第 34 条（完全的

① 莱万斯基:《原住民遗产与知识产权：遗传资源、传统知识和民间文学艺术》，廖冰冰译，中国民主法制出版社，2011，第 402 页。

拥有、控制和保护的权利）。另规定了事先知情同意制度，被 WIPO 认为是法案中最重要的规定。[①] 同意要有效须是"土著社群所有成员基于其习惯法和实践的一致同意"，使社群免于外部操纵、干预和强迫。另一要求是披露活动的完全目的和范围。为实施 IPRA 的细则进一步提供了指导。如管理研究者和研究机构进入的权利；有关研究的书面协议；公开承认材料来源的需要；向所涉社群提供研究复制件；就研究成果的利益收入分配等。但缺乏执行和可诉规定是该法存在的弊端。

除此之外，还有许多国家采用了特别法保护的模式，如巴西、哥斯达黎加和秘鲁等南美国家；还有菲律宾、葡萄牙、印度等。这些特别法都有一些共同的关键要素：确定受保护知识和知识监管者的需要；利用形式，如数据库；确定受益人；确定受益人（土著社群）对其集体知识的权利；事先知情同意的需要；管理参与进程并处理争端的有权机构等。赞比亚近期也出台了一个保护遗传资源、传统知识和传统文化表达的法案。该法案旨在阻止目前发生在赞比亚的猖獗的生物海盗行为，这种行为已经使得当地和土著人民陷入悲惨的贫困之中，让他们没有任何手段可以生存。[②]

虽然有这么多特别保护的立法规定，但常由于具体规定的不足和缺失，传统持有者被承认和可执行的权利也有限，也进一步影响到其将来就获取、控制和所有权问题的可谈判条件。除这些立法进展之外，目前各国已有一些相关的实践也在尊重和保护传统文化表达方面起到一定作用。

---

① Vanguardia M E, "Dreams for Sale: Traditional Cultural Expressions (TCEs) and Intellectual Property Rights of the Indigenous Pragmatic Group as Exemplified by the Dreamweavers", *Philippine Law Journal* 86 (2012):419.

② WIPO 知识产权与遗传资源、传统知识和民间文学艺术政府间委员会：《第二十八届会议报告》，2014 年 7 月 7 日至 9 日，日内瓦，WIPO/GRTKF/IC/28/11，第 26 页，第 84 段。

二、各国的实践保护现状

（一）各国法院的判例实践

1. 澳大利亚

比较有代表性的是澳大利亚的判例实践。在诸多文献提及的保护传统文化表达的判例实践中，澳大利亚是所涉案例较多的国家。从这些判例看，在澳大利亚，保护土著和托雷斯海峡岛民神圣的精神信仰的大多数主张出于知识产权法。第一个知识产权案件被认为是 1976 年的 Foster v Mountford 案。该案的争议客体是一个人类学的文本《沙漠流浪者》(*Nomads of the Desert*)，记录了南澳沙漠土著社群 Pitjantjatjara 人的生活，其中复制了 Pitjantjatjara 禁止向外人披露的图像。法院准备授予禁令阻止书籍在北部的传播，因作者是在私下场合秘密展示的。该案是通过违反秘密的知识产权法来作为保护神圣信仰的基础的，但这种做法的问题是传统文化表现形式必须是在私下场合秘密进行的，且要有相关证据证明，存在一定的难度。

而阻止信息或图画和其他文物在公共领域的未授权使用要依赖知识产权保护的其他领域。在大多数案件中，主要是通过版权法。最早有记录的版权案件是涉及澳大利亚储备银行在 1967 年发行的一澳元纸币上使用的一个图形设计。该设计来自原住民艺术家戴维·马兰吉（David Malangi）描绘葬礼的树皮画。在版权侵权主张提起后，储备银行给予艺术家 1 000 澳元、一份礼物和一个大奖章作为补偿和回报。一位土著评论家解释道，这一案件具有重要的意义，因公开固定了土著画家的思想，承认画家个人为艺术从业者。[①] 但未授权复制的神圣性意义在该案中未被讨论。

[①] Blakeney M, "Protecting the Spiritual Beliefs of Indigenous Peoples—Australian Case Studies", *Pacific Rim Law & Policy Journal* 22 (2013):404.

澳大利亚储备银行还卷入了另一著名案件：Yumbulul v. Reserve Bank of Australia① 中。该案涉及 1988 年发行的十澳元纸币，为纪念移民澳洲 200 周年而发行。该纸币复制了一位原住民艺术家特里·杨布鲁尔（Terry Yumbulul）创造的设计晨星杖（Morning Star Pole）。证据表明，晨星杖在纪念重要人物去世的仪式和氏族间的关系中起着核心作用。杖上的设计象征着将死者的灵魂带到晨星上的神灵。法院认为，晨星杖是杨布鲁尔先生的原创土著艺术作品，受版权法保护，且其版权已有效转让。虽然法院承认了艺术家个人的版权，但并未承认艺术家所属社群的权利，从而提出了如何保护土著社群权利的问题。虽然特里·杨布鲁尔经其氏族（高尔普氏族）授权创作了这幅仅在特殊仪式上使用的图案，但其氏族认为，杨布鲁尔向氏族负有文化义务确保该杖不得被以具有冒犯性的方式使用或复制。该案法官承认，澳大利亚版权法不保护土著社群共同所有的作品被他人复制和利用。

在几年后的 John Bulun Bulun & Anor v. R & T Textiles PartyLtd 一案② 中，法院在社群保护的问题上迈进了一步。一位北澳大利亚甘诺槟谷（Ganalbingu）部落的土著艺术家布龙布龙（Bulun Bulun）根据 1968 年的《澳大利亚版权法》提起诉讼，主张其绘画作品《水洼的喜鹊、鹅和睡莲》的版权权利。而乔治·米利布鲁鲁（George Milipurrurru）以个人名义提起诉讼，代表甘诺槟谷部落主张，甘诺槟谷人民同样是这幅绘画的版权所有者。法院承认，在非洲部落社群中，部落财产被认为是由部落群体的习惯首脑作为信托人持有的。法院认为，布龙布龙先生与甘诺槟谷人民间也存在信托关系。但法院驳回了米利布鲁鲁（Milpurrurru）先生的代表诉讼，认为甘诺槟谷人民的权利限于对布龙布龙先生在第三方侵权时行使版权的对人权。而该案中，

---

① （1991）21 IPR 481（Austl）.

② （1998）41 IPR 513（Austl）.

因布龙布龙先生已成功行使其版权，故无必要为信任关系的受益人提供额外的救济。法院推断，如果布龙布龙先生不采取行动行使其版权，则受益人可以以自己的名义起诉侵权者。

2. 其他国家

而从其他国家的判例实践来看，法院也主要是从版权法中区分可保护要素和公有领域素材的角度来解决的对传统文化表达侵权的问题。如 Reece v. Island Treasures Art Gallery, Inc. 一案，[①]一个非本土的摄影者就其有关夏威夷草裙舞（hula）造型的摄影作品针对一名土著夏威夷艺术家提起版权诉讼。法院从版权的可保护要素角度支持了土著艺术家，认为涉诉土著艺术家作品中的夏威夷草裙舞造型虽与原告摄影作品中的造型相似，但该造型属于公有领域素材，不受保护。因此，并没有从传统文化表达的权利角度解决对本土夏威夷文化艺术盗用的问题。

此外，有些国家的商标法有不道德、欺诈或诽谤性的标志不得注册或无效的规定，也可被法院用来解释阻止对土著社群的称呼和图案未经许可的使用。如 2015 年 7 月，美国的一个联邦法院认为，华盛顿球队"红皮"商标符合《兰哈姆法》中"蔑视"的情形，终于撤销了该商标和名称。《兰哈姆法》第 2 条（a）款禁止注册"包含可能歧视……他人（活着的或已逝去的人）、机构、信仰或者国家标志，或者蔑视或者毁人名声的内容"的商标。美国印第安人已对该商标提出异议长达几十年，认为这是对美国印第安人最具冒犯性的称呼。争议受到了媒体、个人和普通组织等关注美国商标注册细节的人的广泛关注。

除了运用知识产权法或扩大解释来维护传统文化表达持有人的权利，还有成功运用部落法的判例，虽然极为少见。如在 Chilkat Indian Village v.

---

① 　Reece v. Island Treasures Art Gallery, Inc. 468 E Supp. 2d 1197（D. Haw. 2006）.

Johnson 一案中，一个阿拉斯加土著村试图从一个非土著的艺术经销商手中重新获得其珍贵的文物和雕塑，该经销商与一些部落成员密谋获得了这些文物。在第一次尝试未果后，该土著村草拟了《文物条例》（*Artifacts Ordinance*），并创设了一个部落法庭来解决争议。该《条例》要求，任何想要从部落监管中移除部落财产的人都应寻求并获得许可。美国第九巡回上诉法院在二审时明确承认了部落主张的法律基础，即该村对文物的所有权利益是"部落法或传统的产物"。虽然驳回了上诉，但法院承认了习惯法，提到《文物条例》，并声明，对部落成员执行该条例是部落法庭的事项。不管是否实际影响到案件结果，光是在裁决意见中公开承认部落法就赋予了部落法更大的有效性。[①]因此，有学者认为，部落法正在影响西方的法律渊源。法官们日益利用法律的动态性和超出常规的渠道来寻求正义。[②]

（二）文化机构的良好实践

在国家正式的立法和司法系统之外，在民间，许多国家也自发发展起一些良好的实践做法。其中首当其冲的便是主要收藏和使用传统文化表达的文化机构的良好实践。文化机构当前的实践主要是通过框架、议定书、指南和协议的形式规范对土著艺术品、收藏品等的使用。

1. 文化研究机构

如澳大利亚土著和托雷斯海峡岛民研究机构（The Australian Institute of Aboriginal and Torres Strait Islander Studies，AIATSIS）对其澳大利亚土著收藏品的获取和管理规定了独特的政策，从《土著研究伦理指南》（*Guidelines for Ethical Research in Indigenous Studies*）到针对特定类型收藏品的政策，特别是

① Riley A R, " 'Straight Stealing' : Towards an Indigenous System of Cultural Property Protection", *Washington Law Review* 80 (2005):124.

② 同上书，p.129.

视听馆藏品。《指南》适用于全国，为涉及土著和托雷斯海峡岛民的任何学科的所有研究设立了标准，也日益成为业内的标准。重要的是，它为国内和国际的研究者们引入了可能跟研究有关的土著人民的独特需求和期望。

新喀里多尼亚（New Caledonia）的卡纳克文化发展局—栖包屋文化中心（Agence de Développement de la Culture Kanak -Centre Culturel Tjibaou）与 AIATSIS 的框架相似。研究者要与传统持有者订立信托协议，决定获取的等级，从 0 到 5。0 等级中，文件只能由受访人或其继承人咨询。

斐济的土著事务部出版建议研究者怎样进行涉及斐济文化遗产研究的指南和手册。如《文化野外规划官员田野研究方法训练手册》和《在文化背景下田野工作的社会文化研究者建议指南》。均属于土著斐济研究整体框架的一部分。斐济的创举被认为是一个鲜活的例子，说明了怎样扭转通常的自上而下路径，并朝向更草根的土著和传统社群的参与和创造。[①] 因这些社群是 TCEs 的所有者，政府只充当引导者。

瓦努阿图文化中心制定了《瓦努阿图文化研究政策》，解决研究开始之前的重要问题。研究者必须尊重受《瓦努阿图版权法》保护和实施的《传统版权协议》。该《政策》进一步包括了一个"研究协议"，由预期研究者和文化中心共同完成和签署。

2. 文化从业机构

除了文化研究机构的良好实践，一些国家的艺术和娱乐业等从业机构也存在承认土著文化的准则和议定书。如在澳大利亚，墨尔本市议会 2008 年制定了《土著艺术画廊和零售商的职业守则》，澳大利亚议会为土著的写作、视觉艺术、传媒艺术、音乐和表演艺术拟定了一系列协议，澳大利亚银幕组织

---

① Torsen M, Anderson J, *Intellectual Property and the Safeguarding of Traditional Cultures: Legal Issues and Practical Options for Museums, Libraries and Archives* (Report of WIPO, 2010), p.79.

和 SBS 电视台也为在影视领域使用土著的人员和内容创建了协议。2008 年，当时的环境、遗产和艺术部长洪·彼得·盖瑞特（Hon Peter Garrett）和澳大利亚艺术委员会还发布了《澳大利亚土著艺术商业行为法草案》，规定了"经销商（dealers）"（包括代理商、批发商、零售商、艺术画廊或艺术中心）处理土著艺术实践的要求。其中也包括符合已有法律的一些要求，如复制之前需征得艺术家同意和正确署名的要求等。①

3. 文化保存机构

作为文化保存机构的许多博物馆和档案馆也为其馆藏的传统文化表达的使用做了特别规定。如拥有世界最大的录音制品档案馆之一的英国图书馆和 WIPO 合作起草了一份《录音制品的伦理和许可使用》（*Ethical and Permitted Usage of Recordings*）的声明："虽然英国图书馆或其馆藏的捐献者可能是录音制品及其数字形式的知识产权人，但图书馆也意识到，无形文化遗产（包括录音制品中体现的传统音乐和其他创新材料）的广泛权利和利益，根据各国的国内法、习惯法和其他法律，可能归属于这些材料的传统监护者……图书馆尽可能确认录音的地点和日期以及录音制品中包含的音乐、旋律、知识、故事和表演的表演者和传统监护者的姓名。图书馆注意不以任何贬损的方式歪曲或改变这一根本的材料。但无论如何，如果任何社群或社群代表感觉受到这些材料的数字化和使用的侵害，英国图书馆将邀请这一社群保持联络以通过相互讨论友好解决这一问题。"② 在澳大利亚，《澳大利亚土著和托雷斯海峡岛民图书馆、档案馆和信息服务议定书》（*The Aboriginal and Torres Strait IslanderProtocols for Libraries, Archives and Information*

---

① Mackay E, "Indigenous Traditional Knowledge, Copyright and Art- Shortcomings in Protection and an Alternative Approach", *UNSW Law Journal* 32 (2009):17.

② Torsen M, Anderson J, *Intellectual Property and the Safeguarding of Traditional Cultures: Legal Issues and Practical Options for Museums, Libraries and Archives*, (Report of WIPO, 2010), p.74.

Services，*ATSI Protocols*）早在 1995 年即签订，之后被澳大利亚档案馆工作者协会认可。[①]

4. 文化使用机构

除此之外，还有一些使用传统文化表达的组织通过与土著社群订立协议、约定权利内容的方式来使用和保护传统文化表达。如马修·里默（Matthew Rimmer）就调查了澳大利亚邦格拉舞蹈剧团（Bangarra Dance Theatre）通过本土实践和协议改革和修正版权法的事例。[②] 该剧团寻求传统与当代舞蹈、音乐和叙事之间的创新而独特的联系，为此与部落代表发展了一种特别的协议，承认传统土著文化和遗产的集体所有权，承认歌舞的传统监督者的精神权利，建立与部落的协商和反馈程序，并规定以特定形式创作任何新作品均需向部落支付费用。

另一例子是美国亚拉巴马州的 Gee's Bend 土著社群的棉被组织（Quilters of Gee's Bend）。该组织与 Tinwood Alliance（一个亚特兰大的非营利组织，致力于促进地方艺术）建立了合同关系，将其 1984 年前制作的棉被的知识产权均转让给后者，由后者在全国各博物馆开始展示。这些展览的成功还激发了许多基于棉被的衍生项目，包括音乐、纪录片和书籍。除了帮助棉被组织形成规模生产棉被，Tinwood Alliance 还向 Gee's Bend 社群就所有 1984 年前制作的棉被的许可使用支付版税。

尽管有这些运用较好的合同实践，但诉诸合同类私法也存在几个局限：一是不公平的谈判关系，许多土著艺术家在社会经济地位上处于弱势，仍无助于解决艺术家的状况；二是土著代表参与的问题，包括何种条件下土著人

---

① Mathiesen k, "A Defense of Native American's Rights over their Traditional Cultural Expressions", *The American Archivist* 75 (2012):460.

② Rimmer M, "Bangarra Dance Theatre: Copyright Law and Indigenous Culture", *Griffith L. Rev.* 9 (2000):274.

民能就其传统表现形式在艺术领域进行谈判，传统知识持有人的权利地位不明确，保障效力有限等。

（三）数字档案馆和数据库的良好实践

运用数字档案馆和数据库的形式编制、记录传统文化表达也成为比较普遍的一种做法。

通过数字档案馆和数据库来编制、记录传统文化表达有诸多好处：

一是能够充当权利管理的工具。许多传统文化表达的口头传统和无形性质，不符合有些国家知识产权保护的固定要求，或难以证明其受保护的范围。将这些形式通过电子手段固定下来，有利于传统持有人主张权利，对成功运行惠益分享机制是必不可少的。同时也有助于阻止他人非法获得该形式的知识产权，如使专利不具新颖性、使商标因侵犯在先权利而无效、使版权因采用了公有领域素材而不具独创性等。

二是能够起到保存作用，方便社群的年轻一代学习和使用。由于受全球化和现代化的冲击，年轻一代越来越多地受到教育而离开故乡，花在故乡的时间也就越少，从而也就逐渐丢失了文化知识赖以维系（经常是通过口头传统）的传统语言和习惯。因此，编制、记录和恢复知识以供社群成员未来一代的使用很重要。

三是提高了数字档案馆促进公共获取的能力。对许多社群而言，提供了新的机会获取历史上不能获取的 TCEs。许多机构收藏的文化材料远离来源社群，与之相关的运输成本限制了许多传统持有者和土著人民的获取。

这方面比较有代表性的例子有以下几个。

美国印度研究机构的人种音乐学档案和研究中心（ARCE）的主要目标是建立一个印度音乐和口头传统的录音制品的集中档案馆，以便于其在印度的保存和获取。最开始 ARCE 也是采取法律协议和发布表格的形式。它们以美国的民众生活和人种音乐学采用的相似协议为基础，但做了调整以解决专门的印度问题。这些表格通过存储者与 ARCE 的相互同意而不断演变。而且，ARCE 参与了史密森学会全球声音工程（Smithsonian Global Sound Project），对每个数字录音轨道的许可要从收集者、存储者和表演者获得，他们被赋予每 125 次下载的预付版税。[①] 目前，ARCE 又开始了一项名为"档案馆与社群合作关系"（Archives and Community Partnership）的计划，以在 ARCE 和相关社群之间分享录音制品、权利和收入。

印度于 2001 年开始筹建传统知识数字图书馆（Traditional Knowledge Digital Library），主要用于检索现有技术，审查专利申请的新颖性、创造性，旨在防止传统知识的不当占有。由于被滥用的传统知识范围不断扩大，该数字图书馆的涵盖范围也随之扩大，包括了印度的手工艺设计、本土施工技术和部落的口授知识等。另外，印度政府还协同多所著名瑜伽学校，将 1500 个瑜伽动作数字化，收录传统知识数字图书馆。[②] 使许多传统文化表达也被纳入了图书馆。

上述数字图书馆主要是以国家或文化机构的名义创建的，一些土著社群也开始意识到电子数据库和记录的重要性，自发行动起来自行记录本社群的传统文化表达。如 WIPO 杂志报道了马赛社群的例子。[③] 东非肯尼亚的马赛社群于 2006 年开始一项合作计划，寻求通过记录、存档和商业化马赛音乐和其他文化表现形式使社群获得具体的利益。该计划跟 WIPO 和几个美国的公立

---

① Torsen M, Anderson J, *Intellectual Property and the Safeguarding of Traditional Cultures: Legal Issues and Practical Options for Museums, Libraries and Archives* (Report of WIPO, 2010), p.75.

② 中央文化管理干部学院.印度多举措保护非物质文化遗产，http://www.cacanet.cn/detail_politrid.aspx?wenyiid=274177，访问日期：2023 年 5 月 10 日。

③ Wendland W, "Digitizing indigenous music and supporting rights management", *WIPO MAGAZINE*, No. 5 (2016):12.

机构[1]进行合作，旨在帮助马赛人从研究对象转变为自己记录档案和类似文件的制作者，从而成为这些新作品的权利人，以确保马赛人自己能管理与其录制品相关的知识产权信息，包括权利人的确定以及这些作品符合习惯法和实践的使用方式。WIPO 负责提供技术和知识产权培训，并提供相关设备。虽然位置偏远、农村贫困、环境退化和气候变化等诸多因素提出了不少挑战，但马赛社群仍在继续制作录制品，缓慢却坚定地建设自己的文化表现形式的图书馆。迄今已积累了约 150 个录像制品和 200 多幅照片，并计划编辑、归档、使用和分享这些材料。

虽然数据库、登记等形式有不少益处，但也有人担心会使要保护的客体过分公开，从而可能会为土著和传统人民带来诸多问题：一是，人种学者和被调查者之间可能存在泄密的可能性；二是，可能产生土著和传统文化的误传和歪曲问题；三是，许多这些记录被非土著和非传统的人所拥有并商业化。尤其是对那些具有较强文化敏感性的材料，如神圣的、秘密的，或习惯法限制使用的传统文化表达，会使其便利未经授权的披露或商业利用。

而有的数据库，如美国土著部落标志数据库（Native American Tribal Insignia Database）体现了保护土著文化的被动立场。它要求土著人民登记，并未赋予像知识产权一样的法律权利。并明确声称，登记并未提供任何积极的法律权利，诸如提起侵权之诉的权利或像商标登记下的标志的独占使用权。

（四）土著人民和传统社群的良好实践

对许多文化机构而言，问题之所以产生主要是因为对来源社群的信息了解不充分，阻碍了第三方使用和获取 TCEs 的谈判以及协商。而土著社群自

---

[1] 包括华盛顿特区国会图书馆的美国民俗中心（American Folklife Centre at the Library of Congress, Washington, D.C.）和北卡罗来纳州杜克大学的纪录片研究中心（the Center for Documentary Studies at Duke University, North Carolina）等。

身创建的政策和协议直接寻求解决这一问题，提供了社群本身最直接的指导，为研究者、文化机构和各社群之间的协议谈判和互敬交流搭建了一个新的平台。

如前文所提反对拍卖 Katsinam 的霍皮族位于美国亚利桑那州，对其文化遗产的未经许可和非法的使用有着丰富的经验。由于历史上主流社会对霍皮人和文化的不公平对待，霍皮族现在对外人在霍皮社群内的行为实行严格的控制。譬如，除非是获得霍皮文化保存办公室（Hopi Cultural Preservation Office，HCPO）的同意，否则不能进行任何录制。这包括照相、录像、录音、写生和记笔记等。特别是在举行仪式时，这些记录形式被严格禁止。HCPO 制定的《研究、出版和录制协议》（*Protocol for Research, Publications and Recordings*）解释了如何对其智力资源和 TCEs 进行使用，并规定了使用前的事先知情同意。限制录音设备的使用，规定公正补偿权。除了协议外，霍皮族群积极参与其文化遗产的保存和数字化的项目，以防止未经其事先知情同意的知识和信息的任何传播。

美国另一印第安部落纳瓦霍族保留区（Navajo Nation）拟定的《拜访者指南》也包括了对录音和记录的限制。更重要的是，《指南》并不只是限制，还创建了对话和参与的程序。

土著社群自身形成的习惯法和对外采取的指南等均源于土著社群长期的发展实践，契合其文化背景和观念，因此这些规则中有关所有权、责任和义务、分配原则等的规定可供借鉴。如霍皮族把在巴黎拍卖的物品称为"Katsinam"，也就是"朋友"的意思，并认为有神圣的灵魂寓居其中。他们反对把这些物品称为"面具"，并说为它们拍照、收集并销售它们的外人犯了渎神之罪。在拍卖会上购买了霍皮族 Katsinam 的一名富有的私人收藏家门罗·沃肖（Monroe Warshaw）曾公开声称永远不会归还其藏品，但在几次造访霍皮族部落并参加了霍皮族的神圣仪式后，无偿归还了两件他以四万多美元购买的藏品。[①] 由此可见，对土著社群习惯和习惯法的理解和尊重是保护传统文化表达免遭盗用和滥用的重要基础。

（五）其他实践

如果说商标法下的商标能起到重要的维护本真性的作用，那么土著的自愿认证机制也能发挥类似功能。在澳大利亚的实践中，1999 年国家土著艺术倡导协会（National Indigenous Arts Advocacy Association，NIAAA）发起"本真性标签"计划，以提供一个证明土著艺术本真性的国家认证系统。其中还包括"合作标记"（Collaboration Mark），以证明土著或托雷斯海峡岛民与非土著制造者或其他合作者在公平条款下合作产生的作品。但随着 2002 年 NIAAA 被解散，项目也无果而终。结果，这一国家认证本真土著艺术的方法也让位于更本地化的或基于社群的认证方法。国家机制失败的一个可能推论是，该机制可能更适于宏观设想，以循序渐进的方式揣摩一个全球体制怎样适应土著背景。[②] 自愿认证制度能在支持土著企业通过传统创新的方法制造产品和服务上占有一席之地。

WIPO 也调查了一个自愿认证的"本土背景项目（Local Contexts Project）"[③]，该项目旨在为权利人发展人性化的方式管理其权利。项目为土著社群在其文化素材的数字录制品上提供各种标签，而这些素材根据常规知识产权制度的规定，主要被认为是公共领域的一部分，从而可以免费自由使

---

① Riley A R, Carpenter K A, "Owning Red: A Theory of Indian (Cultural) Appropriation" , *Texas Law Review* 94 (2016):929.

② Drahos P, "When Cosmology Meets Property: Indigenous Peoples' Innovation and Intellectual Property", *Queen Mary University of London, School of Law Legal Studies Research Paper*, No. 90 (2011):16.

③ Wendland W, "Digitizing indigenous music and supporting rights management", *WIPO MAGAZINE*, No. 5 (2016):14—18.

用。该项目目前已有 13 个标签，以传达文化素材的意义和地位的重要信息，使使用者明晰土著社群希望以何种方式使用和注明素材的条件。如"传统知识署名标签（Traditional Knowledge Attribution Label）"解决了许多素材署名错误或被遗漏的情况，重新署上来源社群的名称，并要求使用者也如此做。而"传统知识商业标签（Traditional Knowledge Commercial Label）"则表明该素材能被商业利用，但要求使用者尊重社群协议，鼓励使用者和来源社群之间的对话，这种方式在涉及神圣的和有宗教仪式的素材时特别有价值。还有"仅传统知识社群使用标签（Traditional Knowledge Community Use Only Label）"表明所涉素材是不公开的，提醒使用者谨慎考虑使用问题。这些标签虽然不具约束力，但能更好地呼吁使用者尊重这些土著文化素材，并可靠地进行创造和传播。该项目已在澳大利亚中部、加拿大和美国等地区试行。美国国会图书馆的美国民俗中心将成为第一个采用这些标签的机构。

除此之外，广泛运用社交媒体和现代技术等手段也能有效发挥帮助保护传统文化表达的作用。如在美国，当前恢复印第安的许多努力都发生在媒体上，土著人民利用多种论坛来确定和处理传统文化表达被盗用的现象。从学生到运动员，公开宣讲其受到的损害、歧视和伤害。像著名的"红皮"商标案中，推特、脸书等社交媒体和 SouthPark、The DailyShow、New Yorker 等传统媒体都讽刺了"红皮是'尊敬'美国土著"的说法。美国土著的年青一代则通过博客发布实时讨论、争辩和新故事，详尽列举印第安挪用的例子，也强调印第安文化的创新表达故事和非土著与土著艺术家合作的最佳实践。① 而美国的切诺基（Cherokee）部落则通过与苹果这样的科技公司签合同来支持本民族语言的复兴，包括开发允许人们在自己的 iPhone 上使用切诺基音节表的技术。

---

① Riley A R, Carpenter K A, "Owning Red: A Theory of Indian (Cultural) Appropriation", *Texas Law Review* 94 (2016):897—899.

第三章 TCEs 特别权保护之理由

此处的特别权保护机制指的是与知识产权类似，但不同于已有的专利、版权和商标，为传统文化表达设立专门的权利，并规定可执行的法律措施的法律制度。采取特别权保护机制能弥补公法保护之不足、解决常规知识产权法保护之局限，并克服其他私法保护之缺陷，在传统文化表达保护方面具有独特的优势。

第一节 弥补公法保护之不足

从前述传统文化表达之国际保护现状看，公法保护是目前比较常用的模式。公法方面主要是通过文化遗产保护的立法、人权框架、促进文化多样性的文件和各国宪法来实现。

公法保护虽能从国家层面宣示保护的重要性，提升社会整体的意识，但却存在几个较大的缺陷。

一、目标和保护对象不足

公法保护的首要不足体现在保护目标和对象上。当代的知识产权制度旨在鼓励文化表达的创新，而文化遗产制度旨在保存和维护传统文化，防止其受到任何更改。因此保护更多的是针对历史悠久的、具有文化重要意义的实物，而不是传统文化表达的非物质元素，不能涵盖广泛的传统文化表达，也不符合传统文化表达集体传承的动态性特征，保护范围有限。

而且，传统文化表达兼具精神权益和经济权益，其精神权益方面是对其保护应侧重的主要方面。但随着现代社会和全球化的发展，作为一种动态的、流动的文化表现形式，许多具有财产利益的传统文化表达也需要走出传统社群，实现其内在的经济价值。尤其是对那些传统社群中的实用主义者而言，传统文化表达的公法保护难以保障 TCEs 在财产价值方面的实现，更难以通过这种方式实现自己的获益权。

二、保护主体不足

在保护主体上，公法保护存在两点不足。

一是，就人权框架和有关保护文化多样性的系列文件的规定而言，这些领域的国际文件首先保障的是个人的各种权利而非群体的权利，且其针对的也是国家所应采取的保障个人权利的措施："它们并没有为未经授权而使用民间文学艺术的跨国企业和个人行为设定明确的适用基础。"[①] 虽然对个人的保障有助于保护传统文化表达的传承人的利益，但显然都与传统文化表达的文化敏感性、集体传承性、环境依赖性等独有特征不相兼容，不利于维护作为个人身份归属和文化家园的集体的权益，也不利于促进传统文化表达赖以生存和发展的文化氛围和传统环境。

二是，公法方面的国际条约和文件通常将对权利的确定和保障交由各国自主决定，而从各国的公法规定来看，主要也是通过设立有权机构的形式来享有或代为行使权利，而不是直接将权利赋予土著人民和土著社群，在保护

---

① 莱万斯基:《原住民遗产与知识产权：遗传资源、传统知识和民间文学艺术》，廖冰冰译，中国民主法制出版社，2011 年。

传统文化表达上存在保护主体不足的问题。通过公法手段保护传统文化表达，由有权机构来享有或代为行使权利，容易产生行政干预的问题，有时甚至会发生有权机构侵占传统文化表达的事情，不利于保护 TCEs。对传统文化表达传统持有人而言，也不利于其自身对自己的 TCEs 行使控制权，尤其是对那些神圣的或秘密的 TCEs，还可能使其被迫公开或以违背文化敏感性的方式使用。如对我国云南省腾冲县新庄村的调查就显示，该村传统造纸的技艺和文化表现形式最初被披露很大程度上就是迫于行政权威的无奈。村民在不知情和不情愿的情况下，乡政府在县委宣传办的行政要求和压力下，被外界媒体采访、录像，其赖以维持生计的传统造纸工艺被迫对外公开，甚至被外人拿去牟利或申请专利，只是因造纸原料的特殊性，才使其传统造纸还能维持一定竞争力。[①] 这种现象在公权力享有极大权威甚至公权力至上的国家并不鲜见。

三、保护机制不足

在保护机制上，公法保护也存在较大的不足，而特别权保护机制能对其予以补充和弥补。

首先，不管是文化遗产保护的立法和人权文件，还是各国的宪法，现有的保护机制总体上仅仅是宣示性的保护而非法律上的具体保护。不少立法措辞模糊且笼统，本质上仅属于国家宣示性的指令，并不能对土著社群的资源尤其是传统文化表达提供直接的法律保护。如 WIPO 对印度的调查就指出，虽然印度宪法第 29 条承认，少数民族文化的保护属于基本权利。但现在印度现存和被误用的民俗文化的大多数属于不在宪法规定保护范围内的小社群。而宪法第 51A（f）条规定，每个印度公民都有义务"珍视和保存我们共同文

---

① 龙文：《社区传统资源利益分享机制研究——新庄村传统造纸的田野调查、社区实践与理论思考》，转引自国家知识产权局条法司：《专利法研究（2005）》，知识产权出版社，2006，第 84—85 页。

化的丰富遗产"，却也没有立法将宪法目标转为具体实践。①

公法保护的规定多少存在定义的广泛和不精确性，主要是指导性的规定，缺乏具体的执行机制和法律保护机制。联合国国际人权框架的系列文件和UNESCO 有关保护文化多样性的文件也都存在规定宽泛、缺乏具体执行力的问题。如《联合国土著人民权利宣言》就不具有约束力。由于未建立起一种具体机制来约束对传统文化表达的各种开发和利用，因此，"这种形式的保护只能是一种补充机制，因为其本身并不能解决原住民社群在其民间文学艺术方面所面临的所有问题"②。

其次，虽然公法手段适应民间文学艺术表达的传承与保护需求，有着一定优势，但缺乏私法的保护在保障传统文化表达主体的利益上仍显极大不足。同时，用公法手段保护传统文化表达容易导致政府资源的浪费等问题。

由于公法存在的不足，最适宜的做法应是两轨并行，在私法方面对传统文化表达创建知识产权的特别权保护，而在公法方面则以非物质文化遗产的保存和维续为主旨。从传统文化表达的国际保护来看，像 UNESCO 采取的便是针对包含传统文化表达在内的文化多样性的公法保护机制，而 WIPO 一直在谈判和研究的着眼于传统文化表达的私法保护，乃是"基于不同的基本属性，赋予不同的权利形式，采取不同的保护方法"③，WIPO 着眼于文化产品与服务的经济属性，侧重于私人产权，而 UNESCO 着眼于文化产品与服务的文化属性，侧重于集体文化权利。WIPO 主张的是著作权或专有权保护，乃属

---

① Valsala M, Kutty G, *National Experiences With the Protection of Expressions of Folklore/Traditional Cultural Expressions: India, Indonesia and the Philippines* (Geneva:WIPO's Publication, 2004), p.19.

② 莱万斯基：《原住民遗产与知识产权：遗传资源、传统知识和民间文学艺术》，廖冰冰等译，中国民主法制出版社，2011，第 395 页。

③ 吴汉东：《论传统文化的法律保护——以非物质文化遗产和传统文化表达为对象》，《中国法学》2010 年第 1 期。

私法领域，而 UNESCO 提出的是行政性的保护措施，乃属公法领域。[①] 可以说，公法和私法保护均对传统文化表达发挥着重要作用，但从土著人民和土著社群的切实需求出发，尤其是考虑到实践中传统文化表达的复杂性和多元化，应以私法保护为主，而以公法保护为辅。

而设立特别权保护机制是一种专门的私法保护，能充分解决公法保护在上述方面的不足。因特别权保护机制将承认传统文化表达及其传统持有人的独特地位。传统文化表达遭盗用和滥用现象严重的主要原因就是，土著艺术家或土著社群没有现有法律所赋予的实质权利，而国际立法层面在这方面缺乏实质的进展。如前所述，保护文化遗产的国际文件一般只关注所涉客体的保存，国际人权文件则主要是宣示性的规定，未对传统文化表达及其所属社群赋予具体的权利，也缺乏直接的法律保护机制。对土著文化独立性和完整性的考虑和重视仅体现在非约束性的宣言或协定中，而不是在国际公约中。通过设立特别权保护机制能弥补公法保护之不足，将保护落到实处。

第二节　解决常规知识产权法保护之局限

一、常规知识产权法保护 TCEs 之共同局限

（一）常规知识产权的商业性

常规知识产权法在保护传统文化表达上的最大局限可能就是，常规知识产权具有的商业性难以契合传统文化表达的文化敏感性特征。在前文阐述传

---

① 吴汉东：《论传统文化的法律保护——以非物质文化遗产和传统文化表达为对象》，《中国法学》2010 年第 1 期。

统文化表达的文化敏感性时，已指出知识产权针对的是商品，而非体系。许多知识产权从根本上说是商品制度，是对单一的商品授予权利，如一种植物品种、一个艺术作品或一项发明。而传统文化表达和传统知识常是体系化的，与土著人民和土著社群的宗教信仰、自然观念和文化价值观等紧密联系在一起。而且，常规知识产权旨在激励创新，这也是其商业性的表现。但土著人民的创新是基于场所的、具有环境依赖性的，不需要西方知识产权体制的激励效应来产生创新。

知识产权的商品化和财产化的极端就是招致文化特性被消磨，文化趋向同质化，整个社会呈现娱乐至死的现象。由于商业上成功的作品会吸引众多的相似作品，使得同种类型的文化存在过度供给的问题，工业化的文化逻辑使得诸如电影这样的文化产品变成了如一般工业品一样大量生产和大量发行的商品，缺乏自己的特色。而商业上成功的也未必是品质最好的，这就导致对文化多样性的削弱。许多地方的传统文化表达也在逐渐呈现这一趋向。传统文化表达被过度开发，从传统的手工艺制作转变成为工业化生产的、千篇一律的产品，但其中的传统特征和文化韵味已经消失殆尽。

知识产权是一个商品化的权利，知识产权制度是保护商人利益的法律。知识产权商品化和财产化使得经济利益成为首要考虑的因素，而该利益主要是商人的利益，并非创作者的利益。"作为产权起点依托的创造者固然会从知识产权制度中受益，但他们的利益必然是附带的。"[1] 虽然知识产权法的设计是用来保护创作者的利益，但实际上"对孤独天才神话的最大运用是支持巨星的经济体系……版权就是巨星体系中对巨星这一商品的法律保护"[2]。这种巨星体系早已成为当前创新作品市场的常态。福布斯公布的 2016 年全球女星

---

[1] 李琛:《著作权基本理论批判》，知识产权出版社，2013，第 29 页。

[2] Patry W, *How to Fix Copyright* (New York: Oxford University Press, 2011), p.87.

收入排行榜，前几名都是几千万美元，而创作了脍炙人口歌曲的音乐家几十年倾其所有也办不成一场音乐会，只能呼吁众筹。[①] 这种巨大的差距恰恰说明了帕特里所称的巨星现象，创新作品市场的设计就利用了这种现象。这种结果恐怕不是版权设计的初衷。如果对传统文化表达只赋予常规知识产权的话，获利的必然是能充分利用市场潜力、拥有市场资源的个别人或个别公司，而不是在传统文化表达的维续、传承方面起核心作用的社群，甚至不是创作传统文化表达的社群成员。当前许多土著社群、少数民族在大规模开发旅游业、传统文化表达被过度商业化和程式化的进程中，经济状况依然未有太大的改善，收入主要流入个人手中或个别企业中，这种现象不能不引人深思。

而且由于常规知识产权的商业性，所保护的客体主要是针对市场化的商品，就不能适用于许多难以市场化、不能作为商品销售和使用的传统文化表达。已有知识产权法主要是设计用来保护能在市场上交易，能与市场相作用的符号、标志和作品，历来未考虑到土著人民的独特关切。如商业秘密制度规定要保密的信息必须具有商业价值，这有利于保护商业秘密，但无助于保护神圣的歌曲或民间传说。而在一些国家保护传统文化表达方面运用得比较广泛的商标法，虽然在保护期方面具有优势，因其能无限续展，但它仅保护符号或标志，TCEs 内含的知识或文化价值观不能受到保护。在商标法下，TCEs 要么被迫变成商业符号，要么不能得到保护。如对本土夏威夷人和美国土著部落的 TCEs 保护情况的调查就表明，联邦法规对商业性的关注不能解决本土夏威夷人的特定需求。[②] 有鉴于此，对传统文化表达的保护不能过于关

---

① 盖源源. 明星片酬有多高？半数上市公司一年赚的钱，赶不上明星一年收入，http://www.nbd.com.cn/articles/2016—09—03/1035785.html，访问日期：2023 年 5 月 10 日。

② Mantilla N, "The New Hawaiian Model: The Native Hawaiian Cultural Trademark Movement and the Quest for Intellectual Property Rights to Protect and Preserve Native Hawaiian Culture", *American University Intell. Prop. Brief* 3 (2012):33.

注经济利益的保护。前述旨在保护土著艺术和知识的巴拿马模式，就因其对商业化和经济补偿的过多关注受到诸多批评。[①]

由于常规知识产权的商业性，常规知识产权在保护土著人民的精神权利和传统文化表达的文化敏感性方面尤其欠缺。如 2001 年 7 月 23 日，澳大利亚政府宣布了一项对当代视觉艺术和手工艺部门的独立调查（Myer Review）。调查发现，土著人民的社群权利被当前的精神权利法[②] 所忽视，体现传统仪式知识的艺术作品的保持完整权和禁止贬损对待的权利，应延及包括对氏族造成的文化损害的对待，因此应修改立法。在 2003 年 12 月，版权修改草案（Indigenous Communal Moral Rights）被分发供讨论。但因其复杂性和用语的模糊招致批评，迄今没有什么进展。[③]

迈克尔·布莱克尼（Michael Blakeney）提到，在普通法里，对基督教信仰的诋毁会被作为亵渎神明罪予以惩罚，如美国的康涅狄格州、特拉华州、缅因州、马萨诸塞州、马里兰州和宾夕法尼亚州等具有规定亵渎神明为犯罪的法律。但对土著信仰的侵犯却没有类似保护。[④] 如澳大利亚传统土著信仰的核心被 19 世纪的人类学家首次称之为是"梦幻时光（dreamtime）"（drahos 描绘成是"宇宙论"[⑤]），阐释土著人对古人创造的理解。而土著神话中的旺吉纳神（Wandjina）是梦幻时光时期由宇宙派来的神。许多部落都信奉旺吉纳

---

① Torsen M, "Intellectual Property and Traditional Cultural Expressions: A Synopsis of Current Issues", *Intercultural Human Rights Law Review* 3 (2008):210.

② 澳大利亚 2000 年的《精神权利法案》（*Moral Rights Act*）修改了 1968 年的版权法，增加了署名权和不以贬损方式对待作品的权利。

③ Blakeney M, "Protecting the Spiritual Beliefs of Indigenous Peoples—Australian Case Studies", *Pacific Rim Law & Policy Journal* 22 (2013):410—411.

④ 同上书，p.397.

⑤ Drahos P, "When Cosmology Meets Property: Indigenous Peoples' Innovation and Intellectual Property", *Queen Mary University of London, School of Law Legal Studies Research Paper*, No. 90 (2011):1.

神，认为其创造了世界，开启了各地区的宗教、法律、风俗、礼仪、歌曲和舞蹈的原型。这些旺吉纳神在完成地球的任务后消失，但会在岩石上留下自己的画像。虽然这些画被认为代表的是死去的旺吉纳神的躯体，但其精神仍以各种各样的形式存在着，因为土著人民相信人类的精神在死后是继续存在的。与神之间的对话和沟通在土著人民的宗教文化中起到重要作用，但需通过相关仪式和歌曲，特别是黄金对话的体制。旺吉纳的画像是金伯利地区被选中的土著人所享有的特权。按照正确的文化协议，只有法律批准的长老才允许使用旺吉纳。[①] 土著澳大利亚背景的渎神问题产生于 2007 年博斯（Perth）城街头描绘旺吉纳的涂鸦，曾引起澳大利亚金伯利（Kimberley）土著人民的恐慌，担心这种未授权的描绘会冒犯到神灵，给其人民和社群带来灾难。1995 年，国立土著艺术联盟（National Indigenous Arts Advocacy Association, NIAAA）报告了一个冲浪板公司未经授权将旺吉纳名称"Wandjina"作为商标使用的行为。在分析知识产权问题时，NIAAA 指出，作者身份问题不可能解决，因根据土著人民的宗教信仰，旺吉纳绘画被认为是旺吉纳神自己所为。[②] 当然，即使作者身份问题能解决，这些图像的古老性也意味着超出了版权保护范围。这也体现了常规知识产权在保护土著精神权利方面的匮乏。

而在美国，虽然根据《印第安艺术和工艺品法案》和《联邦贸易委员会法案》的条款规定，禁止冒用或暗示非土著商品为美国土著制作，但联邦知识产权法却不提供精神损害赔偿。如印第安部落纳瓦霍族（Navajo）与零售商 Urban Outfitters 公司的纠纷。Urban Outfitters（URBN）公司自 2009 年起在网上和商店里宣传和销售与纳瓦霍存在混淆性相似甚至完全相同的名称的

---

① "澳大利亚金伯利地区的万第娜岩画——接触外星的神"，http://blog.sina.com.cn/s/blog_5fc9c4be0102eaof.html.

② Blakeney M, "Protecting the Spiritual Beliefs of Indigenous Peoples—Australian Case Studies", *Pacific Rim Law & Policy Journal* 22 (2013):398.

产品，如在产品上标注纳瓦霍的名称："Navajo Panty"和"Navajo Flask"等，但这些产品却并非纳瓦霍族制造。纳瓦霍族于 2012 年提起商标侵权诉讼，因其在美国专利商标局注册了 86 个使用"Navajo"组成元素的商标。但法院认为，纳瓦霍是一种风格或通用术语，不符合商标保护的条件。这场旷日持久的商标纠纷直至 2016 年 11 月才以双方达成和解协议告终。一份声明称双方还缔结了供应和许可协议，计划在将来合作生产本真的美国印第安首饰。URBN 公司表达了对印第安文化和印第安艺术家的尊敬，纳瓦霍族也为公司能承认纳瓦霍商标的有效性表示赞赏，双方对达成协议都很高兴。①

从已涉及土著社群精神权利要求的一些案例来看，判决通常都不是直接从土著群体的精神权利方面来考虑保护的。

前述 Yumbulul v. Reserve Bank of Australia 一案中，针对特里·尤布尔（Terry Yumbulul）所属加尔普（Galpu）氏族的主张，该案法官承认，澳大利亚版权法不认可土著社群对其共同所有的作品规制他人复制、使用作品的主张。他建议，对土著社群就神圣物品复制的利益的法律承认问题应是法律改革者和立法者考虑的问题。但该案立案二十多年后，解决神圣作品保护的土著利益的恰当立法仍未制定。

而之后的 Milpurrurru and Others v. Indofurn Party Ltd. & Others 一案②认为，对原告和部落成员或氏族群体遭受的精神损害是否给予赔偿应考虑对神圣图像的不当使用（wrongful use）。该案涉及在越南编织的含有土著设计的毛毯向澳大利亚的进口。原告是三位在世土著艺术家和代表五位已故土著艺术家的公共信托人。据解释，描绘创造和梦幻故事的图画和其他艺术作品以及使

---

① Rohrback K, "Announces a Settlement Agreement between Its Clients, the Navajo Nation, Diné Development Corporation, and Navajo Arts & Crafts Enterprises, and Urban Outfitters, Inc". accessed November 21, 2016, http://www.businesswire.com/news/home/20161121006286/en/.

② （1994）30 IPR 209（Austl.）.

用已有设计和氏族图腾的权利由故事的传统保管人享有。因艺术作品是记录这些故事的重要手段，复制上的错误会造成深深的冒犯。法院指出如果对作品的使用给土著社群造成冒犯（尴尬和蔑视），则应禁止该使用。此外，判决将赔偿给予部落这个群体，而不是个人。但有学者指出，判决虽认可此类侵权对艺术家和所属社群的精神伤害，在司法上前进了一步，但法院还是根据《著作权法》的规定，认定个人为版权人，而未承认其所属社群的权利，其对土著传统的保障也仍是通过"个人""独创性"和经济价值等要素来衡量。[①]因此，对土著社群的精神权利的保护仍显不足。

在之后的 John Bulun Bulun & Anor v. R & T Textiles PartyLtd 一案[②]中，法院是通过艺术家与所属社群之间的信托关系来承认土著社群的权利，但版权仍属于艺术家。因艺术家已对外行使了版权，所以其所属社群的权利未被支持。这种方式虽然承认了土著社群的权利，但毕竟不是直接赋予的，权利内容有限。且法院支持的是社群艺术家个人的财产权利，而不是社群本身的精神权利。

这几个案例都清楚表明，虽然西方的知识产权法能被用来保护土著艺术家的个人权利，但不能充分保护土著社群的集体权益。有学者指出，如今印第安人面临的主要困扰是当其寻求对其文化无形方面的控制时，要被迫将其主张适应既有的知识产权。英美的知识产权法回应的是商业损害，这被视为对社会有用知识发展的阻碍。而文化挪用造成的损害不是商业损害，法律无法对此提供救济。[③]

---

① 郭佩宜. 法律是解药，还是毒药，http://www.ianthro.tw/p/5914，访问日期：2023 年 5 月 10 日。

② 前面第三章第二节述及。

③ Tsosie R, "Reclaiming Native Stories: An Essay on Cultural Appropriation and Cultural Rights", *Arizona State Law Journal* 34 (2002):353.

（二）常规知识产权的垄断性

文化与知识的特性之一是分享与交流。孟加拉国有一句古老的谚语："知识乃至为特殊之商品，散之愈多，剩之愈多。"中国亦有类似之表达，如"赠人玫瑰，手留余香"。文化的这种分享和交流的特性在《世界文化多样性宣言》第 7 条得到明示："每项创作都来源于有关的文化传统，但也在同其他文化传统的交流中得到充分的发展。"分享与交流能够带来创意的灵感、学习的技能，这都是文化和创新的产生、传播与改进必不可少的条件。文化是分享意义的源泉，也是改变的工具。文化是社会背景中的文化，应放在社会背景中来理解，这里面当然也包括知识产权的客体——众多的文化产品。而传统文化表达的环境依赖性更为突出，难以脱离特定背景和环境，体现了该社群中人与人之间的关系、人与自然和宇宙之间的关系，也反映了该社群与社群外的人之间的关系。

但常规知识产权是一种人为设置的稀缺上的垄断权，这种垄断性对智力成果行使独占权，无视与环境和背景的关系，不可避免地与文化多样性的分享与交流特性存在某种程度的冲突，也与土著社群的分享品质、传统文化表达的集体传承性产生冲突。一方面，知识垄断会给创造者增加收入但也会大幅提高以后创新的成本。特别是当每个新的创造都需要利用许多已有思想时，知识垄断的存在将使创新陷于中断。另一方面，知识垄断既得利益者将缺乏激励进行创新，因其具有的垄断地位和高价格阻止了其他竞争者的准入，从而容易陷入故步自封。从我们的文化产业现状可以发现，版权法主要是帮助和支持那些已经成功的市场统治者，过强的版权垄断只会有利于巨星和发行者，是一种赢者通吃的制度，很容易造成"强者恒强，弱者愈弱"的局面，这对文化多样性所需依靠的环境是极其有害的。而在传统文化表达领域，同样会存在这两个问题：一方面，知识的垄断将阻断集体的传承和根据环境变化及时做出回应的动态发展。另一方面，知识的垄断会促使那些迎合市场需求，甚至失去本真性的传统文化表达获得丰厚利润，且将这种好处维持在少数人手中，而不是惠及整个社群。当前文化产业版权的垄断现象就值得我们警醒。当前的文化产业版权很多高度集中于少数以美国为主体的大公司手中，它们持续追求的是更严苛的版权保护，如阻止网络获取、施加严厉的刑罚等。垄断一旦形成，通常就会进行寻租行为，利用其经济实力和政治游说使政府保护和增强其市场地位，这正是美国版权产业巨头们长期以来的做法。通过公司和特殊利益群体的游说，现在的版权是作为利润刺激运行的，刺激企业寻找购买创新作品，并监管对其所购买的艺术的任何使用或引用。版权所赋予的这样一种垄断导致了所谓版权的"允许文化（permission culture）",[1] 知识卡特尔使知识私有化，让权利人有权控制市场。[2] 但传统文化表达的传统持有人往往并不需要这种权力。这种权力也无益于传统文化表达的进一步发展。

同时，由于知识产权的垄断性，为了保证权利人和使用者之间的平衡，制度本身提供了限制权利的手段，但这些手段并不太符合传统文化表达的情形。如版权制度提供有时限的保护，这意味着传统文化表现可能落入公共领域范畴。为了防止对思想的垄断，版权法只保护思想，而不保护表达。因此，物质与非物质、有形与无形常相混合、具有文化敏感性的传统文化表达就很难符合当前版权制度的要求。

最重要的是，非传统社群的人常常未经许可利用传统文化表达设立版权、商标和专利等知识产权，排除了已有权利，反而使传统文化表达持有者不能获取和利用该传统文化表达，从而产生了所谓的"知识产权制度的负面排他

---

[1]　Smith R M, "Why Can't My Waiter Sing Happy Birthday: the Chilling Effect of Corporate Copyright Control", *IDEA: The Intellectual Property Law Review* 56 (2016):399.

[2]　彼得·达沃豪斯:《信息封建主义》, 刘雪涛译, 知识产权出版社, 2005, 第 59 页。

效应由于正面排他效应而加剧"①的现象。这也是部分学者担心的，对传统文化表达赋予知识产权的财产权保护，可能会"冒着过度保护土著或当地社区的风险，从而可能阻碍其可持续发展"②。

我们需谨记，包括版权在内的知识产权制度仅是管理市场的一种手段和工具，版权的目的是公共利益，并非为了建立唯一的所有权，使其在世界中处于孤立保护的地位。彼得·德霍斯早已提醒世人，应秉持知识产权工具论，清晰地了解公共目标与知识财产的作用，垄断特权的授予也应伴随义务的观念，财产权应成为道德的仆人而不是驱使人；③英国知识产权委员会的报告也强调人权与知识产权的根本不同，应将知识产权视为一种促进经济权利和社会权利的手段。④知识产权是市场所需的一种管理手段，这并非意味着其本身就一定是良好的。但我们当前的许多理论和实践仍是坚守兰姆利教授所质疑的"基于信仰的知识产权（faith-based intellectual property）"立场，⑤即，将包括版权在内的知识产权本身视为一种道德目的，而不是基于其如何影响世界。

（三）常规知识产权的地域性

常规知识产权的地域性也限制了它对传统文化表达的保护。就知识产权法通常的地域性而言，任何纳入 TCEs 保护的法律都仅在制定国有效。地域性阻止了其提供稳健或有力的保护。如前述菲律宾的《土著人民权利法案》

---

① WIPO, *Intellectual Property Needs and Expectations of Traditional Knowledge Holders*, *WIPO Report on Fact-finding Missions on Intellectual Property and Traditional knowledge*（1998—1999）, (Geneva:WIPO,2001), p.217.

② Hilty R M, "Rationales for the Legal Protection of Intangible Goods and Cultural Heritage", *Max Planck Institute for Intellectual Property, Competition & Tax Law Research Paper*, No. 09-10 (2009):23.

③ 彼得·德霍斯：《知识财产法哲学》，周林译，商务印书馆，2008，第 230 页。

④ 英国知识产权委员会报告：《知识产权与发展政策相结合》，伦敦，2002。

⑤ Lemley M A, "Faith-Based Intellectual Property", *UCLA L. Rev.* 62 (2015):1328.

承认习惯法，并规定，土著社群施加的制裁将延及第三方。此举虽值肯定，但因许多传统文化表达的盗用和滥用发生在境外，盗用和滥用者往往并非本国国民，所以权利的救济还需着眼于国际层面，否则该权利是不充分的。

而且，知识产权法的地域性对那些跨境传统文化表达的盗用行为也经常是一筹莫展的。如非洲的 Ashanti 人民大多数生活在当今的加纳，但也有许多住在邻近的西非国家。虽然加纳对 Ashanti 人民的代表性 TCEs——Kente 布料提供了保护，但邻国却没有，这种保护是有限的，除非起草或签署了一个地区的或国际的文件。

二、特定知识产权法保护 TCEs 之特殊局限

除了常规知识产权在保护传统文化表达方面存在共有的局限，不同种类的知识产权因其保护标准和保护客体的差异，在保护 TCEs 方面也有一些特殊的不足之处。

（一）版权和邻接权法

由于传统文化表达主要是文学艺术和科学的形式，因此版权被认为是最接近传统文化表达权利的，不少国家也是通过版权法来予以保护的。但版权在保护传统文化表达方面存在几个特有的缺陷，除非对版权做扩张解释或改革版权法，否则传统文化表达也很难得到保护。

1. 作者身份问题

虽然现代的版权法以功利主义为引导方向，但版权以作者为中心向来是版权制度的主旨。版权要求作者确定，且体现作者个人的独创性。但民间文学艺术中的作者通常是不确定的，因其具有集体传承性。一方面由于传统文化表达是通过集体传承的，尽管个人创作者在其中发挥着重要的作用，但个

人的创作往往要符合集体的要求和期望，或依集体的技艺和方法制作，体现集体文化的共同特征，所以个人创作者往往是匿名的，传统文化表达更多呈现的是集体的含义。同时，也因为集体传承过程侧重的是传统的维持与否，并不注重个人的名义和身份，所以过去非土著或传统人民的研究者在录制和记录时也很少注明个人的姓名，使用假名很普遍。该信息通常被认为是不相干的。但近三四十年已有改观，人种学和民族学的收集实践和协议正在发展。其实在社群内部，许多土著人民和传统社群知道、并能确定特定传统表现形式的个人创作者或制作者，即使该人已去世多年。对许多古老的传统文化表达，社群也仍知道作者。[①]但由于其形式的古老，即便能确定创作者，也往往因其不符合独创性的标准或过了保护期限而得不到保护。

对于作者不能确定的传统文化表达，有的主张作为匿名作品保护。但前述国际保护现状《伯尔尼公约》部分已指出，匿名作品在保护范围、保护期限和保护主体上均存在严重不足。此外，现代技术发展加剧的孤儿作品问题也通常不包括传统文化表达。由于土著人民和传统社群历史上一直被外人所代表，其传统文化表达被认为是从无版权和邻接权意义上的"作者"或"表演者"，也就不能属于法律界定的孤儿作品。[②]孤儿作品在勤勉搜索后可公开使用，这也与传统文化表达保护的初衷相悖。

在传统文化表达的传统知识产权保护理由中，笔者曾指出，传统的劳动财产论和人格说从理论上并不会阻碍集体的所有权。但需对版权法做扩张解释，因版权中的共同作者通常有着限定的条件，如要求共同合作的意思表示并做出实质性的贡献等，而传统文化表达的代际创作和传承是没有共同意思表示的，而版权法对合作作者利益分配的权利管理机制也很难适用于传统文

① Torsen M, Anderson J, *Intellectual Property and the Safeguarding of Traditional Cultures: Legal Issues and Practical Options for Museums, Libraries and Archives* (Report of WIPO, 2010), p.35.

② 同上。

化表达，因所属社群并不注重个人和集体之间的区分，而是视自己为一个整体，共同监管和保护其文化。版权的作者是固定和确定的，而传统文化表达之作者身份呈现动态性。在土著文化中，作者权并不属于单一的作者，而是属于整个社群、氏族或家庭。

2. 独创性问题

独创性问题与前面的作者身份问题紧密相关。版权法所保护的作品要求具有独创性。虽然独创性在国际条约中并未明确定义，各国国内法通常也未予以界定，但一般来讲，都要求一定程度的智力努力，至少不是复制自他人的作品。如 Bridgeman Art Library v. Corel Corp. 一案 [①] 即可说明独创性的标准。该案涉及对旧的大师画作的数字复制件的版权侵权问题。由于大部分艺术作品位于英国，涉案图片也首先在英国发布，因此法院决定对图片的可版权性适用英国法，而在美国境内是否侵权的问题适用美国法。根据英国法，对已有作品的完全复制不具独创性。要符合独创的标准，作品必须源于作者，且不能复制自其他作品。如果一个作品"完全复制已有作品，没有任何重要的添加、修改、转变或与其他材料的结合"，则不具独创性。法院认为，由于布里奇曼（Bridgeman）的图片是对公共领域作品的确切复制，根据英国法，不受版权保护。而在 1999 年的上诉中，法院进一步认为，根据美国法，对公共领域作品的确切复制缺乏独创性，也不受版权保护。其数字复制件是技术所允许的精确复制，而非布里奇曼（Bridgeman）所主张的巨大技巧，这种技巧应是指非物质的。改变媒介本身不足以主张独创性。但艺术背景中作品的独创性经常会受到挑战，当创作者对作品的贡献被认为是最小的时候。一个经典的例子如马塞尔·杜尚1917 年的作品《泉》。他将一个从商店买来的男用小便池起名为《泉》，匿

---

① 25 F. Supp. 2d 421（S.D.N.Y. 1998）.

名送到美国独立艺术家展览要求将其作为艺术品展出，成为现代艺术史上里程碑式的事件。追求反传统和标新立异、宣扬形式可以脱离内容而存在的现代主义艺术主张：艺术无权威无经典，一切均可颠覆。艺术也无美丑之分，任何事物任何形式都可以成为艺术。像这样的现代艺术是否符合独创性的要求，至今也仍是一个讨论的热点问题。

对土著人民来说，其创造更多的是一种传统，而不是一件艺术作品。虽然也有演绎、变体，但由于要遵循传统甚至模仿，较难符合独创性的要求。大多数传统文化表达的代际特征鼓励新一代复制或反复迭代先前的创作作品。虽然先前作品的新版本符合版权法独创性的程度将因土著文化和特定的 TCE 而不同，但突出的一点是，TCE 的完整性通常意味着要保持原封不动，从而 TCEs 能被新一代为文化持续的目的而重复（复制）。[①] 对那些希望商业化其传统文化表达的土著社群实用主义者而言，版权将是一个选择。譬如，部落监管者在部落内赋予个人艺术家许可，使其能基于传统文化表达创作新的、独创的艺术形式。但这种情况一般就是属于符合版权法独创性标准的演绎作品了，所保护的是该演绎形式，而非原本的传统文化表达。况且，这里也会存在一些实际问题，譬如，艺术家或工匠获得许可制作，但是否经许可向外界售卖？经许可售卖后所获报酬又涉及如何分配的问题。

而且，独创性的要求还可能会危及土著艺术，对传统文化表达的传统持有人造成损害。当代人的当代形式往往是源于或以已有土著或传统艺术形式和实践为基础的，如果这些形式符合版权法中的独创性标准的话，就能享有版权。因许多传统文化表达是口头的、未记录的，这使得许多记录或公开这些 TCE 形式的人获益，却未补偿 TCE 持有人，反而会阻碍传统文化表达来

---

① Torsen M, "Intellectual Property and Traditional Cultural Expressions: A Synopsis of Current Issues", *Intercultural Human Rights Law Review* 3 (2008):203.

源社群及其成员的使用。类似的还有数据库的保护，保护的是汇编者、组织者，而非来源素材的创作者。此外，改编或演绎 TCEs 的作品也很常见，如对口头作品的翻译、影视制作等。由于独创性的低门槛，许多艺术家从传统艺术实践中汲取灵感，尤其在记录和摄影中。在对艺术品的复制中，区分原作与复制件可能很容易，但在摄影中，很难说出一张照片的独创性何在。所有照片都是某些物体的复制件，如一幅画或雕塑。就记录传统文化表达的摄影作品获得版权，将很容易使传统文化表达被垄断，并助长好诉之风，形成寒蝉效应。如前述 Reece v. Island Treasures Art Gallery,Inc. 一案，非本土的摄影者基于对夏威夷草裙舞造型的摄影作品的版权就能对表演过草裙舞且绘制同样造型的土著艺术家提起版权侵权诉讼。对非传统和非土著的艺术家而言，这使他们更容易仿制作品，从而主张其作品符合版权法的独创性。即"版权法的独创性概念不能区分一个社群内部传承的 TCEs 和外人对此类 TCEs 的挪用行为"。① 除了经济上的损害和所有权的排除，对传统文化表达的改编、演绎还会涉及对 TCEs 的改变、歪曲、减损或不恰当反映其习惯意义、价值观和协议的使用，由此对土著社群的世界观、宗教信仰和文化价值观都予以破坏。

3. 保护期限和公有领域问题

土著社群和土著人民呼吁对传统文化表现进行永久保护，而版权法则规定有期限。因版权的垄断性，不限制保护期将不利于维护一个丰富而健康的公有领域，这就涉及与保护期限相关的公共领域的讨论。但将传统文化表达投入公有领域将与其文化敏感性相冲突，违反属于活态遗产的许多无形的、神圣的和秘密的元素的保密特征，并将"凸显文化价值观的变质和不正当挪

---

① Torsen M, Anderson J, *Intellectual Property and the Safeguarding of Traditional Cultures: Legal Issues and Practical Options for Museums, Libraries and Archives* (Report of WIPO, 2010), p.25.

用"。① 相反，其他人则主张 TK 和 TCEs 的公共领域特征是有价值的，因其允许再生和复兴。如果专有财产权创建于无形文化遗产之上，不管是土著群体的成员还是其他人都不能基于此创造或创新。过度保护文化表达，公共领域将衰退，使得更少的作品被创作。因此，那些希望以非传统的方式重新阐释传统主题以发展其艺术传统，并想要在创新艺术市场上竞争的土著艺术家（即实用主义者）就可能被这些机制禁止。后果将是这些法律会在某个历史时刻"冻结"文化，并拒绝赋予土著人民以当代的声音。② 尽管如此，由于传统文化表达具有文化敏感性和环境依赖性，即便是希望予以经济利用的实用主义者通常也不愿完全脱离传统，很多情况下消费者购买其产品也主要是看中其产品中拥有的独特的、属于该社群的文化特征。而且，公有领域经常被用来指称无人享有或主张权利的智力材料。但对传统文化表达来说，这是有问题的。因许多传统社群都有其集体的、家庭的、和／或氏族的权利、责任和利益，但这些不一定被界定财产和财产利益的法律框架所承认，包括知识产权框架。

4. 思想表达二分法的问题

虽然版权法确立了这一原则，但在实践中思想与表达本身就存在难以区分的情况。而思想与表达在传统文化表达的背景中更难区分。由于传统文化表达经常要表达非物质的文化要素，与习惯法、观念和协议紧密相关，承载着精神价值和文化意义，具有文化敏感性，常常有形与无形、物质与非物质是交织在一起的。传统文化表达被误用、盗用经常会冒犯土著艺术家及其社群的文化价值观、精神信仰等。而且，土著艺术作品不只是西方含义上的艺

---

① WIPO, *Note on the Meanings of the Term "Public Domain" in the Intellectual Property System with special reference to the Protection of Traditional Knowledge and Traditional Cultural Expressions/Expressions of Folklore*, WIPO/GRTKF/IC/17/INF/8, November 2010:2.

② 同上书，p.2—3.

术作品，它们"是重要文化故事的巨大象征，带有道德责任"①。而体现其文化精髓的信仰、故事或想法，表达经常是不确定的。

5. 限制与例外的问题

TCEs 背景下的限制与例外会有很多问题，尤其是对神圣的、秘密的、具有重要的精神和文化意义的传统文化表达，即使是作为教学工具的使用也被认为是不恰当的。在某些土著人民和传统社群内，根据习惯法，对特定传统文化表达的任何披露都是可惩罚的行为。对于 TCEs，合理使用并非评判恰当使用的恰当框架。社群本身一般都有各自关于获取、使用和传播以及不被遵循的规则。

6. 某些国家的特别规定

此外，有些国家要求被保护作品需经固定，对具有无形性质的传统文化表达而言也是个问题。在许多情况下，不可能将传统文化表达与其根本的、无形的象征、精神和信仰体系分离开来，而分离是固定所蕴含的。一份祷告如以书面形式表达，可以作为伯尔尼公约下的版权客体。但固定可能会背离祷告的深层、个人、情感和精神上的权力，而这在个人或群体的特定、狂喜、看似自然爆发或类似的背景中能被充分实现。②不过，固定要求并未体现在国际条约中，一般对作品只要求能被感知即可。尽管如此，在实践中主张权利和侵权举证时也会造成困难。

还有些国家在版权法中规定了转售权制度，允许艺术家对其艺术作品在被艺术市场行家转售后收取转售价格的一定比例，旨在允许艺术家在其声誉和价值增长后从其作品的转售中收获经济利益。转售权在约 50 个国家被承认，包括许多拉美和非洲国家。转售权通常限于绘画艺术或造型艺术，

---

① Torsen M, Anderson J, *Intellectual Property and the Safeguarding of Traditional Cultures: Legal Issues and Practical Options for Museums, Libraries and Archives* (Report of WIPO, 2010), p.29.

② 同上书，p.31.

如图片、拼贴、绘画、雕塑、印刷、挂毯、陶瓷、玻璃器皿和照片等。法国是最早规定该制度的国家，欧盟则于 2001 年颁布了有关追续权的特别指令。转售权对土著和传统艺术家有着潜在的重要性，因许多土著人民和传统社群处于艰难的经济状况。许多传统艺术家生活贫困，而其作品却在全球艺术市场上拍出高价，这无疑是一种具有讽刺意味的不公平现象。如澳大利亚土著艺术家汤米·沃森（Tommy Watson）2006 年的一幅画作沃尔蒂贾特（Waltitjatt）在最近悉尼的一次拍卖会上拍出 197 160 美元的高价。2006 年托雷斯海峡岛民的一面鼓在巴黎卖出 818 400 欧元，这是鼓拍卖的世界纪录。[①] 尤其是随着世界艺术市场对土著艺术的日益重视和欣赏，传统文化表达的价值日益增长。转售权可以用来补偿传统文化表达的持有者和创作者。但转售权的局限是，需是具有独创性的艺术作品，且对创作者的个人和社群经济回报有限。同时，转售权只关注经济利益，而精神方面的则没有补偿。

7. 邻接权

表演者权和录音录像制作者权等邻接权在一定程度上可以对传统文化表达起到间接保护的作用，但毕竟保护的并非传统文化表达本身，不能防止未授权的表演、录音录像、广播和其他向公众传播行为。

综上可见，版权和邻接权虽在传统文化表达的演绎和传播上能发挥积极的保护作用，但在保护传统文化表达本身上存在诸多不足和局限。

（二）商标和地理标志保护

用于表明商品或服务的生产者或提供者、以区分他人而使用的标记。主

---

① Torsen M, Anderson J, *Intellectual Property and the Safeguarding of Traditional Cultures: Legal Issues and Practical Options for Museums, Libraries and Archives* (Report of WIPO, 2010), p.41.

要起到识别作用、防止消费者的混淆，同时也具有品质保障和广告宣传的功能。地理标志则用于标识某种产品的原产地，且该产地主要决定了产品的品质、声誉或其他特性。故地理标志主要是标示某一产品的原产地，保证产品具有该产地的特征。在传统文化表达的背景下，对土著社群的名称或位置进行商标和地理标志保护具有一定的优势，不会像版权保护带来那么多问题。譬如，商标或地理标志没有独创性的要求，而且能不断续展，起到类似永久保护的作用。也更符合集体权的理念，因其主要是跟特定地区或来源相联系，从而可将传统文化表达与其来源社群相关联，而且也不需要确定创作者。

但商标和地理标志保护也有较大的局限。首先，它们不能防止他人使用某一表现形式并予以改变或传播。其次，它们仅能提供经济利用的市场优势。而且，商标和地理标志针对的是商品或产品，要求商业化的使用，与许多传统文化表达不愿被商业化的需求相冲突。

此外，商标的注册和侵权诉讼在各国都有程序方面的规定和要求，这对处在经济弱势地位、物质和法律资源均缺乏、常常是地处偏远地区的土著人民提出不小的挑战，从而使其处于不利地位，难以维护自身的权益。如前述有关"红皮"商标的纠纷，在 2003 年的 Pro-Football,Inc. v. Harjo 案件中，美国土著要求撤销华盛顿红皮队（Washington Redskins team）的六个商标，认为这些标记具有侮辱性，给他们带来蔑视和坏名声。法院虽然承认，根据联邦商标法《兰哈姆法》（*Lanham Act*）第 1052（a）条的规定，如果商标会贬低或错误表明与个人、机构、信仰或国家标志的关系，或使其被蔑视或丧失名誉，则该商标不能被注册。但法院支持了被告，美国土著在简易判决的动议中败诉。法院认为，尽管"redskins"一词对美国土著具有贬损性，但一个专业球队在不同商标上单纯使用该词并不意味着商标具有侵犯性。法院的逻辑是区分日常使用和注册商标上的使用，即便后者看起来更具侵犯性，因注册是联邦政府对蔑视词语的含蓄认可。另一理由是，法院认为，依据第 1052（a）条提起诉讼的举证责任在于美国土著，而美国土著迟延提起诉讼。法院要求美国土著应积极监测即将到来的任何具有侵犯性的商标的适用，并对侵犯商标及时提起主张，却没有考虑美国土著在法律和经济资源上的缺乏。

对监管者愿意商业化利用的传统文化表达来说，认证和证明标记能发挥有益的作用。但有时也不是很保险。如阿拉斯加的 Silver Hand 标记被用来确认由本土阿拉斯加人制造的产品。负责 Silver Hand 项目的阿拉斯加州雇员指出，该标记已被报告被假冒并销售给非本土的人获利。[1]

此外，地理标志的主要困难还在于如何确定恰当的权利人。

（三）其他知识产权

其他知识产权能对传统文化表达的某些特定方面予以保护，但总体上均存在范围狭窄、难以满足土著社群需求的问题。商业秘密可以对秘密的传统文化表达提供保护，但 TRIPS 下的《商业秘密法》要求秘密知识具有经济价值，这可能对传统文化表达的保护不力，尤其是对那些土著社群不想让其进入商业市场的 TCE。《反不正当竞争法》针对的也是商业市场，需在类似产品市场上存在竞争，如果在产品市场上不存在竞争的盗用或滥用行为就约束不了。而且，仿造者可以仿造式样，但说明非土著制造，从而与土著的手工产品相竞争。

由上可知，当前有关知识产权的立法都未考虑到形成土著社会和文化身

---

[1]　Torsen M, "Intellectual Property and Traditional Cultural Expressions: A Synopsis of Current Issues", *Intercultural Human Rights Law Review* 3 (2008):212.

份基础的文化和知识财产的不同观念，常规知识产权法本身的性质与传统文化表达的特性就存在诸多不协调之处，而具体的不同种类知识产权的规定也凸显各种不适用于传统文化表达的局限，采取一种特别权保护机制是必不可少的。

而且，在TCEs方面自上而下立法的问题在于，不能细微地反映土著社群的独特文化，也不允许不同土著社群间的差异，从而定义范围或保护范围都会或过宽或过窄。自上而下的模式是直接将西方的知识产权体制导入到土著社群中，遭到了学者、活动家和土著人民的极大质疑。有的甚至认为这是一种新的殖民化，只是借用了压迫者的语言和方法，从而进一步加强了压迫者的权力。单纯依赖自上而下的努力来界定土著人民自己的文化遗产被认为削弱了土著人民的自决权，土著人民应有机会阐明自己的路径。① 赋权给土著人民控制和指导自己的文化和生活方式意味着，强调他们通过发展社群特定的文化维护法以掌握自己命运的作用。习惯法应最终决定土著文化和智力遗产的权利和义务。习惯法来自土著社群的传统习惯、信仰体系和其他社群的管理形式，不仅反映了实质的法律原则，还反映了其演化的文化背景，从而能发展符合社群价值观的控制方式、惩罚形式，并恰当激励最有益于社群的行为。习惯法还能很好地适应各社群独特的宗教和文化信仰，而这是西方法律做不到的，如反映社群与地球和宇宙关系的习惯准则。

但在当前的立法和实践中，习惯法均被极大忽视。立法都未提及习惯法的重要作用，而判例实践的引用也相当少。如在美国，特别是本土夏威夷，西方法律和法院只是偶尔提及土著法律作为指导。在夏威夷，尽管土著习惯法已被承认为准环境的、收集和获取权案件的依据，但在知识产权领域却未

---

① Riley A R, "'Straight Stealing': Towards an Indigenous System of Cultural Property Protection", *Washington Law Review* 80 (2005):90.

获得同样的地位。^① 如前述 Reece v. Island Treasures Art Gallery, Inc.(2006) 一案的事实即体现了许多土著人民被主流社会殖民化和同化的不公平现象。尽管该案判决试图回应各种不公平，但却忽视了一个通过司法承认土著夏威夷人权利的机会，这对保护土著夏威夷资源和无形资产至关重要。有学者指出，从人权的角度看，当法院平衡文化群体和主流社会成员的损害以调整权利主张时，他们通常不能充分平衡这两类利益，因为主流社会的法律和理论是构建在个人自由利益基础之上的，且"平等公民权（equal citizenship）"在当前社会是一个现实。^② 这样就否认了社会中的持续不平等。因此，有必要承认特别权利以保护土著文化的重要特征。

对传统文化表达的私法保护模式历来呈现两种不同的主张，版权保护模式和特别保护模式。版权保护模式主张：虽然知识产权法的根基是西方的发达市场和关于创造、发明及所有权的观念，但这些法律现在是全世界保护文学、艺术和科学作品的首要工具。因此，将土著利益从这一国际体制中分离出来将等于是拒绝一个强有力的法律利器，也是拒绝一个强有力的护盾。版权法能且必须被扩张以维持土著文化的活力，并保护土著文化的创造性作品。因此，可以对版权法进行三个变动：纳入作者权的集体和群体观念；扩张独创性要求以反映这些作者权形式；在更广的社群背景下运用版权期限。已有的版权法可扩张作者权：合作作者、权利的转让和雇佣作品。^③ 但对已有版

———————————

① Conway D M, "Indigenizing Intellectual Property Law: Customary Law, Legal Pluralism, and the Protection of Indigenaous Peoples' Right, Identity, and Resources", *Texas Wesleyan Law Review* 15 (2009):241.

② Tsosie R, "Reclaiming Native Stories: An Essay on Cultural Appropriation and Cultural Rights", *Arizona State Law Journal* 34 (2002):346.

③ Vanguardia M E, "Dreams for Sale: Traditional Cultural Expressions (TCEs) and Intellectual Property Rights of the Indigenous Pragmatic Group as Exemplified by the Dreamweavers", *Philippine Law Journal* 86 (2012):431.

权法进行变动，变动成本较高，且会触动整个版权法的根本理念和基本原则。如永久保护期的建议将与知识产权公共领域概念相冲突，而免除独创性标准的建议将改变版权核心的性质。有鉴于此，最好的办法就是创设知识产权的新形式，结合版权、商标、地理标志和商业秘密法中的不同权利，并将其专门用于传统文化表达。

实际上，知识产权本身是一个比较具有包容性的概念。如 WIPO 公约的定义表明的，"知识产权"并不限于所提知识产权的特定例子。公约的定义"所有源于工业、科学、文学或艺术领域的智力活动"表达得很清晰，即"知识产权"是一个宽泛的概念，能包容不被已有知识产权范围涵括的产品和事项，如果其"源于工业、科学、文学或艺术领域的智力活动"。

实际上，WIPO 早在1998—1999年对世界各地区土著社群的调查中就显示，传统知识和传统文化表达的持有者都支持一种非常规知识产权的"特别"制度，或是设立"社群的""集体的"或"土著的"权利制度。[1]澳大利亚的报告[2]也建议设立与知识产权相似的权利：土著知识产权。一是承认一个在某些方面与精神权利相似的权利，以反对有损作者名誉的使用；二是承认接近于精神权利的、允许作者反对任何对其作品毁损（mutilation）的权利；三是要求直接政府干预，施加一个集体的补偿机制。如设立一个集体管理组织代为行使土著文化表达所有人的权利。

从 WIPO 的报告来看，很明显，传统知识持有者的主要考虑并非阻止对其素材的使用（尽管有时这也是目标），而是希望找到路径让这些持有者能进

---

① WIPO, *Intellectual Property Needs and Expectations of Traditional Knowledge Holders, WIPO Report on Fact-finding Missions on Intellectual Property and Traditional knowledge*（*1998—1999*），(Geneva:WIPO, 2001), p.217.

② WIPO. *Department of Home Affairs and Environment, Report of the Working Party on the Protection of Aboriginal Folklore* (Australia, 1981), pp.73—75.

入知识产权体系，并在恰当时建立与集体观念相一致的惠益分享安排，而不是个人的或私人的财产。[①] 知识产权理论上并不排除集体财产，但要纳入的话，代表着要对知识产权法律机制做重大改变，所牵涉的立法成本也较大。而设立特别权保护机制就不需要变革常规的知识产权机制，只需另行制定一部专门法，也能节约立法成本。

第三节　设立特别权保护之需要

一、克服私人救济方式之缺陷

（一）执行力问题

准则和议定书等在法律没有明确规定的情况下，可以弥补成文法之不足，有助于解决实践中存在的问题和纠纷。但关键的问题是，诸如议定书、指南和协议等私人救济方式皆属自愿性的准则，依赖参与人的自觉和自律，缺乏执行力，还常容易遭到反对。如《澳大利亚土著艺术商业行为法草案》规定了"经销商（dealers）"（包括代理商、批发商、零售商、艺术画廊或艺术中心）处理土著艺术实践的要求，其中也包括符合已有法律的一些要求，如复制之前需征得艺术家同意和正确署名的要求等。但其自愿的性质削弱了其有效性，而且缺乏有效的解决争议的机制。[②] 而同年发布的《视觉艺术家转售权

---

① WIPO. *Intellectual Property Needs and Expectations of Traditional Knowledge Holders, WIPO Report on Fact-finding Missions on Intellectual Property and Traditional knowledge（1998—1999）*, (Geneva:WIPO, 2001), pp.231—233.

② Mackay E, "Indigenous Traditional Knowledge, Copyright and Art- Shortcomings in Protection and an Alternative Approach", *UNSW Law Journal* 32 (2009):19.

法案》旨在增加视觉艺术家的经济收入，特别是土著艺术家。该《法案》要求收取再售收入的 5%，反映了土著视觉艺术行业已有的自愿议定书关于版税的规定。但由于艺术行业游说者的反对，结果也使得委员会的收费协议要基于自愿基础。[①] 同样，旨在为处理图书馆和档案馆中的传统文化表达和传统知识推荐最佳实践的《美国土著档案材料议定书》（PNAAM）也遭到美国档案工作者协会和美国图书馆协会的拒绝认可，因其中一些建议看似与当前的协会伦理准则不一致。[②] 由此可见，缺乏法律的明确授权和具体规定，这些私人救济方式很难普遍适用。

从澳大利亚邦格拉舞蹈剧团、Gee's Bend 土著社群的棉被组织等例子也可看出，合同的订立需依靠使用机构和组织的自觉性。而像自愿认证机制和标签计划等不具约束力。土著社群自身创建的政策和协议直接寻求解决这一问题，提供了社群本身最直接的指导，为研究者、文化机构和各社群之间的协议谈判和互敬交流搭建了一个新的平台。但这些政策和协议对外的执行力有限，且需外界给予充分理解和尊重。

（二）谈判地位问题

诉诸合同协议和议定书等私法形式在谈判地位上也存在局限：

一是不公平的谈判关系，许多土著艺术家在社会经济地位上的弱势，仍无助于解决艺术家的状况。这种状况不光是涉及土著艺术家的问题，在一般的版权合同中也同样存在，未出名、弱小的艺术家往往难以无力对抗大公司。如不久前，美国唱片工业协会（RIAA）称艺术家不需要精神权利就遭到该协

---

① Mackay E, "Indigenous Traditional Knowledge, Copyright and Art- Shortcomings in Protection and an Alternative Approach", *UNSW Law Journal* 32 (2009):20.

② Mathiesen k, "A Defense of Native American's Rights over their Traditional Cultural Expressions", *The American Archivist* 75 (2012):456.

会代表的许多艺术家反对。① 他们认为，精神权利将有助于缓解创作者因为谋生而不得不放弃版权的困窘局面。署名权和保护作品完整权对创作者至关重要，因其对创作者的名誉乃至生计的保障。对于长期受忽视，其传统文化表达经常被视为公有领域内容的土著人民和传统社群而言，这一问题可能尤为严重。

二是土著代表参与的问题。就前述非土著社群拟定的文化机构的指南和议定书等，虽意识到传统文化表达的重要性，但在多大程度上吸纳了土著代表的参与，听取其意见，以及拟定的具体规则是否确实维护到土著人民的权益，包括在何种条件下土著人民能就其传统表现形式在艺术领域进行谈判，传统知识持有人的权利地位不明确，保障效力有限等，都是实践中可能面临的问题。

二、克服私法判例解释之缺陷

从前述诸多判例解释中可看出，尽管法院已经日益认识到传统文化表达的价值和传统社群权益的重要性，但皆因缺乏法律明确创设的权利和执行标准，经常会导致两种结果：

一是不承认传统社群的权益，尤其是社群所享有的精神权益。如 Yumbulul v. Reserve Bank of Australia 案承认了艺术家个人的版权，但并未承认艺术家所属社群的权利。更多的则是像 Reece v. Island Treasures Art Gallery, Inc. 一案认定的，将涉诉的传统文化表达（该案中是土著艺术家作品中的夏威夷草裙舞造型）归于公有领域素材，使其不受法律保护。

---

① 中国保护知识产权网.美国唱片协会称艺术家不需要精神权利遭反对，http://www.ipr.gov.cn/article/gjxw/ajzz/qtajzz/201705/1906166.html，访问日期：2023 年 5 月 10 日。

二是从不同角度间接保护土著人民和传统社群的利益，导致认定标准的不一，缺乏明确的权利归属和救济机制，不能真正维护传统文化表达及其持有者的权益。如 Foster v Mountford 案是基于保护秘密信息的理由；John Bulun Bulun & Anor v. R & T Textiles PartyLtd 案则认为布龙布龙（Bulun Bulun）先生与甘诺槟谷（Ganalbingu）人民间存在信托关系，但甘诺槟谷（Ganalbingu）人民的权利仅限于对布龙布龙（Bulun Bulun）先生在第三方侵权时行使版权的对人权。而华盛顿球队的"红皮"商标虽经土著社群和舆论的长期抗议终被撤销，但其撤销理由也受到球队和一些学者的质疑。该球队向美国联邦最高法院寻求申诉时，认为《兰姆法案》的"蔑视条款"（disparagement clause）违宪。而哈佛法学院的珍妮·苏克（Jeannie Suk）教授则认为，在一个强烈恪守言论自由承诺的国家，即使是仇恨言论也受到《宪法》保护，商标的蔑视规定是反常的，应让人自由注册商标。[①] 由此可见，由于没有统一的法律规定和明确的赋权，法院在解释时也莫衷一是，各执其词，还容易引起质疑。

而且，由于缺乏法律明确创设的权利和执行标准，法院的解释有时反而可能形成不利的后果，将本应受保护的传统文化表达划入公有领域，并可能对之后使用传统文化表达的土著人民和传统社群造成寒蝉效应，阻碍传统文化表达在其传统背景内的维续，并妨碍传统文化表达在当代的创新。如夏威夷的 Reece v. Island Treasures Art Gallery, Inc. 案[②] 中，尽管法院承认："草裙舞是夏威夷文化的重要表达。对许多人来说，它是自然和美的抒发，是尊崇古老造物主的体现，是历史记忆、传说和日常生活的表征。草裙舞在保存夏威夷的文化和历史上占有一席之地。"但由于依据的是已有的知识产权规则，未

---

① Jeannie Suk, "What's Wrong With the Redskins?", New Yorker, May 15, 2016, accessed June 15, 2017, http://www.newyorker.com/news/news-desk/whats-wrong-with-the-redskins?intcid=mod-latest.

② *Reece v. Island Treasures Art Gallery, Inc.*, 468 F. Supp. 2d 1197, 1199（D. Hawai'i 2006）.

对土著人民的传统文化表达赋予直接的权利，未能承认土著夏威夷人的权利，造成了可能最有害的不公平，即法院单方面将土著夏威夷的资源和无形资产划入公共领域。[①] 土著夏威夷人并未质疑里斯（Reece）的拍摄是对土著夏威夷在草裙舞的文化实践和表达上利益的侵犯，反而容忍了其对具有文化意义表达的使用。而里斯（Reece）借助于西方的知识产权法反而能大胆地起诉一名表达其文化身份的土著夏威夷艺术家。法院只是援用了联邦版权法，而忽视了土著夏威夷人运用传统实践处理文化表达的权利的重要性。同时，法院在评估涉案照片的可版权性时，单方面宣称草裙舞的实践是一种"思想……永远属于人类的共同财产"。继而将草裙舞的所有权划入公共领域。同时，这样的判决和做法导致了寒蝉效应，使得其他描述草裙舞的表达可能侵犯原告的权利。由于运用了联邦版权法的获取和实质相似性检测，法院更关注原告的商业性可获利的传播权而不是被告对文化表达的参与权，从而导致狭隘的结论。画廊所有者就证明："画廊依赖于本土艺术家艺术的定期供应，大约有5%是以草裙舞为特征的艺术作品……由于里斯（Reece）的诉讼，艺术家们停止为画廊制作有草裙舞形象的艺术作品，有些人则从画廊中撤除了其作品。"[②] 由于里斯（Reece）的诉讼，导致这些艺术家都不敢制作任何与里斯（Reece）的作品相似的作品，即主要核心是草裙舞的作品。现在，不管是土著艺术家，还是非土著艺术家，因害怕诉讼的威胁，都停止了这方面的创作和创新。这对文化的发展显然是不利的。

为传统文化表达提高特别权保护机制能解决判例实践中个案分析的不确定性，赋予直接的权利，树立一个比较统一的标准，从实质上更易保障传统

---

① Conway D M, "Indigenizing Intellectual Property Law: Customary Law, Legal Pluralism, and the Protection of Indigenaous Peoples' Right, Identity, and Resources", *Texas Wesleyan Law Review* 15 (2009):248.

② 同上书，p.249.

文化表达主体之利益。

综上，对传统文化表达采取特别权保护机制有着独特的优势：

一是能为传统文化表达及其所属社群创设专门的权利，建立有执行力的法律保护机制。通过前面对传统文化表达保护现状的分析，可以发现各种保护都存在问题：如国际法律一般只提供指导，很少规定可执行的措施；常规的知识产权制度不管在其观念和性质上，还是各类不同知识产权的具体规定上，都在保护传统文化表达上具有极大的局限性；合同协议等私人救济方式只对拥有谈判筹码的人最有效；而准则和议定书等自愿措施只对那些感兴趣且决心遵守的人有效；而私法判例的解释则流于不确定，没有固定的标准。很明显，所有法律制度和措施的不足及局限都集中在对传统文化表达的保护缺乏专门的权利和具体的可执行机制上，而设立特别权保护机制能解决这两个最大的问题。

二是特别权保护机制能有效结合人权要素、土著习惯法和多种知识产权，克服通常的保护路径之局限，灵活适应传统文化表达保护的不同需求。有学者以为，传统文化表达的权利形态，应为具有某种财产属性的特殊权利，但又不是私人独占的现代著作权。① 由于前面提及的现代知识产权在保护传统文化表达方面所呈现的各种局限，将现代知识产权强行施加于传统文化表达将会产生不利的后果。但传统文化表达同样属于财产权的范畴，在土著社群内部长期有财产权的维持形态和不同的所有权形式，只是与西方传统的财产观念不一样。因而采取一种特别的知识产权形态，在根本理念和基本原则方面可以解决西方财产观念以及常规知识产权原则和理念的不适，并能结合不同的知识产权类型对传统文化表现提供有效的保护。

---

① 吴汉东:《论传统文化的法律保护——以非物质文化遗产和传统文化表达为对象》,《中国法学》2010 年第 1 期。

　　围绕传统文化表达的法律问题不像任何知识产权法，因其跨越版权、商标、商业秘密和专利法，且涵盖了主权、自决权和人权等问题。当前的知识产权机制不能保护有着古老根基，经常是非正式和口头传递的传统文化表达。相反，土著人民和当地社区的准则经常是保护传统知识的唯一标准，但因对社群外之人不起作用，使其很难防止盗用。而将类似版权、商标、认证等多方面制度的内容和特点融入一部法中，综合性地确定和保护传统文化表达，可以结合不同制度的益处，并赋予习惯法以地位。有学者指出，部落法①的发展和实施加强了部落的主权，并肯定了自决权原则。而且部落法能在一定程度上影响主导的法律制度，审判机构也开始日益关注部落法以解决涉及部落生活的根本问题。②除了这两个原因，尊重习惯法的另一个重要理由是，在特别权保护机制中纳入并承认习惯法，能有的放矢。不像自上而下的法律制度，习惯法细微地反映了传统社群的经济体系、文化信仰和敏感的神圣知识，而这是国际和国内的制度都做不到的。因每个社群的传统文化表达问题都是十分特别的，而且传统文化表达的文化敏感性不同，土著社群在经济权利和精神权利方面的保护需求也有差异，习惯法反映了这些不同的需求和特性，能较好地解决相关的问题。而且通过纳入人权要素和土著习惯法可以克服西方财产制度产生的垄断性、商业性等局限。

　　采取特别权保护机制还能消除土著人民的顾虑和抵触。可以理解的是，土著人民厌恶西方知识产权保护体系，因其不考虑土著人民的背景历史，也不考虑土著法保护的土著资源的重要性。主流殖民者社会反而利用知识产权法来剥夺土著人民的文化、身份和资产，这也就加深了土著人民和土著社群对知识产权法保护土著资源的质疑。土著法律体系的缺乏使得任何对土著资

---

① 　这里的部落法即指土著部落的习惯法。

② 　Riley A R, "'Straight Stealing': Towards an Indigenous System of Cultural Property Protection", *Washington Law Review* 80 (2005):69.

源的保护都是无力（无效）的。而特别权制度能消除西方的传统知识产权法给土著人民带来的顾虑和抵触情绪，通过结合自决权、发展权等人权要素和知识产权的一些具体做法，更好地保护传统文化表达，也能更好地被土著人民接受和理解。

第四章 《TCEs 条款草案》之发展和分析

第一节 草案之起草背景

一、TCEs 保护之紧迫性

（一）衰落和消亡之危机

随着现代社会的发展，传统文化表达和传统知识的存续和保护陷入前所未有的危机，已成为迫在眉睫的全球性问题。许多珍贵的传统文化表达正在逐渐衰落，或处于消亡边缘。

其中一个重要的原因是，现代的生活方式、经济建设的发展和主流文化的侵袭对传统文化表达所依赖的环境造成了巨大的冲击，也对土著社群年轻一代的传承起到了破坏作用。

传统文化表达是依赖环境的创新，同时其文化敏感性也要求特定场所的文化氛围。但现代化和经济的飞速发展在逐渐侵蚀和破坏传统文化表达赖以生存的环境和文化土壤，使其难以按照传统的背景、方法和技艺去维持，也在日益丢失其文化特征和精神意义。举行宗教仪式的场所被占据，进行仪式表演的环境被破坏，传统的可持续发展的生活方式被现代急功近利的方式所取代。诸如此类现象都使传统文化表达生存和发展的土壤不复存在，其衰落和消亡也就呈不可避免之势。早在 20 世纪末期 WIPO 进行的调查中，土著社群的被调查者就已经表示了这一担忧。他们认为，土著人民已经在其司法行政、健康医疗和教育体系方面达到可持续性并一直在维持。但由于现代文化的影响和压力，这种平衡在很大程度上被打破，关键是这些传统和文化的生存现在受到严重威胁。他们担心，还没等外来文化同化，传统土著文化就将被破坏。[①] 进入 21 世纪以来，这种影响和压力越来越大，也使得平衡的杠杆日益倾斜，传统文化表达衰落和消亡现象越发严重。

传统文化表达具有集体传承性，其传统的延续和发展、演绎都需年轻一代作为中坚力量。但年轻一代深受现代生活方式、经济建设的发展和主流文化的影响，不愿意乃至拒绝接受传统文化表达和传统知识的传承。他们不愿意沿袭祖辈的生活方式，认为过时老旧，也不愿花费时间和精力去学习、传承。尤其是那些特别要求耐心和坚持的手工艺创作，在高度信息化和工业化的今天，更是后继乏人。譬如，南京绒花技艺被列为江苏省非物质文化遗产，而今的代表性传承人赵树宪是 43 年来唯一的坚守者。虽然其工作室小有名气，但苦于无人传承。因绒花制作繁复、产量较少，投资回报的时间很长，而手艺的精进需要时间的累积。[②] 在我国，有许多曾在日常生活中随处可见的手工技艺，如麦秸编织、磨刀、钉秤、剃头、捏糖人、吹面人、装裱技艺等，现在都在逐渐消失，有些甚至濒临失传。

自愿继承者缺失，代际性或传承性逐渐丧失。传统文化表达正从多样走

---

① WIPO, *Intellectual Property Needs and Expectations of Traditional Knowledge Holders, WIPO Report on Fact-finding Missions on Intellectual Property and Traditional knowledge* (1998—1999), (Geneva:WIPO, 2001), p.134.

② 南京日报:《南京绒花传承人 43 年坚守 让非遗技艺走向世界》, http://js.people.com.cn/culture/n2/2016/0801/c360308-28757224.html，访问日期：2023 年 5 月 10 日。

向单一，许多传统做法、传统工艺也在逐渐丢失。以贵州为例，贵州的传统工艺中，濒临失传的项目就有 15.6%，而已知失传的项目达 5.6%。[1]语言本身也可能有灭绝的危险，[2] 而语言又是知识传统和支撑这一传统的世界观的基本表达形式。许多传统习俗、信念和知识由于同化和扩散而不可挽回地丧失了。因此，最基本的一项需要就是保存全世界范围内老一辈人和社会部族所拥有的知识。[3]但目前世界使用的 6000 多种语言有 90% 都将在未来百年消失或濒临灭绝。[4] 传统文化表达和世界文化多样性都在面临严峻的考验。

与此同时，全球化的扩张加强了跨文化交流，也加剧了文化压迫。以美国为代表的西方发达国家用文化软实力向世界发声，向全球推行自己的文化模式。对发达国家尤其是美国来说，文化产品和服务的贸易本质上体现了一国在国际上的政治经济地位和实力。在当今全球化程度更高、各国依存关系更紧密、言论自由更开放的时代，军事控制难以得到认同，而文化控制更能实现一国的政治目标。用赵汀阳先生的话说便是，最现成的世界新政治形式是美国的"帝国"模式。它把现代帝国主义的直接控制转换为现在这种隐性的但更全面、更彻底的全球支配。[5] 这种全方位帝国在政治、经济乃至文化领域都滥用权力，且不光想成为游戏的赢家，还想成为游戏的规则制定者。[6] 美国的文化版权产业在崛起之后得以突飞猛进，拥有巨额的利润，确立其文化

---

[1] 严永和:《我国西部开发中民族传统知识的法律保护》,《贵州警官职业学院学报》2004 年第 3 期。

[2] 一项对我国最大的畲族聚居地——福建宁德一中学 108 名畲族学生的调查显示，能基本上用畲语交流的只占 39.8%，能部分用畲语交流的也只有 11.11%。而有 65.74% 的同学连一首畲歌都不会唱。见：潇湘晨报（星期天版），2007 年 1 月 21 日。

[3] 世界知识产权组织:《知识产权与传统文化表达／民间文学艺术系列丛书第 2 辑》. 世界知识产权组织出版物号：No.920（C），2018，第 8 页。

[4] Correa C, *Traditional Knowledge and Intellectual Property Rights* (Geneva: Quaker United Nations Office, 2001), p.6.

[5] 赵汀阳:《天下体系——世界制度哲学导论》, 中国人民大学出版社, 2011, 第 105 页。

[6] 同上书。

霸主乃至经济霸主的地位，最重要的两个工具就是版权法和国际贸易法。贸易自由化政策辅之以高标准的版权保护使其文化版权产业在全球的扩张势如破竹，如洪水猛兽般涌入别国的文化领域，洗刷着人们的传统文化观念。在这种文化和商业的全球化冲击下，各国的民族文化面临危机，从而引发贸易与文化的争议。美国主张，文化产品与其他产品均属市场商品，均应受同一贸易规则约束，但反对者则认为美国的立场是以贸易自由化为名对民族文化表达、语言的多样性和相异性进行挑战。诸如欧共体、加拿大、澳大利亚、印度、埃及、巴西等国，都希望能够保存"文化身份"并承认基于不同的语言、价值观和信仰的根本文化差异。对文化同质化的担心使得各国逐渐认同法国在文化政策上的坚持，一起在国际论坛捍卫自己的文化主权，最终导致2005 年 UNESCO《保护和促进文化表现形式多样性公约》(《文化多样性公约》) 的通过。

在美国文化的强势进攻下，连各国的主流文化都感受到了巨大的冲击力和破坏性，遑论处于社会弱势阶层和边缘地位的土著社群的传统文化。传统文化表达面临着外来的经济、文化冲击和内在的环境变迁与传承乏人，可谓内忧外患，其保护之紧迫性自不待言。

（二）盗用和滥用之困境

传统文化表达除了自身要面临衰落和消亡的危机，对外还要抵御盗用和滥用的困境。

基于前述西方财产体系和知识产权观念对文化敏感性的不同态度，致使盗用和滥用行为严重。如美国著名歌手 André 3000 组建的 Outkast 乐队在2004 年的格莱美颁奖典礼上的表演，不仅穿着印第安的服装，还盗用了印第安部落用于典礼仪式的羽毛和战争彩妆、印第安战斧等符号和标志，尤其是其歌曲"Hey Ya!"的前奏用的是印第安纳瓦霍部落象征修复和平与和谐的圣歌"Beauty Way"，引起了印第安土著人民的广泛不满，感觉被冒犯。而André 3000 对未经授权下载其歌曲"Hey Ya!"的行为严厉批评，称下载是"赤裸裸的偷盗"，但对自己使用印第安典礼标志和神圣歌曲的行为却不以为意，并不道歉。[①]这既是因为当前没有法律规制 Outkast 这种盗用土著文化、土著标志、土著舞蹈和土著音乐的行为，也是因为对待文化敏感性的不同观念所致，从 André 3000 对待自己歌曲被下载和自己乐队盗用土著文化的不同态度可见一斑。

在注重创新、知识产权保护水平很高的美国，盗用和滥用土著印第安的传统文化表达的现象却很普遍。如"维多利亚的秘密"[②]的模特们戴着印第安头饰走 T 型台；旅行用品贸易商"Urban Outfitters"未经许可销售使用了印第安纳瓦霍族的名称和传统纳瓦霍族的样式的物品；包括"华盛顿红皮"[③]在内的许多球队使用印第安吉祥物；迪士尼公司盗用土著圣歌等。这种现象正逐渐成为美国主流社会的一部分，却经常被忽视。随意使用土著的文化和知识被正当化，没有事先知情同意，更遑论予以补偿。许多被盗用的土著印第安的传统文化表达反而被大多数美国人视为非印第安人的财产和商品。不能不说，西方的财产观念和知识产权体系在对传统文化表达的保护上是极有欠缺的。

由于西方主流社会对传统文化表达的文化敏感性予以漠视，同时又看中其具有的经济价值，造成了当代社会对大量传统文化表达进行失去文化身份和本真的模仿，甚至投入大规模商业化生产。传统文化表达这种被商品化的

---

① Riley A R, "'Straight Stealing': Towards an Indigenous System of Cultural Property Protection", *Washington Law Review* 80 (2005):69—72.

② 美国内衣品牌，是全球最著名的性感内衣品牌之一。

③ Washington Redskins，美国的一支橄榄球队，其名称被印第安土著认为具有冒犯性和侮辱性。

现象被认为是一种新阶段的"殖民主义"。[①] 许多学者认为，这一现象是在延续殖民主义时期殖民主义者对被殖民者的剥削模式。[②] 康韦（Conway）认为，西方社会是一个基于福利的保护框架，其例子便是社会的一部分依靠他人的慈善，如大多数人或政府。但这种框架对保护土著人民及其资源是不起作用的，反而加强了被殖民者一无所有而殖民者施舍了一切的谬误。该框架带来的副产品就是系统化和持续进行的土地剥夺、资源利用和文化盗用。从而主张，应采取基于权利的框架。[③] 哲学家米兰达·弗里克（Miranda Fricker）提出的"认知不公（epistemic injustice）"的概念也可以用来解释传统文化表达被盗用和滥用的情况。他认为，我们的基本社会交往都会对特定群体产生深远的影响。当个人向他人传达知识的能力或理解自身实践的能力被损害时，就会产生认知不公。[④] 当个人或群体被排除出立法或司法体制时，也就产生了认知不公，因这样的体制控制和决定了这些群体自身如何实践的条件。认知不公的存在加剧了土著人民在经济和文化上被边缘化的状况，而西方财产观念和知识产权体系罔顾文化敏感性的事实又使非土著人民盗用和滥用传统文化表达顺其自然，严重损害和危及土著人民的生存权利和文化权利。因此，土著人民才兴起主张自决权的运动，要求其文化身份和完整性的权利。承认

---

① Tsosie R, "Just Governance or just war?: Native Artists, Cultural Production, and the Challenge of 'Super-Diversity'", *Cybaris Intell. Prop. L. Rev.* 6 (2015):81.

② 多位学者的文献指出印第安人所遭受的不公正历史以及土地和资源一直以来被持续剥夺和侵占的现象。Riley A R, Carpenter K A. "Owning Red: A Theory of Indian (Cultural) Appropriation",*Texas Law Review* 94 (2016); Tsosie R. "Reclaiming Native Stories: Just Governance or Just War?: Native Artists, Cultural Production, and the Challenge of 'Super-Diversity'", *Cybaris Intell. Prop. L. Rev.* 6 (2015).

③ Conway D M, "Indigenizing Intellectual Property Law: Customary Law, Legal Pluralism, and the Protection of Indigenaous Peoples' Right, Identity, and Resources", *Texas Wesleyan Law Review* 15 (2009):219-220.

④ Tsosie R, "Just Governance or just war?: Native Artists, Cultural Production, and the Challenge of 'Super-Diversity'", *Cybaris Intell. Prop. L. Rev.* 6 (2015):72.

和保护土著资源，将其作为人权问题成为当代的一个全球性考虑。

除了文化敏感性，传统文化表达还具有集体传承性，被土著人民视为其共同遗产。这种观念与知识产权法商品化的理念相冲突，且共同遗产的概念已被扩及涵括整个人类的共同遗产，因此，主张传统文化表达属于公有领域、谁都能免费获取和利用的观点并不少见。但从社会公平和分配正义的视角看，这种盗用和滥用明显是有问题的。以 TRIPS 为主的现代知识产权制度不能有效保护传统文化表达和传统知识，"剽窃"和滥用现象日趋严重。这既损害了传统持有者的利益，也威胁到传统文化和传统知识的生存与延续。因此，有的学者称，"TRIPS 促进了'生物盗版行为'和对传统知识的全球化的漠视"。[①]

虽然传统文化表达不受保护，但根据西方知识产权制度，基于传统文化表达创作的作品可享有演绎作品的保护。而长期以来对民间音乐进行采样，利用传统音乐形式录制唱片的现象比比皆是。这些整理、录制者可对其整理和录制的作品主张著作权或邻接权，但传统音乐的传承者却不受法律保护，不但不能从其创造努力中获得经济利益，反而被利用知识产权制度获益的他人通过法律赋予的权利阻碍和禁止使用自己的创作。对传统文化表达的持有人而言，这有违常情，让其无法接受。如在夏威夷 Reece v. Island Treasures Art Gallery,Inc. 一案[②] 中，一个非本土的摄影者就针对一名土著夏威夷艺术家提起版权诉讼，而其主张的版权作品只是对一个夏威夷草裙舞（hula）造型进行的摄影。由于财产权观念的不同，演绎传统文化表达的人反而获得财产权，将其划入私有范畴，可以说，这是新一轮"圈地运动"。

---

① Shiva V, " TRIPS, Human Rights and the Public Domain", *The Journal of World Intellectual Property* 7 (2004):668.

② Reece v, Island Treasures Art Gallery, Inc. 468 E Supp. 2d 1197（D.Haw. 2006）.

这种盗用和滥用现象不仅对传统文化表达的来源社群和土著人民造成伤害，同时也与使用者利益相冲突，对教育、学术研究等都会产生寒蝉效应。如死海古卷版权案中，以利沙·齐慕容（Elisha Qimron）出版自己对有两千年历史古卷碎片的重建，从而产生对古卷文本的版权，阻碍其他学者的重建。他在以色列提起版权诉讼并胜诉。虽未赢得惩罚性赔偿，但获得了 55 000 美元的精神损害赔偿。该案虽涉及的是历史古卷碎片，一般不属于我们这里讨论的传统文化表达范围，但也表明，非传统人对文化遗产的独占权足以阻止他人的合理使用。

"盗用"一词来自英文中的"appropriation"。布鲁斯·齐夫（Bruce Ziff）和普拉蒂玛·拉奥（Pratima Rao）将其解释为"从不属于自己文化中拿走知识产权、文化表达或文物、历史和认知方式"。但在一些文献中，"appropriation"还可能指改编和借用的实践，即"挪用"，这在文学、音乐领域中都非常普遍。尽管如此，丽贝卡·佐西（Rebecca Tsosie）认为，当涉及少数群体时，文化挪用经常出现在一个权力失衡、种族歧视和不平等的社会背景中，而不是公平、开放和多边的交换，特别是在"源文化"的创造和产品以压迫性的条件拿走或未被法律充分保护或未被社会尊重的情况下。[①] 因此，当涉及传统文化表达时，"appropriation"通常被理解为是"盗用"，即未经许可使用他人的成果。而 WIPO 使用的是"misappropriation"这一术语[②]，但只解释了其通常的含义，并未对传统文化表达背景下的内涵做出界定。对此，WIPO 大会在 IGC 的 2016/2017 两年期任务授权中，要求委员会"主要侧重于就核心问题促成共同理解"，其中就包括盗用的定义。

---

① Riley A R, Carpenter K A, "Owning Red: A Theory of Indian (Cultural) Appropriation", *Texas Law Review* 94 (2016):863—864.

② WIPO 知识产权与遗传资源、传统知识和民间文学艺术政府间委员会：《知识产权与遗传资源、传统知识和传统文化表达重要词语汇编》，WIPO/GRTKF/IC/32/INF/7，2016，附件第 6 页。

广大发展中国家拥有丰富传统资源，但一直要以现代知识产权为尊。任何现代创新都离不开传统文明的积累和铺垫。对于那些拥有大量传统的自然与人文财产的民族和国家来说，如何善加利用与保护这笔财产，将对世界产生巨大而深远的影响。郑成思就曾指出，中国在知识产权的拥有及利用上不占优势，也不太可能在国际上降低现有专利、商标、版权的知识产权保护水平。所以，只有力争保护中国占优势而国际上还不保护的有关客体，并提高现有知识产权制度仅给予弱保护、而中国占优势的某些客体的保护水平。[①] 这个道理对其他发展中国家同样适用，有些国家也已认识到了这一点。印度、一些拉美国家和非洲国家在 WTO 框架内的传统文化表达建议和之后 2001 年多哈会议多边谈判将之列为考虑的议题都是这方面的努力。WIPO 在这方面更是进行了长达二十年的调查和讨论，并着手起草这方面的国际文书。

二、IGC 规范进程之努力

当前的知识产权法在遭受旧的（传统知识的保护）和新的（网络的版权运用）双重攻击。[②] 在全球化信息时代，这些传统的知识和形式呈现新的经济和文化意义，但也带来不少问题，对知识产权法形成了冲击。这种旧的攻击导致传统文化表达走向前台。由于拥有大量传统文化表达和传统知识的国家未能从传统、常规的知识产权制度中获益，而土著社群在一些国家的政治中重要性也与日俱增，从而联合起来，努力往这方面发展。

研究表明，土著部落正日益采取行动创建部落文化维护部门，从资助部

---

① 郑成思：《传统知识与两类知识产权的保护》，《知识产权》2002 年第 4 期。

② Gervais D J, " The Internationalization of Intellectual Property: New Challenges from the Very Old and the Very New" , *Fordham Intellectual Property, Media and Entertainment Law Journal* 12 (2002):929.

落博物馆到开发全面的语言项目。① 相比以往，土著部落正在更勤勉地积极保护其部落文化遗产。原因主要有三。一是，部落的经济发展项目正给某些部落带来惊人的收入。二是，全球文化同质化的影响。许多部落现在正使用全球化的技术工具抗击这种同质化。三是，如今的土著人民在政治上也更为积极，以更大的热情对同质化的力量做出反应。这些项目都强调了土著人民的自治，即通过自己的行动和习惯法来保护传统文化表达，而不是照搬西方的财产体系和制度。

　　由于传统文化表达与一般知识产权存在诸多不兼容之处，对其保护也就应采取不一样的举措。许多土著群体的财富观念与西方是迥然有异的，他们关注的重点是要保护和尊重其传统知识以及管理这些知识的惯例法，而非金钱补偿。② 许多 TCE 面临的商业化商品化问题对其反而是种伤害。对土著文化的商品化和商业化主要造成了两种损害。一是土著人的主权和权利观念被纳入主流社会的旨在维持主导权力的法律结构；二是主流社会的制度将土著文化转变成了"财产"，实际上促使私有企业控制和销售土著文化。③ 另外还会涉及对文化的神圣性及其宗教的损害。实际上，如今一些土著群体如印第安人面临的主要困扰是当其寻求对其文化无形方面的控制时，要被迫将其主张适应既有的知识产权。WIPO 对土著创造的知识产权保护的评论很好地总结了相关的困扰："如果在文化遗产上创建私有财产权，相关的文化群体和文化产业都不能在此基础上进行创造和创新……过度保护文化表达，公共领域萎缩，能作为基础的作品越来越少……后果将是，这些法律会在某一历史时刻

---

① Riley A R, "'Straight Stealing': Towards an Indigenous System of Cultural Property Protection, *Washington Law Review* 80 (2005):112—115.

② 英国知识产权委员会：《知识产权与发展政策相结合》，伦敦：英国知识产权委员会，2002，第73页。报告全文可从英国知识产权委员会的网址下载：http://www.iprcommission.org.

③ Tsosie R, "Reclaiming Native Stories: An Essay on Cultural Appropriation and Cultural Rights", *Arizona State Law Journal* 34 (2002):313.

'冻结'文化，并拒绝给予传统人民以当代的声音。"① 而且，英美的版权法回应的是商业损害，因商业损害被视为对社会有用知识发展的阻碍。而文化挪用造成的损害不是商业损害，法律无法对此提供救济。对这些土著群体来说，各国需要保护传统文化表达的内在人格和文化特征，并确保传统社群与其表达之间的持久联系，以及传统社群中的个体自决权。

同时，土著群体内部对待传统知识和文化表现形式的态度也存在矛盾。虽然许多土著人不愿将其文化和知识商业化，但也有不少为生活所迫愿意商品化的例子。如 Torsen 所言："传统文化表达可以是能为这些社群具体促进提供生计并减轻贫困和社会经济不足的经济资源，如工艺品销售。"② 当一个本土社群或土著人民面临与贫困相关的困难抉择时，需考虑怎样保护传统文化表达或传统知识才能帮助土著人民和本土社群保留生存的基础。还有一些土著人民渴望从基于 TK/TCE 的产品许可的商业潜力中获益。从积极的方面看，第三方对 TK/TCE 的使用会带来经济回报，也可能促使并激励社区成员尊重传统知识、继续利用传统知识，从而创造出有关该知识的新的实践。

除了保护上的困难和群体内部的分化态度，传统文化表达面临的最大难题可能还在于传承之人，尤其是那些特别要求耐心和坚持的手工艺创作。因此，如何采取措施扶植和培育 TK/TCE 的传承人也是每个国家、每个政府都特别需要考虑的问题。

传统文化表达保护的危机，使土著社群自发行动起来保护自己的文化资源，但由于没有国家层面乃至国际层面的法律保护，在阻止盗用和滥用现象时仍显无助。尽管有几个部落制定了全面的文化财产保护准则，但研究表明，大多数被调查的部落并未将法律编纂作为保护其文化财产的手段。而且，即

---

① WIPO/GRTKF/IC/5/3 Annex，2，9，para 29.

② Hughes J, " Traditional Knowledge, Cultural Expression, and the Siren's Call of Property", *San Diego Law Review* 49 (2012):1259.

便是立法的部落，也更多关注的是有形财产，而非无形财产。[①] 土著部落缺乏相应的资源和影响力发展此类法律，因此需要国家层面乃至国际层面都要采取有效的措施。

经过发展中国家持续的呼吁和努力，许多其他国际组织像联合国、世界知识产权组织、联合国粮农组织等都已经开始在这方面进行讨论。《联合国土著人民权利宣言》承认土著人民的自决权，和保持并发展他们的文化及为文化生存进行斗争的权利，并保证土著人民有权保持、掌管、保护和发展其文化遗产、传统知识和传统文化体现方式的知识产权（第31条第1款）。联合国教科文组织也呼吁各国政府采取切实有效的措施，保护代代相传的民族文化和民间文化。

在 WIPO 之前，CBD 和 TRIPS 在一定程度上有保护传统知识的义务。但尽管 CBD 意识到传统知识的重要性，且是关注保存和维续的有约束力文书，却不能将传统知识纳入其自身的知识产权范围，而且可以说，它给传统知识的利用和商业化带来了便利性。许多人也批评 TRIPS 未能保护根本的原材料。[②] 有鉴于此，发展中国家在以知识产权保护为主要任务的 WIPO 开始联合呼吁对 TCEs 和 TK 的保护问题。

1998 年 WIPO 成立的"知识产权与传统知识事实调查团"对 28 个国家进行了 9 次事实调查，并发起了多次地区性磋商，如非洲国家（March 1999）、亚非国家（April 1999）、阿拉伯国家（May1999）以及拉美和加勒比国家（June 1999）。这些磋商产生的决议或建议均表明有必要发展一个有效保护传

---

① Riley A R, "'Straight Stealing': Towards an Indigenous System of Cultural Property Protection", *Washington Law Review* 80 (2005):115—116.

② Gordon V, "Appropriation Without Representation? The Limited Role of Indigenous Groups in WIPO's Intergovernmental Committee on Intellectual Property and Genetic Resources, Traditional Knowledge, and Folklore", *Vand. J. Ent. & Tech. L.* 16 (2014):638.

统文化表达的国际机制。调查团最后提交的报告认为，知识产权制度能根据现实的发展变化而不断调整，故也能用来保护"基于传统"的智力成果即传统知识。① 据此，WIPO 于 2000 年成立了保护遗传资源、传统知识和民间文学艺术的政府间委员会，主要商讨这三个客体的知识产权议题。②

在 WIPO-IGC 这一论坛内，依然存在着以美国为首的发达国家与发展中国家的两大阵营，也依然是固守着他们在 WTO 中所持的立场。许多发展中国家认为，WIPO 的活动和行为应该更注重发展的视角，IGC 应该继续侧重传统知识保护的问题。对于遗传资源和相关的传统知识的不合理占用问题，发展中国家都表示了热切的关注，并认为 WIPO 应致力于建立一个有约束力的国际机制（或以新的知识产权体系的方式或以其他方式）以解决这一问题，这是非常紧迫的。③ 而美国则认为，这种方式对传统知识持有者来说未见得是件好事。而且，这反而表现出对地方习惯和传统的不尊重。在所有权和违反所有权的处理问题上，各国的期望、目标和制度如此不同，一个有益的、可实施的全球制度是不可能建立的。④ 尽管存在分歧意见，但在广大发展中国家的努力下，IGC 仍然发展并形成了它的规范进程。

在其第七次会议上（2004 年 11 月），WIPO-IGC 秘书处认真综合了 WIPO-IGC 四年来各成员反映的意见和建议，提出"传统知识保护政策目标及原则概述"（WIPO/GRTKF/IC/7/5），邀请大家讨论制定一个能协调各方

---

① WIPO, *Intellectual Property Needs and Expectations of Traditional Knowledge Holders: WIPO Report on Fact-Finding Missions on Intellectual Property and Traditional Knowledge*（1998—1999），（Geneva:WIPO, 2001），p.5—8.

② WIPO，WO/GA/26/10, paragraph 71，page 23.

③ Shashikant S, "Developing Countries Call for Development Dimension in WIPO Activities", accessed March 3, 2017, http://www.twnside.org.sg/title2/twninfo262.htm.

④ Raghavan C, "US 'No' to IPR Standards Use for PIC and Benefit Sharing", accessed March 3, 2017,http://www.twnside.org.sg/title/pic.htm.

利益的国际准则。经多次磋商和修改，最新的《传统知识保护政策目标及原则（草案）》阐明，可以特别法、知识产权法、不正当竞争法、不当得利法、侵权法、债务或民事义务法、刑法、原住民利益法、获取和惠益分享制度或任何其他法的形式，或综合上述各种法的形式来实现。草案对具有较高价值（对社群具有特别的文化或精神价值或意义）的 TCE 和不具较高价值的 TCE 进行了区分，并分别给予不同的版权保护。前者赋予经济权利和精神权利，后者没有经济权利。同时规定了潜在的许可协议，体现了事先知情同意原则。此外，草案对任何秘密的 TCE 都提供了商业秘密保护，不管是否具有经济价值。预期保护是无期限的。还规定了限制与例外。这些限制首先确保 TCE 能在土著社群内根据社群规则以传统方式使用。继而为教学、研究、批评或评论、新闻报道、法律程序中的使用、存档目的的使用和附带性使用等提供例外，只要注明出处，且此类使用不会对相关社群具有侵犯性。这些限制和例外与一般国家的版权规定相似，但要求任何例外都不会侵犯土著人民则是一般知识产权法中所没有的。可以说，这一草案成为后来 IGC 规范进程的重要蓝本。

由于遗传资源与传统知识、传统文化表达特征不尽相同，而且从西方的知识产权视角看，一般认为这三种也应做区分。在长期的谈判进程中，逐渐形成区分这三者予以保护的共识。在大多数当前的 WIPO 讨论中，传统知识被用来指称土著的和本土的技术，代表性的如诊断式的、治疗的、园艺的、预测式的，或与自然材料工程相关的。传统知识是一种本土智慧。就版权、商标和专利而言，在传统文化表达和传统知识之间会有一些重叠。这三者有共同联系的是"这三者均包含了权利、补偿和对创新源泉的尊重"[1]。IGC 一直

---

① Hughes J, "Traditional Knowledge, Cultural Expression, and the Siren's Call of Property", *San Diego Law Review* 49 (2012):1218.

在着手拟定保护这三者的条款草案，希望在不久的将来能就此达成相关的条约，为保护这三者提供正式的法律基础。WIPO传统知识部主任文德·文德兰（Wend Wendlan）认为，可以说，这是在广度和复杂度上首次由发展中国家主导的规范过程。将是对知识产权体系一次深刻的重塑。① 对土著人民、当地社区和其他受益人而言，这种保护意味着一种新的集体权。根据WIPO《保护传统文化表达/民间文艺表现形式：经修订的目标与原则》第10条的规定，这里的保护不取代而应补充其他的相关法律和计划以及现有的其他法律和非法律措施对传统文化表达所适用的保护。由此可见，IGC规范进程的保护并不会试图取代其他知识产权法，而只是作为补充，尤其是考虑许多传统文化表达不受常规知识产权法保护的情况。其保护创建的是一种新类型的知识产权。

围绕遗传资源、传统知识和民间文学艺术的这些讨论到2009年达到高潮形成了一项集体决定，授权IGC进行基于案文的谈判，以期形成保护遗传资源、传统知识和民间文学艺术的国际法律文书。而基于案文的正式谈判是从2010年才开始的。这是IGC首次具有法律约束力的文书的任务授权谈判。

第二节　草案之发展进程

一、草案之坎坷过程

IGC的当前授权是进行关涉遗传资源、传统知识和传统文化表达有效保护的国际文书的文本谈判，但迄今为止，最终文书是否约束成员国，以何种

---

① Wendlan W, "Intellectual Property and TK and TCEs : Work on sui generis instruments at the international level", *Apia* (2015):2.

方式执行等问题仍不明朗。IGC 在这几个问题上的谈判进程可谓坎坷多艰、进展缓慢。

就传统文化表达保护的谈判而言，其条款草案最早于 2010 年 12 月的 IGC 第十七届会议提交讨论。在会议上，大家都在序言中同意，草案应确认对 TCE 的保护旨在承认和促进对土著人民精神价值观的尊敬，并应阻止对其 TCE 的盗用，使其能对 TCE 有效行使权利和权力。但草案的实质条款却充斥着大量的可选项，从 TCE 的界定到受益人再到保护的范围等，反映了各国在许多方面的不同意见。

自 2010 年以来，IGC 就一直在进行谈判，不断修改案文，以期达成一部或多部能协调各方利益、有效保护传统文化表达（以及遗传资源和传统知识）的知识产权国际法律文书。之间进行过多次传统文化表达专题会议，对一些关键条款进行讨论。在这些讨论的基础上，IGC 编拟了《保护传统文化表达：条款草案》，几经修改直至今年的《保护传统文化表达：条款草案协调人修订稿》（简称"TCEs 条款草案"）[①]，WIPO/GRTKF/IC/44/5 是迄今为止最新的草案版本。草案中对目标、保护客体、保护范围等各项拟议条款都推出了几种备选方案，以供各成员讨论选择。

2014 年 7 月 7 日至 7 月 9 日召开的第二十八届会议对当时的条款草案进行审查，对因跨领域问题并整合各国意见而形成的部分议定进行调整或修改，之后转送 2014 年 9 月举行的 WIPO 大会进行审议。发展中国家都希望能加快进程，期望这次大会能通过举行外交会议的决定。印度尼西亚代表团在代表观点一致的国家（LMC）发言时的讲话就代表了大多数发展中国家的观点。代表团认为，IGC 的任务是继续加快工作步伐，大力推进基于案文的谈判，

---

① 除非特别说明，文中所称《TCEs 条款草案》均指最新版本的《保护传统文化表达：条款草案协调人修订稿》，WIPO/GRTKF/IC/44/5，2022 年 7 月。

对各方开放，使其充分参与其中，以就一部或多部国际法律文书的案文达成一致。代表团重申了观点一致国家的立场，指出制定国际文书的重要性，并认为既有知识产权制度无法起到保护作用。由于缺乏这种具有法律约束力的文书，已经使得盗用现象不断持续，造成了全球知识产权体系的不平衡。它认为仅有国内法是不够的。它强调说，迫切需要制定一部或多部国际法律文书，因为遗传资源、传统知识和传统文化表达的使用是无国界的，不仅在双边和区域如此，在全球范围内亦如此。孟加拉国代表团在代表亚太集团发言时也指出，期望成员国不要仅延长 IGC 的任务授权，而要走得更远，并取得实质性进展，以依据 2013 年大会的授权，制定一部或多部国际法律文书。①

但这次大会未能就 2015 年 IGC 的工作计划做出决定。美国甚至在 2015 年 WIPO 大会准备阶段提议终止 IGC 委员会的任期，因其认为 IGC 的讨论不能在保护对象、受益人和保护例外等基本问题上达成共识，而这些问题是不可协调的。②

在 2015 年 WIPO 大会上，非洲集团提交了一个提案（WO/GA/47/16），建议把 IGC 转成常设委员会，其任务授权与现有的任务授权类似，但需要做出一些调整以适应其常设委员会的地位。该提案得到了许多发展中国家的支持和赞同，包括中国代表团。美国提交的提案（WO/GA/47/17）仍坚持，IGC 的任务授权不应延长。也得到了欧洲联盟代表团等发达国家的支持。而以瑞士为代表的一些国家提交的提案（WO/GA/47/18）则建议把 IGC 的任务授权再延长两年，内容与前面的任务授权相似，但建议改进其工作方法。许多

---

① WIPO 知识产权与遗传资源、传统知识和民间文学艺术政府间委员会：《第二十八届会议报告》，2014 年 7 月 7 日至 9 日，日内瓦，WIPO/GRTKF/IC/28/11，第 12 页。

② 中国保护知识产权网：《美国提议取消 WIPO 传统知识委员会 瑞士等国反对》，http://www.ipr.gov.cn/article/gjxw/gfgd/fdgj/201509/1881348.html，2023 年 5 月 10 日。

国家的代表团都希望延迟 IGC 的任务授权。[①] 经过主席和协调人的努力，以及各成员国积极而灵活地多次磋商后，大会决定将 WIPO 知识产权与遗传资源、传统知识和民间文学艺术政府间委员会的任务授权延长，要求委员会在 2016—2017 年的下一个预算两年期，着重缩小现有分歧，继续加快其工作进度，包括基于案文的谈判，争取达成一部（或多部）能平衡利益和有效保护的国际法律文书。大会指出，应以委员会已开展的现有工作为基础，主要侧重就核心问题达成共识，包括盗用、受益人、客体、目标的定义以及何种传统知识／传统文化表达客体有权在国际层面上得到保护，包括审议例外和限制及与公共领域的关系。

之后，将近三年时间未再谈判讨论该条款草案内容。后来又由于 2019 年新型冠状病毒的暴发，IGC 在 2020—2021 年两年也未讨论该草案内容。可以说，条款草案自 2014 年后并没有实质性的进展。

草案的规定、持续的僵局和美国的反对都表明国际社会在传统文化表达的保护方式上难以统一意见，也充分表明了其保护的困难性。但草案毕竟反映了 WIPO 在这方面的努力，归纳并总结了目前在传统文化表达保护领域的宝贵经验和有益建议，对以后的发展将起到借鉴作用。在 2014 年第二十八届会议上针对有关遗传资源、传统知识和传统文化表达保护的这几个最新草案，主席之友戈斯先生就认为："IGC 在许多方面都开了先河，并对历史悠久的知识产权规范和机制提出了挑战。从他个人的角度来看，在过去的一年中，IGC 取得了显著进展，体现出了 IGC 主席的领导能力，以及所采用的为确保 IGC 高效和有效地运作而采取的健全的工作方法。"[②] 充分肯定了 IGC 的工作成效和辛苦的努力。

---

① WIPO 大会：《第四十七届会议报告》，2015 年 10 月 5 日至 14 日，日内瓦，WO/GA/47/19，第 26—33 页。

② WIPO 知识产权与遗传资源、传统知识和民间文学艺术政府间委员会：《第二十八届会议报告》，2014 年 7 月 7 日至 9 日，日内瓦，WIPO/GRTKF/IC/28/11，第 28 页。

二、草案之发展障碍

从草案的谈判进程来看，之所以进展缓慢，是因为除了具体规定上的分歧，在最重要的有关文书拟定的证据和约束力问题上的莫衷一是恐是最关键的障碍。

（一）拟定文书的证据问题

首先是有关拟议文书的证据问题。发达国家代表团多次提到草案的证据问题。尤其在传统知识方面，发达国家认为，在谈判中的文书将对利益攸关者产生的影响方面缺乏证据，无论这些利益攸关者是传统知识持有人、用户，还是社会大众。一些成员国将会看到 IGC 正在制定提供经济保护的专门知识产权，以及排除他人使用被视为"传统"的知识的权利，不论这种知识是否属于公有领域。它们认为，如果 IGC 建立这样宽泛的制度，这一制度的基础就是少得可怜的国别经验和对潜在效果的模糊认识。在传统文化表达方面，在谈判中的案文可能对利益攸关者，不论他们是传统知识持有人、用户，还是社会大众，可能产生的影响也没有证据。[①] 这种对证据的强调与发达国家在具体规定上要求保留公有领域概念、主张维持一个丰富的公有领域的观点是紧密相关的。从根本上说，仍源于西方发达国家对传统文化表达的财产性质的不同认识。

对此，会议主席表示，证据总是会有所帮助，但 IGC 将眼光投向的是未来，而不是过去。IGC 还是要着眼于研究当今时代发展的法律。[②] 从而强调证据问题只是一个辅助问题，并非拟定文书的关键。而且，暗含了文书对传统

---

① WIPO 知识产权与遗传资源、传统知识和民间文学艺术政府间委员会:《第二十八届会议报告》，2014 年 7 月 7 日至 9 日，日内瓦，WIPO/GRTKF/IC/28/11，第 14—15 页。

② 同上书，第 19 页。

文化表达的保护是一种新的机制态度。

（二）拟定文书的约束力问题

在拟定文书的约束力问题上，发达国家与广大发展中国家呈现了截然不同的倾向。前者主张制定具有约束力的国际公约进行强保护，而后者则以维护现有自由与公共利益之间的平衡为由主张采取软法方式进行弱保护。

欧盟、美国、瑞典、意大利等发达国家的代表团均认为，第9条至第12条（涉及过渡措施、与其他国际协定的关系、国民待遇和跨境合作）对该文书的法律性质进行了初步判断，应放入方括号中。在第二十七届会议上，欧盟代表团代表欧盟及其成员国，就要求将"引言"一词插到标题"原则/序言"中，以免过早地对本文书的性质做出判断。①欧盟代表团指出，因各方对传统文化表达的界定和公共领域等问题存在较大分歧，如果 IGC 继续朝着具有约束力的文书方向努力，那么 IGC 无法成功平衡更好地承认传统知识和传统文化表达与保障现有的自由和公共领域。提议应当考虑制定其他不具约束力的解决方案。具体而言，从知识产权的角度来看，包括提高认识、鼓励运用专利、商标、外观设计和版权制度等现有的国家法律框架在内的行动，以及加强对这些框架的使用以保障传统知识和传统文化表达，在其看来，均可以作为一种推进工作的方法，也有可能会大大提高土著人群对其传统知识和传统文化表达的权利。这种方法可以对现有做法给予补充。②美国代表团也认为，要制定一部或多部国际法律文书，还需要开展许多工作。而政府间委员会也尚未就文书的性质做出决定。

---

① WIPO 知识产权与遗传资源、传统知识和民间文学艺术政府间委员会：《第二十七届会议报告》，2014 年 3 月 24 日至 4 月 4 日，日内瓦，WIPO/GRTKF /IC/27/10，第 52 页。

② WIPO 知识产权与遗传资源、传统知识和民间文学艺术政府间委员会：《第二十八届会议报告》，2014 年 7 月 7 日至 9 日，日内瓦，WIPO/GRTKF/IC/28/11，第 15—16 页。

相反，许多发展中国家都表达了文书性质需有效，应具有约束力的观点。巴西土著知识产权协会的代表在代表土著事务小组发言时，表达了对通过一部或多部国际法律文书以确保有效保护遗传资源、传统知识和传统文化表达的强有力的承诺。[①] 印尼代表团、巴基斯坦代表团希望成员国能够就保护遗传资源、传统知识和传统文化表达的一部或多部具有法律约束力的文书达成一致。[②] 南苏丹、斯里兰卡、埃塞俄比亚、秘鲁、津巴布韦、赞比亚、尼日利亚、中国、阿塞拜疆、南非等代表团都指出，有必要制定一部或多部具有法律约束力的国际文书，以保护传统知识、传统文化表达和遗传资源。巴拉圭、印度尼西亚和巴西代表团都认为，成员国应当继续就提供有效保护，并使土著人民和当地社区能够行使权利的国际法律文书进行基于案文的谈判。

伊朗（共和国）代表团还重申一个注重效率、运转正常并注重实际的协调机制的重要性。它认为，政府间委员会的进程是 WIPO 以发展为导向的知识产权准则制定的明证。其成功将向发展中国家传递这样的信息：WIPO 作为促进知识产权的联合国专门机构也会照顾到发展问题。相比之下，该进程的失败不仅会破坏知识产权体系所有正在进行的准则制定活动，还将传递这样的错误信息，即 WIPO 成员国并未下决心全面加强知识产权体系以使发展中国家享有必要的保护。正在讨论的是以分层的方式进行保护。保护的范围及由此产生的不同类别的权利能够形成受益人的经济权利和精神权利——这些受益人在大多数情况下都生活在发展中国家，他们长期以来的夙愿是看到传统知识、传统文化表达和遗传资源得到保护，免于盗用、滥用和生物剽窃。这样做将使知识产权体系朝着更加平衡的方向发展，提高发展中国家对知识产权体系的兴趣，改善有利发展的环境，并加强发展中国家对全球知识和全

---

① WIPO 知识产权与遗传资源、传统知识和民间文学艺术政府间委员会：《第二十八届会议报告》，2014 年 7 月 7 日至 9 日，日内瓦，WIPO/GRTKF/IC/28/11，第 17 页。

② 同上书，第 19—20 页。

球文化伙伴关系的贡献。为实现这些目标，必须制定具有约束力的保护传统知识、传统文化表达和遗传资源的国际文书。[①]

对于发达国家总以证据和文书的性质为由拖延谈判，一些国家的代表团也表达了强烈的不满。如津巴布韦代表团指出，在委员会之前的审议过程中，一些发达国家继续提出不必要的条件，延缓了进程。[②] 非洲集团则指出，现在委员会需要做的是，考虑发展中国家的需要，做出最终决定来完成这项已持续了十五年的工作。政府间委员会不能继续无休止地讨论，而没有截止日期。（第 37 页第 115 段）

尼日利亚代表团也特别提醒，IGC 的任务是通过以案文为基础的谈判来制定一个有关传统文化表达的国际文书或其他文书。IGC 可以从版权制度、商标制度和外观设计法律制度中受益，这一文书也可以从这些制度中受益，但这些事实并不能取代 IGC 被授权追求的独特和根本的目的。其结果可能是"著作权加""著作权减""著作权连"，但绝不是"版权"，因为它是关于传统文化表达的。[③]

在 IGC 第二十八届会议之后、于 2014 年 9 月举行的 WIPO 大会[④]上，成员国并未能就 IGC 的工作计划形成共识。代表欧洲联洲联盟及其成员国的欧洲联盟代表团、代表 CEBS 集团的捷克共和国代表团等仍然重申，关于传统知识和传统文化表达，要制定的国际文书不应具有约束力、具有灵活性、以证据为基础、内容足够清晰。美国代表团还明确表态，不同意召开一次外交

---

① WIPO 知识产权与遗传资源、传统知识和民间文学艺术政府间委员会：《第二十八届会议报告》，2014 年 7 月 7 日至 9 日，日内瓦，WIPO/GRTKF/IC/28/11，第 37 页。

② 同上书，第 26 页。

③ WIPO 知识产权与遗传资源、传统知识和民间文学艺术政府间委员会：《第二十七届会议报告》，2014 年 3 月 24 日至 4 月 4 日，日内瓦，WIPO/GRTKF/IC/27/10，第 59 页。

④ 详见：WIPO 大会《第四十六届会议报告》"统一编排议程第 16 项"，2014 年 9 月 22 日至 30 日，日内瓦，WO/GA/46/12，第 31—35 页。

会议，也不同意在了解文书的内容之前就文书的性质达成一致。而以印度、孟加拉等国为代表的亚太集团、以肯尼亚为代表的非洲集团和许多发展中国家则对决定草案和会议的进程表示了失望，并表示对没有目的的工作计划没有兴趣。同时认为，政府间委员会应当继续开展基于案文的谈判，应当尽快召开一次外交会议作出决定。伊朗（伊斯兰共和国）代表团甚至提出，要求成员国考虑改变政府间委员会的性质，使其成为一个永久或常设委员会，这样政府间委员会才能够实现发展中国家在最终确定一部具有约束力的文书方面的目标。由于各方意见的分歧，最后 WIPO 大会没有就该项目"关于知识产权与遗传资源、传统知识和民间文学艺术政府间委员会（IGC）的事项"作出决定。

针对这一分歧，考虑目前国际层面保护传统文化表达的相关法律文件或是未对传统文化表达赋予具体的权利，或是缺乏具体的执行规定，或是属于示范法性质，没有什么约束力。在国际范围内还未有任何文件对传统文化表达进行专门的保护。因此，具有法律约束力的国际文件，对传统文化表达的国际保护才具有实质性意义，软法或者指导意见形式对传统文化表达的保护并无太大意义。但国际条约的达成是在国际范围内各国博弈的结果，发达国家凭借其强势地位拥有较多的话语权，公约的达成恐怕还需要各缔约方做出更大的努力。

第三节　草案之内容评析

虽然最新版本对草案进行了一部分改动，但尚未进行专题讨论。而上一次集中的讨论还是在 2014 年的第二十七届会议。各成员国在会上针对当时草案具体的内容和条文进行了广泛的交流，提出了诸多不同意见，也反映了各国对相关问题的看法和态度。本节将对草案的具体内容和争议焦点进行归纳，并结合最新的版本予以评析，既作为了解各国意见之基础，也作为将来我国立法之参考。

一、序言、目标和术语的使用

与第一次修订稿相比，该部分从传统知识案文中引入了"公有领域"和"使用／利用"的定义，并修改了传统文化表达的定义，使其包括"可能存在于书面、整理、口头或其他形式"的传统文化表达。

从各国对正文前面部分的发言看，争议主要集中于后面几个原则和"术语的使用"部分。

（一）"序言"部分

序言部分对土著人民包括其传统文化表现形式在内的文化遗产的权利予以了承认，并规定了相应的原则。

1. 主要争议

该部分争议较大的主要集中于下面几个原则。

（1）不得减损已有土著权利原则

"序言／引言"的第 14 段规定了不得减损已有土著权利原则："本文书的任何内容均不得解释为削弱或取消土著（人民）或当地社区现在享有或将来可能获得的权利。"

这一原则首先由特伯提巴基金会的代表在代表土著协商论坛发言时建议列入，指出这是一个重要的跨领域问题。由于土著人民权利已经得到确认，并被列入多个条约或协定，故该权利不能被目前正在谈判中的文书削弱或取消。这一建议得到了多民族玻利维亚国、澳大利亚等代表团的支持。主席建议该条款可以放在有关处理本文书与其他协定关系的段落中，因其还会发展变化。[①] 但加拿大代表团认为应放在引言位置，因其内容直接来自《名古屋议定书》的序言。[②] 而意大利、欧盟等代表团对此持保留意见。

对该问题，土著代表多次在会议上提出，也得到了许多国家的支持。如库纳人保护地球母亲联合会（KUNA）政策顾问马西亚尔·阿里亚斯（Marcial Arias）先生就强调，目前的案文不应当削弱国际文书已经承认的土著权利，尤其是土著人民的自决权和自由事先知情同意权。这些权利能保证土著人民控制其传统知识和传统文化表达……应当确保子孙后代也能对传统知识拥有控制权。在未经土著人民自由事先知情同意的情况下擅用和使用传统知识应当被理解为是传统知识盗用。[③]

而安第斯土著人民自主发展法律委员会（CAPAJ）的代表也通过安第斯共同体的例子说明土著权利被削减的情况，以提醒大家对该问题的重视。该代表指出，安第斯共同体的一些成员国，通过创建有关法律架构，忽视或试图废除农村或当地社区的土著特征，以剥夺其享有自己遗产的权利。它强调，由印加人而不是拉丁美洲国家创造了马丘比丘，却是某些国家而不是土著人民享受这种遗产的益处。因此需要对案文做出适当调整，以确保这些案文不被当作巩固各国盗用传统知识持有人和创造人，也就是土著人民的权利，并进一步削减他们权利的借口。[④]

---

① WIPO知识产权与遗传资源、传统知识和民间文学艺术政府间委员会：《第二十七届会议报告》，2014年3月24日至4月4日，日内瓦，WIPO/GRTKF/IC/27/10，第45—46页。

② 同上书，第64页。

③ WIPO知识产权与遗传资源、传统知识和民间文学艺术政府间委员会：《第二十八届会议报告》，2014年7月7日至9日，日内瓦，WIPO/GRTKF/IC/28/11，第6页。

④ 同上书，第23页。

（2）公有领域与促进创新原则

在序言和目标中有几个规定，都涉及公有领域、促进创新和确保第三方权利这几个相互交叉重叠的问题。序言中有三个段落涉及，分别是：第8个段落"肯定保护传统文化表现形式应当有助于促进创造创新，有助于传统文化表现形式的转移与传播，使持有人和使用者共同受益，而且在方式上有利于社会和经济福利，并应有助于权利和义务的平衡"；第11个段落"承认并重申知识产权制度在促进创新创造、传统文化表现形式的转移与传播、经济发展，使传统文化表现形式的利益攸关方、提供方和使用者共同受益中发挥的作用"；第12个段落"承认活跃的公有领域和适用于所有人使用、并对创造力和创新至关重要的知识体系的价值，并承认有必要保护和保存公有领域"。

这几个段落的规定主要是应欧盟、美国、瑞典、意大利、加拿大、韩国、日本等发达国家的要求而纳入的，体现了这些国家对传统文化表达保护可能危及公有领域以及第三方权利的担心。

如加拿大代表团在第二十七届会议上就重申了对维护健全的公有领域的强烈兴趣，因其在促进创造力和创新中发挥了关键作用。并认为，目前公开可获得、但不受或不再受知识产权保护的客体，不应得到文书规定的保护。它还指出应考虑第三方权利和利益，其中包括用户。[①]

在第二十八届会议上，这些发达国家再次强调对这方面的重视。如日本和韩国代表团均指出，有关这些事项的保护应当以一种促进且不抑制创新和创造力的方式进行。并多次提及，如果IGC试图找出适当的知识产权类的措施，就应当牢记促进创新和创造力的重要性，这是知识产权制度的一项根本

---

① WIPO知识产权与遗传资源、传统知识和民间文学艺术政府间委员会：《第二十七届会议报告》，2014年3月24日至4月4日，日内瓦，WIPO/GRTKF/IC/27/10，第13页。

原则，此外，还应当牢记维护公有领域的重要性，因其对社会文化发展至关重要。[①]

国际商会的代表也予以附和，并强调，如果有关传统知识的权利得到认可，就必须给予适当的例外。使用合理获得信息的权利，不管是通过自主创新、查阅出版物，还是通过其他合法手段获得的，都需要得到保障。任何使得对属于公有领域的传统知识拥有独占权的做法都将被视为不公平，从此也会无法执行。他主张，应当在传统知识持有人对其声称拥有的知识的权利以及大众自由使用公开可知的信息的权利之间创建一种平衡。[②]

但许多发展中国家对此有着不同的看法。如印度和土著代表就认为公有领域问题不适合放在草案文书中。洪都拉斯代表团则通过 Lenca 社区的例子说明他们对第三方已经获得的权利可能不受文书约束的担心。该社区制作的陶瓷花瓶享誉国内外，却被一个受到非政府组织支持的外国人盗用，而这个非政府组织以改善 Lenca 人民生活水平为目的。该外国人成为以此为目的而获得并被编辑出版的设计图案的版权所有人，使得 Lenca 人民不能用他们自己的产品，也不能直接出售。该代表团希望提请注意这一案例，因为洪都拉斯不是唯一一个遭受这种状况的成员国。它希望经修订的目标第 4 段能够防止这种情况的发生。同样，第 3 条应规定能够撤销第三方被授予的权利，并将这些权利返还给相关土著人民的可能。[③]

中国代表团虽未明确表达态度，但委婉地指出，委员会不仅要考虑用户的利益，还应考虑创造者的利益。[④] 表明了中国并不赞同发达国家再三强调保

[①]　WIPO 知识产权与遗传资源、传统知识和民间文学艺术政府间委员会：《第二十八届会议报告》，2014 年 7 月 7 日至 9 日，日内瓦，WIPO/GRTKF/IC/28/11，第 22—24 页。

[②]　同上书，第 23 页。

[③]　WIPO 知识产权与遗传资源、传统知识和民间文学艺术政府间委员会：《第二十七届会议报告》，2014 年 3 月 24 日至 4 月 4 日，日内瓦，WIPO/GRTKF/IC/27/10，第 54 页。

[④]　同上书，第 17 页。

护第三方权利和用户利益的主张。

2. 内容评析

草案的"序言"部分所涉的权利和原则，除了后面几个原则存在较大争议，前面几个应该说已经基本达成共识。

传统文化表达作为各民族和传统社群世代传承而积累的文化遗产，具有高度的社会、经济、文化、教育等固有价值。承认这种固有价值是保护传统文化表达的基础。

我们应认识到，由于传统文化表达一直由土著人民、当地社区和民族创造、发展和存续，反映了他们的精神、文化和宗教观念，也确保了土著文化的生存和土著资源的可持续性，而相关的国际人权文件和许多国家的国内法都规定了土著人民对其文化遗产、传统知识和传统文化表达维持、控制、保护和发展其知识财产的权利，因此有必要保障土著人民、当地社区和民族依国内法和国际法享有的各项权利。

尽管土著人民长期被主流社会忽视和边缘化，但其创造和发展的传统文化表达因其独特性仍保有世界文化中的一席之地，为世界文化的多样性贡献一己之力。我们不能忽视，传统文化表达也属于世界创造体系中的重要一员。而且，土著人民因其多元化，持有的传统文化表达也呈现多元化，所以制定的规则应有利于增进和保护传统文化表达的多样性，并旨在实现这些人民的福祉并促进其可持续性发展。我们还不能罔顾传统文化表达长期在土著社群内部依据习惯方式自足自洽的事实以及其传统持有者在保存、维护和发展这些文化遗产上的核心作用，应尊重这种习惯方式的使用和发展，并对持有人的尊严、文化完整及其哲学、思想和精神价值予以尊重。

由此可见，文化遗产的固有价值原则、尊重土著人民的各项权利原则、肯定传统文化和民间文艺构成创新框架原则、增进对传统文化和民间文艺及其受益人的尊严和尊重原则、尊重习惯方式的使用原则、增进和保护文化多样性原则等前六个原则是传统文化表达保护文书的基石，必不可少，这也是各成员国所公认的。

但对后几个原则的不同意见反映了发达国家和广大发展中国家及土著人民的不同视角。传统文化表达作为依赖环境和背景的创新，其赖以产生和维持的环境确实举足轻重，在最前面确立"保存和保障传统环境原则"对土著人民而言无疑是个定心丸。但如加拿大等国代表团则认为，如果这里的意图是对"环境"的字面意义上的保护，那么这将超出了 WIPO 权限范围。[①] 其实，这种顾虑大可不必。从文书正文看，均未涉及对环境的具体保护问题。而且，原则中的规定只是宣示环境对传统文化表达及其持有者的重要性，以提醒传统文化表达的产生和维持过程区别于其他创新产品的独特之处，并无不妥。

而增强土著人民与其他使用者之间的关系原则、保护应促进创新和共同受益原则、承认并保护公有领域原则和确保第三方权利原则等是应发达国家之要求加进来的，许多发展中国家并不太赞同。兹以为，首先，传统文化表达的保护之所以被提到 WIPO 议程上来，就是因为存在大量的盗用和滥用行为，其中最重要的一个表现就是第三方经常对其盗用的传统文化表达主张和行使专有权，反而排除了原持有人的使用，如果将确保第三方权利原则作为总原则之一，将非常不利于文书目标的实现，对保护传统文化表达造成阻碍。其次，如前所述，西方的创新概念与传统背景中的创造有很大的不同，保护传统文化表达也旨在惠及其持有人，因此规定保护应促进创新和共同受益原则也不恰当。最后，公有领域概念作为西方抽象概念，既未在其他国际文件

---

① WIPO 知识产权与遗传资源、传统知识和民间文学艺术政府间委员会：《第二十七届会议报告》，2014 年 3 月 24 日至 4 月 4 日，日内瓦，WIPO/GRTKF/IC/27/10，第 54 页。

中明确规定，也不被土著人民所认可，[①] 贸然放入保护传统文化表达和土著人民利益的文书中，未免有不相容之感。而承认增强土著人民与学术、商业、政府、教育和传统文化表达的其他使用者之间关系中的确定性、透明度和相互尊重与理解的重要性，乃属对发达国家的一种妥协，与文书本身的保护宗旨联系并不紧密。但考虑到各方对这一原则并无甚异议，且后几个原则不适合纳入，故作为对发达国家情绪的安抚，保留这一原则似乎是无奈之举。

至于事先知情同意原则，以前的版本在序言和目标部分均有规定，但最新版本的目标部分未再列入。发展中国家普遍认同，事先知情同意是保护传统文化表达的重要机制。土著人民应有权控制、保护和发展 TCEs，要获取其文化遗产，就需得到土著人民作为该遗产持有人的自由事先知情同意。[②] 虽然在防止传统文化表达被盗用和滥用方面起着至关重要的作用，但从其功能来看，主要是作为防范的手段和许可的前提，是一种预防机制，更适合放在具体的保护范围、权利管理等内容中。

如 IGC 主席戈斯先生所言，IGC 可以核实这些原则的相关性，思考序言 / 引言中的哪些概念与知识产权最直接相关，因为 IGC 的任务授权是达成一部（或多部）国际法律文书能兼顾利益并有效保护。[③] 综上，序言部分应考虑到各原则的重要性和相关性，以及 IGC 的任务授权。

---

① 参见 WIPO-IGC：《关于知识产权制度中"公有领域"这一用语特别涉及传统知识和传统文化表达 / 民间文艺表现形式保护时的含义的说明》，WIPO/GRTKF/IC/17/INF/8，第 2 页。这里提到："在传统知识（TK）和传统文化表达（TCEs）的保护问题上，土著人民和当地社区认为，'公有领域'起到的作用是，将传统知识和传统文化表达排除在保护范围之外，甚至被用来为盗用行为提供正当理由的"。

② 参见 WIPO-IGC：《第二十八届会议报告》，2014 年 7 月 7 日至 9 日，日内瓦，WIPO/GRTKF/IC/28/11，第 6—27 页，巴西土著知识产权协会、孟加拉国、巴基斯坦和赞比亚等国代表团的发言。

③ 伊恩·戈斯：《政府间委员会第三十三届会议信息说明》，WIPO/GRTKF/IC/33/REF/INFORMATION NOTE，2017，第 7 页。

（二）"术语的使用"部分

1. 主要争议

"术语的使用"部分本是为了方便文书的解释而对"传统文化表达""公有领域""公开可用"和"使用/利用"等术语做专门规定，但这四个术语的定义却遭到了各成员和代表不同程度的质疑。

首先，与前面有关公有领域、促进创新和确保第三方权利等原则的争议紧密相关，一些发达国家和许多发展中国家在"术语的使用"部分围绕"公有领域"和"公开可用"（或"公开获得"）两个术语展开了激烈的争辩。

"公有领域"和"公开可用"两个术语在"术语的使用"部分做出了明确的规定。"公有领域"是指"就其性质而言，不受或可能不受使用这种材料的国家的立法规定的知识产权或相关保护形式保护的无形材料。这可能是所涉客体不符合国家层面保护知识产权的先决条件的情况，或根据情形，也可能是任何先前的保护期已届满的情况"。而"公开可用"系指"已经失去了与任何土著社区显著联系且由此成为通用或普通知识的客体/传统知识，尽管其历史起源可能已为公众所知"。

对是否应在文书中定义"公有领域"以及公开可用的 TCE 是否应予以保护，呈现了两种截然不同的看法。

加拿大代表团在第二十七届会议上就表明，目前公开可获得、但不受或不再受知识产权保护的客体，不应得到文书规定的保护。[1] 美国代表团则举了蓝色牛仔裤的例子[2] 来说明公开可获得和广泛传播的 TK 和 TCE 不应受保护。牛仔裤源自意大利海员们习惯穿着的蓝色厚裤，发展到法国制造商当地

---

[1] WIPO 知识产权与遗传资源、传统知识和民间文学艺术政府间委员会：《第二十七届会议报告》，2014 年 3 月 24 日至 4 月 4 日，日内瓦，WIPO/GRTKF/IC/27/10，第 13 页。

[2] 同上书，第 16—17 页。

生产技术和材料生产的裤子，再到美国制造商改进布料做成的最终蓝色牛仔裤。如果授予蓝色牛仔裤专有权，可能会给目前许多蓝色牛仔裤制造商带来灾难性影响。而且如果制作牛仔布和牛仔裤的方法属于 TK，其权利归属也难以确定。韩国代表团也认为，对已经公开可用或者已经属于公有领域的传统知识和传统文化表达进行界定或者划定范围，以及给予相关待遇非常重要。[①]韩国代表团也认为，公开可获得或广泛传播的 TK 和 TCE 应属于公众，并指出，追溯已属公开可获得或广泛传播的 TK 的保护，将涉及公共卫生的巨额成本。[②]

但尼日利亚代表团强调，迄今为止，还没有哪一个单独的国际文书对公有领域进行定义。这个问题目前不是 IGC 的任务之一。[③]南非代表团也指出公有领域的定义以及区分公开可获得的知识和公有领域的困难，还提出了对公开可获得和广泛传播的 TK 将成为传统知识被同化为公有领域的后门入口的担心。[④]而印度代表团也在第二十八届会议上再次强调，在案文中继续使用"公有领域"一词及其所提议的定义令人担忧，公有领域的概念并不是确定要保护传统知识的性质的适当概念。它关心的是，拟议的定义会将实际上易遭盗用的大量而宝贵的传统知识和传统文化表达排除在外。因此它支持主席问题文件中的观点，即界定"公有领域"颇具挑战性，其重大的、广泛深远的政策影响超出了 IGC 的范围。代表团认为，条款中所采用的涉及保护范围的新的分层方法，连同有关限制与例外的条款，提供了足够的灵活空间，可以

---

① WIPO 知识产权与遗传资源、传统知识和民间文学艺术政府间委员会:《第二十七届会议报告》，2014 年 3 月 24 日至 4 月 4 日，日内瓦，WIPO/GRTKF/IC/27/10，第 24 页。

② 同上书，第 20 页。

③ 同上书，第 59 页。

④ 同上书，第 19 页。

解决保护公开可用的传统知识和传统文化表达方面可能会出现的问题。[①]

其次，虽然草案界定"传统文化表达"这一术语，但对"传统"这一术语的理解和解释问题也产生了一些分歧。在第二十七届会议上，主席提出了是否需对"传统的"这一概念予以界定的问题。赞成界定的代表团提出了不同的定义方式。韩国代表团主张，该定义必须简洁明确，以防止未来在实施过程中模棱两可的解释。[②]而美国代表团认为，"传统的"含义属世代相传性质，并以美国国家公园管理局 #77-10 局长令中的定义为例（该局建立了惠益分享政策）。[③]秘鲁代表团则强调，"传统的"含义不应被局限于古老或祖传的，因为它是组成不断发展变化的文化遗产的一部分。它赞成使用术语"代际"，从而覆盖各个层面的代代相传。[④]而南非代表团则认为，在常见的知识范例内，"传统"听起来似乎与"现代的"或"当代的"相反。这或许容易使人误解，因为 TK 和 TCE 处于动态和不断发展，并非仅仅留给过去。它们可被发现，并且目前正在产生。它提出南非的做法是使用"土著知识"这一措辞，因为所有的缺陷均与"传统知识"这一措辞相关。[⑤]埃及代表团却认为，"土著"这一术语在一些国家并不相关。或许可用国内措辞交替的作为"TK"和"TCE"的等同词使用。[⑥]

而反对界定的代表团也提出了反对的理由。如巴西代表团认为，诸如

---

① WIPO，知识产权与遗传资源、传统知识和民间文学艺术政府间委员会：《第二十八届会议报告》，2014 年 7 月 7 日至 9 日，日内瓦，WIPO/GRTKF/IC/28/11，第 22 页。

② WIPO 知识产权与遗传资源、传统知识和民间文学艺术政府间委员会：《第二十七届会议报告》，2014 年 3 月 24 日至 4 月 4 日，日内瓦，WIPO/GRTKF/IC/27/10，第 20 页。

③ 同上书，第 16 页。该局长令中将 TK 定义为："反映一个群体至少连续两代传下来的可识别的文化模式知识"。

④ 同上书，第 16 页。

⑤ 同上书，第 19 页。

⑥ 同上书，第 17 页。

《名古屋议定书》和《生物多样性公约》等涉及传统知识的其他文书均回避界定"传统的"这一术语，因不界定该术语的决定有助于就《名古屋议定书》和《生物多样性公约》达成共识。该代表团指出了两个文本中关于"传统的"这一术语的四个常见要素，并认为，可将这些要素以及旨在界定保护的客体的其他要素列入 TK 文本和 TCE 文本的第一条。[①] 日本代表团也以日本料理为例，说明单以世代相传以及"充满活力和不断发展"的特点来维护其权利可能产生的问题。并指出，如果委员会将受益人限于土著人民，只要土著人民的范围明确，只要知识或文化表现形式的保护因此由土著人民社区内代代相传的知识或文化表现形式的背景所确定，"传统"这一术语，甚至"TK"或"TCE"的明确和准确定义或许都没有必要。[②]

美国、日本、埃及等诸多代表团都提出，"传统的"含义和保护的受益者等概念之间存在相互关联性，也表明了这些术语之间的交错复杂性。

最后，就"使用／利用"的定义，加拿大代表团提出，对于"利用"，有些差别还需要被指出，这也提出了有关用户权利以及限制和例外的问题，这些也应当被考虑到传统文化表达的范畴内。并认为，文书所建议的定义似乎与传统知识关系更紧密，而不是传统文化表达，因此需要做一些修改。[③] 而印度尼西亚代表团则对该定义被放到"术语的使用"章节里感到疑惑，因观点一致国家的提案建议为第 3 条的"使用"一词提供一个脚注。[④]

2. 内容评析

对于该部分的四个定义，由于"传统文化表达"在前文第一章便已阐述，

---

① WIPO 知识产权与遗传资源、传统知识和民间文学艺术政府间委员会:《第二十七届会议报告》，2014 年 3 月 24 日至 4 月 4 日，日内瓦，WIPO/GRTKF/IC/27/10，第 19 页。

② 同上书，第 18 页。

③ 同上书，第 45 页，第 64 页。

④ 同上书，第 62 页。

不再赘述。在此对其他三个术语予以评析：

首先是关于"公有领域"的界定。IGC 第二十七届会议在传统文化表达的案文中引入了关于"公有领域"这一术语的定义。公有领域作为西方知识产权理论中的一个概念，与知识产权制度的内在平衡不可分割。在知识产权法中，普遍认为公有领域是不受知识产权约束而可供任何人自由使用或利用的无形材料。但即便如此，公有领域因具有较强的抽象性、多样性和相对性，难以进行统一定义，因此也只是一个理论上的概念，很少出现在法律条文中，更遑论国际知识产权文件了。正如 IGC 主席戈斯先生所言，界定"公有领域"是一项颇具挑战性的工作，所产生的重大、广泛、深远的政策影响超出了 IGC 的范围。① 而且，"公有领域"这一概念对在财产观念上与西方有着天壤之别的土著人民而言纯属舶来品，一味推行不符合传统文化表达土壤的概念，不但起不到保护 TCE 的目的，反而可能加剧 TCE 被盗用和滥用的现象。有鉴于此，不宜在文书中纳入公有领域的概念。

其次是关于"公开可用"的定义。从前述各国的争议看，主要是围绕对公开可用的 TCE 是否予以保护的问题，并非针对定义本身。而笔者以为，由于草案第 3 条对传统文化表达采取的是分层保护方法，对具有不同特征的传统文化表达采取不同程度的保护，而公开可用的 TCE 是作为保护水平最低的形式予以认可的，只需满足注明受益人、尊重受益人的文化准则、防止虚假使用等最低标准，加拿大等国的担心未免多余。

再次是有关"使用/利用"的规定。草案规定："使用"/"利用"系指（a）传统文化表现形式被包括在产品中的：（ⅰ）在传统范围以外生产、进口、许诺销售、销售、存储或使用产品；或（ⅱ）为在传统范围以外许诺销售、销

---

① 伊恩·戈斯：《政府间委员会第三十三届会议信息说明》，WIPO/GRTKF/IC/33/REF/INFORMATION NOTE，2017，第 7 页。

售或使用产品而占有产品。(b)传统文化表现形式被包括在方法中的:(i)在传统范围以外使用方法;或(ii)对使用方法直接产生的产品进行(a)项中所述的行为;或(c)传统文化表现形式用于导致营利或商业目的的研究与开发的。"由此可见,草案强调的是传统文化表达在传统范围之外的利用,包括传统文化表达被利用在产品中、方法中和其他用于营利或商业目的的研究与开发。这与传统背景内传统持有人的使用是有明显分别的。因此,"利用"比"使用"更符合这一定义。

最后,是否有必要在此专门规定"术语的使用"部分,本人持保留意见。对这几个术语的定义,完全可在具体条款中纳入或采取脚注的方式,既不破坏完整性,也能使各条款更明晰。

(三)"目标"部分

目标对于制定任何文书的执行案文都至关重要,因其详述了文书的目的和意图。因此,在考虑该部分时,应仔细斟酌当前 IGC 谈判所要达到的宗旨,并应考虑到土著人民的期望,因制定这一文书之主旨即在维护他们的利益。戈斯先生也在第三十三届会议再次讨论该草案前提醒说,注意 IGC 的任务授权是达成兼顾各方利益并能有效保护的国际法律文书。在识别与知识产权相关的目标时,成员国可以考虑并反思,一部关于传统文化表达的知识产权文书将要处理哪些类型的有害行为,以及从政策角度看,有哪些现有差距需要弥合。①

之前的版本在序言/引言和目标之间有多处重复,有些措辞如事先知情同意、确保第三方权利等在这两部分中均有出现。目前的版本更为简洁,提

---

① 伊恩·戈斯:《政府间委员会第三十三届会议信息说明》,WIPO/GRTKF/IC/33/REF/ INFORMATION NOTE,2017,第 4 页。

供的三个选项虽然措辞不同，但都强调提供知识产权的保护。

对此，笔者以为，不管最终的措辞如何，但需注意如下三点：第一，保护传统文化表达首要的目的在于防止盗用和滥用，因不管是趋向于实现 TCEs 经济利益的实用主义者，还是倾向于维护 TCEs 精神权利的传统持有者，盗用和滥用行为都会对其权利和利益造成损害。第二，由于传统文化表达的传统背景和场所依赖性，希望在必要时能对以超出习惯和传统背景的方式使用 TCEs 予以控制，并能公平分享由此产生的利益也是几乎所有土著人民的共同心愿。第三，对 TCEs 的保护并非要禁锢传统文化，传统文化表达本身就是动态发展的。在保护传统、维护本真的基础上，我们同样也要鼓励基于传统的创造和创新。

二、保护标准和受益人

（一）争议焦点

1. "保护"还是"保障"

尽管"保护标准 / 资格标准"修改了标题，但在用"保护"还是"保障"这一问题上仍是对立观点鲜明。

以瑞典、欧盟为代表的一些发达国家坚持要将标题中的"保护"替换成"保障"一词。美国代表团则建议将标题修改为"符合标准的客体"。[①]

而许多发展中国家都反对这种替换。如南非代表团认为，这不是制定一个提供保障的文书，而是要制定一个保护遗传资源、传统知识和传统文化表达的文书。它敦促谈判人员应集中于 IGC 的任务授权上。至于诸如"保障"

---

① WIPO 知识产权与遗传资源、传统知识和民间文学艺术政府间委员会：《第二十七届会议报告》，2014 年 3 月 24 日至 4 月 4 日，日内瓦，WIPO/GRTKF/IC/27/10，第 20 页、第 52 页、第 66 页。

与"合理使用"等有关引入其他协议中的语言的策略问题，不应强加于 IGC 的进程上。① 伊朗伊斯兰共和国代表团也表达了对在案文中引入如"受保护的传统文化表达"和"保障／维护"等概念的关注，认为这些概念与 IGC 的任务授权不相符，知识产权保护与保存、保护和推广文化遗产是不同的。② 尼日利亚代表团进一步指出，为了"保障／维护"，在知识产权法领域，意味着有一些需要加以保障／维护或者保护的现行制度。该代表团的理解是，IGC 是通过谈判来制定一个文书或多个文书，以弥补在传统文化表达和传统知识保护方面的差距，即土著人民和当地社区所珍惜的有价值的传统文化表达和传统知识没有在国际知识产权文书中得到其应有的认可和确认。如果仍是保障而不是保护的话，那么显然 IGC 这些年的努力都是徒劳的。③ 加拿大代表团也认为，应确保这种提法没有给予成员国一个否认保护土著人民和当地社区的通行证，而拒绝保护则是违背了本文书的基本目的。④

2. 保护标准

就保护标准具体内容的规定，在 2014 年讨论时各成员意见分歧比较大，主要集中于以下几个方面。

（1）该条列举的六个条件之间的关系

对该条列举的六个条件是累积性的还是替代性的或选择性的，各成员意见不一。欧盟、美国和俄罗斯联邦代表团俱认为，（a）项至（d）项应该是累积性的而非替代性或选择性的，构成传统文化表达应受到保护的共同条件，故应用"和"字联系起来。而条件的第（e）项和第（f）项没有为定义添加

① WIPO 知识产权与遗传资源、传统知识和民间文学艺术政府间委员会：《第二十七届会议报告》，2014 年 3 月 24 日至 4 月 4 日，日内瓦，WIPO/GRTKF/IC/27/10，第 55 页。

② 同上书，第 63 页。

③ 同上书，第 60 页。

④ 同上书，第 54 页。

什么新内容，从而要求将它们放入方括号。他们还要求在该条款中增加一个资格标准，以清楚地列明传统文化表达可获得的保护。① 而伊朗伊斯兰共和国代表团、印度尼西亚代表团和秘鲁代表团俱认为，第1条的各款规定不应该被视为累积性的，因为它们之间相互矛盾，故主张各款之间用"或"连接。② 泰国代表团也同意在第1条的各款后面加入"或"这个字。③

（2）关于（b）款具体词语的使用

（b）款规定："与土著（人民）和当地社区（或民族）的文化和/或社会认同和文化遗产有直接、关联、显著联系的独特产品"，其中使用了"直接""关联""显著联系""独特产品"等词语，这引起了与会各代表团的争议。伊朗伊斯兰共和国代表团认为，传统文化表达的定义必须足够宽泛以涵盖所有形式的民间文学艺术形式，不应该用"独特的产品"和"明显关联"等词语来限制保护的客体，因为这可能会排除某些形式的传统文化表达。④ 印度代表团也对"独特的产品"这个词的再次出现感到不安，因曾有过将其从案文中删除的共同意见。它主张使用"相关联"代替"明显关联"，确保由社区维护的宝贵的传统文化表达能得到第3条所提供的适当保护。⑤

（3）关于（d）款的"使用不少于50年"的规定

（d）款规定："已在可由每个成员国/缔约方决定的期间使用、但使用不少于50年的"，提及传统文化表达为获得保护所需的使用期限，需在成员国

---

① WIPO知识产权与遗传资源、传统知识和民间文学艺术政府间委员会：《第二十七届会议报告》，2014年3月24日至4月4日，日内瓦，WIPO/GRTKF/IC/27/10，第52页、第65页、第66。

② 同上书，伊朗代表团发言见第55页和第63页、印度尼西亚代表团发言见第62页，秘鲁代表团发言见第66页。

③ 同上书，第65页。

④ 同上书，第63页。

⑤ 同上书，第66页。

决定的期间使用、但使用不少于 50 年。澳大利亚代表团明确指出，对这一特定条款表示反对，因为传统社区是活的社区，是不断演进的社区，它们仍然可以产生出新的传统知识。而且，纳入这一说法似乎也与后面"充满活力、不断发展"的条件相矛盾。① FAIRA 的代表表示支持，认为该款所提出的时间周期没有反映出传统知识和传统文化表达所具有的动态和不断变化的性质，即使存在的时间不超过 50 年，也仍然应当适用。② 伊朗伊斯兰共和国代表团、萨尔瓦多代表团也不赞同在提及"代代相传"的时候提到任何与时间有关的期限。③

（4）关于（e）款的必要性和具体措辞

（e）款规定："创造性智力活动 / 智力创造性活动的结果"，要求传统文化表达是"创造性智力活动"或"智力创造性活动"的结果。加拿大代表团认为，（e）款已被吸收到"术语的使用"中"传统文化表现形式"的定义中，意即没有必要在此予以规定。瑞典代表团则希望在"创造性智力活动"之前加上"艺术或文学"作为限定。

而"创造性智力活动"或"智力创造性活动"等措辞的使用遭到质疑，因为一些代表团担心有些传统文化表达可能不符合智力活动的概念，而且这个标准很难证明。如加拿大代表团就质疑对"创造"这个词语的使用，询问，为受益人提供手段或途径以创造其自身神秘的和秘密的传统文化表达是否是成员国的意图。它无法保证这是适当的，并要求将这部分括起来。④

从目前的版本来看，保护标准进行了简化，仅提供了两个选项。且第一

---

① WIPO 知识产权与遗传资源、传统知识和民间文学艺术政府间委员会：《第二十七届会议报告》，2014 年 3 月 24 日至 4 月 4 日，日内瓦，WIPO/GRTKF/IC/27/10，第 39 页。

② 同上书，第 51 页。

③ 同上书，第 55 页、第 59 页、第 62 页。

④ 同上书，第 54 页。

个选项的六个条件改成了三个条件。去掉了"独特产品"等争议性较大的用语，并对一些措辞进行了调整，使之更能体现传统文化表达动态的特征。

3. 受益人

IGC 在以往各届会议中审议过"受益人"的定义。但除了土著人民和当地社区，还能涵盖哪些范围，从而是否纳入国家这一点上没有达成一致。从 2014 年会议上的发言情况看，围绕该条的争议也主要集中于"国家"和"民族"是否可以作为传统文化表达的受益人。

埃及代表团主张将民族列为受益人，认为这是对埃及最具关联性和重要性的。该代表团指出，虽然"土著"的概念在其他一些国家已经得到了发展，但在如埃及等国家，有着几千年的历史，并源自民族国家为一体不可分割的实体的理念，并没有土著居民的概念。传统文化表达在其国家的产生是一个全国性的进程。即使一些传统文化表达源自该国的某一特定地区，但它也已几乎遍布全国，并通过随后的互动得到进一步发展。传统知识和传统文化表达在埃及是无法追踪或局限于某单一地方或某一部分人口中的，由于社会流动性和混合性，将埃及所有的民族定义为"一个民族"。考虑到有些代表团就此问题所表现出来的敏感性，它不再坚持按照它最初所建议的将"国家"列为受益人之一。但它强调，受益人的范畴不能不包含"民族"。①

阿曼、埃及、中国、亚美尼亚和泰国等代表团俱表示赞同，希望将民族纳入作为受益人之一。如亚美尼亚代表团就提出，埃及代表团将其国家整体作为一个源自远古时代的民族。亚美尼亚也是同样的情况。该代表团强调，将土著人民、当地社区和民族列为受益者不仅是尊重人类的多样性，同时还给这些民族的人民保留其民族特点的能力，并加以保护，防止对其权利的进

---

① WIPO 知识产权与遗传资源、传统知识和民间文学艺术政府间委员会：《第二十七届会议报告》，2014 年 3 月 24 日至 4 月 4 日，日内瓦，WIPO/GRTKF/IC/27/10，第 53 页。

一步滥用和盗用。它敦促成员国尊重各个民族、土著人民和当地社区。[①] 印度也强调，在确定保护的受益人方面不能有附加条件，必须述及国家作用，将受益人的规定纳入国家作为管理者和受益者。

萨尔瓦多代表团和日本代表团则主张只将土著人民和当地社区假定为受益人。瑞典代表团认为，仅仅是土著人民应是受益人，不支持将国家或民族列入受益者，韩国也持同样意见，反对将个人、民族和国家作为受益者。欧盟代表团和瑞士代表团都认为将民族列为受益人不仅会导致滥用权利和不道德行为的产生，会损害真正的来源群体利益，而且还会放宽传统文化表达的范围，以及可以赋予的保障或保护的范围。[②]

在这两种针锋相对的观点中，有一些代表团持比较折中的看法，认为可由各国自行决定。如斯里兰卡代表团认为，国家的作用在传统知识和传统文化表达不能专门归属于某一特定当地和土著社区的情况下时非常重要，因此建议对各国在依据其司法管辖权确定受益人方面的作用给予承认。[③] 伊朗伊斯兰共和国代表团也主张，为成员国留出一定的政策空间，使其在自己的司法管辖范围内自行确定受益人是一条打破目前僵局的出路。[④] 并进一步指出，关于第 2 条，原来的传统文化表达案文中几乎达成一致和简洁的表述现在与资格标准合并在一起，增加了其不确定性。该定义必须保持独立，只用说"受益人是当地社区或土著人民或由本国法律决定。"[⑤] 意大利代表团则认为，第 2

---

① WIPO 知识产权与遗传资源、传统知识和民间文学艺术政府间委员会:《第二十七届会议报告》，2014 年 3 月 24 日至 4 月 4 日，日内瓦，WIPO/GRTKF/IC/27/10，第 48—49 页。

② 同上书，第 52 页、第 53 页。

③ WIPO 知识产权与遗传资源、传统知识和民间文学艺术政府间委员会:《第二十八届会议报告》，2014 年 7 月 7 日至 9 日，日内瓦，WIPO/GRTKF/IC/28/11，第 20 页。

④ WIPO 知识产权与遗传资源、传统知识和民间文学艺术政府间委员会:《第二十七届会议报告》，2014 年 3 月 24 日至 4 月 4 日，日内瓦，WIPO/GRTKF/IC/27/10，第 55 页。

⑤ 同上书，第 63 页。

条中关于托管人的具体内容"在其领土全部且仅与该成员国的领土相连的社区中表达出来"已经给出了令人满意的解决方法，并满足了埃及代表团和其他代表团的关注。[①]

（二）内容评析

1."保护"还是"保障"

用"保护"还是"保障"的争议跟各国对待文书性质的态度有关。用"保护"意味着国家要承担相应的责任和义务，对欧盟等不愿认同文书约束力的发达国家来说，当然是不乐意的。如《保护和促进文化表达多样性公约》中第四条对"保护"的界定就是，采取旨在保存、保障、促进文化表达多样性的措施。而且，保护意味着采取一种与当前的其他知识产权相似的专有权的形式来对传统文化表达予以保护，而不只是如其他宣言或文件中的一种宣示，这是如欧盟、美国等推行强有力知识产权保护的国家所不乐见的。但正如各发展中国家代表团所指出的，知识产权保护与保存、保护和推广文化遗产是不同的。也如草案前身——WIPO《保护传统文化表达：差距分析草案》中所提到的："'保护'一词，被理解为知识产权意义上的保护（有时被称为'法律保护'），即保护人的智力创造和创新，以防止未经许可的使用。这一意义上的知识产权'保护'，与文化遗产的'保障''保存'和'促进'有所区别，后者一般是指对有形的和无形的文化遗产加以认定、文献化、传播和振兴，以确保其得到维护或保持活力。"[②] IGC之所以讨论谈判该文书，其目的正在于对传统文化表达及其传统持有人赋予其他国际知识产权文书中所不能

---

① WIPO知识产权与遗传资源、传统知识和民间文学艺术政府间委员会：《第二十七届会议报告》，2014年3月24日至4月4日，日内瓦，WIPO/GRTKF/IC/27/10，第58页。

② WIPO-IGC：《保护传统文化表达：差距分析草案》，WIPO/GRTKF/IC/13/4（b）Rev，2008，附件一第7页。

提供的法律保护，这是保障实现不了的，尽管保障措施可以起到补充作用。

2. 保护标准

从草案第1条的规定来看，是通过界定传统文化表达的几个特征来确定受保护的客体标准。就各国争议的焦点问题看，主要是对几个特征之间的关系及具体措辞有不同意见。

首先，在最新版本第一个替代项列举的三个条件是累积性的还是替代性的或选择性的问题上，兹以为，仍应看作累积性的关系，以构成传统文化表达应受到保护的共同条件为妥。如果是替代性的条件，光是其中一条恐难成为符合保护标准的传统文化表达。而且，这几个条件对传统文化表达而言，本就是互相联系的。只要注意对具体各款的特征规定的不要过于狭窄即可。

其次，在该条各款的具体措辞方面，恐怕还需斟酌。

第一，关于第二个替代项具体词语的使用问题。"显著联系"最好还是代之以"相关联"。一方面，如前所述，特征界定不能狭窄，另一方面考虑到草案采用的是分层保护方法，故在保护客体的规定上也宜宽泛，以确保由社区维护的宝贵的传统文化表达能得到适当保护。具体的不同层次的保护可再对不同种类的传统文化表达予以细化。新的版本去掉了"独特产品"一词，值得肯定。"产品"一词确实与传统文化所表达的性质不符。产品乃现代工业生产之产物，属西方文明之成果，而传统文化表达多为社群成员创造和发展的文学艺术成果，少有现代社会工业化大量生产的产品形式，且对传统文化表达的保护更多的还是著作权的保护，所以使用术语宜以契合《著作权法》为主。另外，"不少于五十年或五代的期间"的规定建议删除。因传统文化表达往往没有确定的创作者，以及具体的创作开始和结束的时间点，且前已提及代代相传，则无必要再施以时间限制。

第二，早在2006年，IGC编拟的WIPO《政策目标和核心原则》对传统文化表达保护方面的规定就已比较成熟，WIPO《TCEs 条款草案》也是以此为基础发展而来的。WIPO《政策目标和核心原则》第 1 条"保护客体"的规定采用了实例列举定义加特征的方式界定传统文化表达，[①]但到 WIPO《TCEs 条款草案》，却只留下了特征界定的方式，定义放在了"术语的使用"部分，且未以实例列举。鉴于保护标准关系到保护范围的大小，还是宜借鉴 WIPO《政策目标和核心原则》的做法，采用特征加实例列举的方式界定传统文化表达客体更好，省去"术语的使用"一环，使草案整体更为连贯和明晰。

3. 受益人

对国家是否作为受益人的问题，兹以为，传统文化表达虽然是国家文化遗产的重要部分，但首先是土著社群和当地社区的集体财产，长期以来均由土著人民创造、维护和发展，因此文书首要保护的受益人应是传统持有传统文化表达的土著人民，他们无疑是最重要和最根本的受益人。而国家主要是起到保护和管理的作用，不宜直接作为受益人。有的学者提供了两个将土著人民与大多数人相区分的一般的原则性确定因素：相对贫穷的经济状况和重大的文化差异。[②]正是这两个主要特征使土著人民容易遭受大多数人的歧视和边缘化。由于很多土著社群本身在国家中就处于弱势和边缘化的地位，缺乏有效的权利主张和控制的权力，将文化形式的控制权赋予土著群体是唯一能避免不公正的方式。而且，传统文化表达所涉范围庞杂，动用公力救济收效甚微。国家对每一项传统文化表达的了解不够深入，难以真正代表有关群体的利益。

---

① WIPO 知识产权与遗传资源、传统知识和民间文学艺术政府间委员会：《保护传统文化表达／民间文艺表现形式：经修订的目标与原则》，WIPO/GRTKF/IC/9/4，2006，附件第 11 页。

② Picar C J, Marlowe F,"Beyond Unbridled Optimism and Fear: Indigenous Peoples, Intellectual Property, Human Rights and the Globalisation of Traditional Knowledge and Expressions ofFolldore: Part I", *International Community Law Review* 15 (2013):326.

从现有的传统文化表达的立法例来看，世界知识产权组织1976年《发展中国家突尼斯版权示范法》和1982年《保护民间文学艺术表达、防止不正当利用及其他侵害行为的国内法示范条款》等保护民间文学艺术的国际文件，都确认了集体权利制度，或者是集体版权，或者是集体特别权利。在突尼斯、尼日利亚、安哥拉、巴拿马、印度尼西亚等发展中国家国内立法或实践中，也承认了群体的集体版权主体地位。美国的立法和判例虽没有承认传统部族的版权主体地位，但承认了印第安部族是一个相对独立的准主权单位，与美国政府构成一种特殊的政府与政府的关系，这实际上承认了印第安部族集体权利的法律主体资格。[①]澳大利亚的土著习惯法确认了传统文化的集体所有权，个人或组织可以成为群体遗产的管理人，管理人对社区的最佳利益负责。[②]有关的司法判例也承认了土著部落的集体知识产权主体资格。这些立法和实践也说明社群集体作为受益人的普遍性。

三、保护范围和权利管理

（一）争议焦点

1. 保护范围

对保护范围的争议首先是针对标题是"保护"还是"保障"的问题。该问题与前面第1条标题的争议是一致的，在此不再赘述。

对该条的争议主要集中于应赋予权利主体哪些具体权利，是否需要采取

---

① 张今、严永和：《传统知识权利主体研究》，载吴汉东主编：《知识产权年刊》，北京：北京大学出版社，2005，第242页。

② 见前文所举 John Bulun Bulun & Anor v. R & T Textiles PartyLtd 之案，法官认为土著艺术家与所属社群之间存在信托关系，负有"按照群体最佳利益行动"的职责，同时确认了传统部落可以成为维护传统文化权利的集体权利主体和诉讼主体。

分层设置的方法。

传统文化表达的分层方法由印度尼西亚代表团首先提议，认为，分层保护的方法是本届会议（即第二十七届会议）在有关传统知识的讨论上所取得的最大突破之一。对于传统文化表达，它也倾向于根据受保护的传统文化表达的具体性质提供不同的保护水平，即采用分层保护的方法。[①] 在该提议的基础上，草案对第3条进行了大幅实质性的修改，由此引发了一些不同意见。

分层方法得到许多国家的支持。如印度代表团认为，这一方法适合受益人维护和使用的所有有价值的传统文化表达，并使之作为受保护的客体纳入，并且在同一时间，为一些传统文化表达可被自由获得和使用所造成的问题提供解决方案。但它指出，仍有必要对该条款中所使用的一些术语，以及第3条第2款和第3条第3款之间（即对公开可获得但仍由土著人民持有的传统文化表达，以及可公开获得且属于公有领域的传统文化表达的规定）的明显区别做进一步的澄清。印度代表团重申，在知识产权领域"公有领域"的概念不适合用来确定该条款所保护的传统文化表达的性质。[②] 日本代表团倾向于以备选方案的一般性授权方式界定权利内容。对于分层保护的方法，需深入研究，仍需进一步讨论诸如三种类型的传统文化表达之间的区别、如何保障每个类别和第三方利用等具体问题。[③] 泰国代表团则认为，不需要有备选方案，因为它不符合分层保护方法的要求。[④] 而伊朗伊斯兰共和国代表团则认为，第3条是讨论的中心，其他条款包括第5条都可以根据这一新方法来确定。在这种情况下，针对秘密传统文化表达制定限制和例外不太适当，但可以考虑为

---

① WIPO知识产权与遗传资源、传统知识和民间文学艺术政府间委员会：《第二十七届会议报告》，2014年3月24日至4月4日，日内瓦，WIPO/GRTKF/IC/27/10，第44页。

② 同上书，第65—66页。

③ 同上书，第65页。

④ 同上书，第65页。

其他形式的传统文化表达规定限制和例外，前提条件是受益人要事先知情同意。① 美国代表团则表示，有一些新元素是首次被提出，此前也从未在有关传统文化表达的讨论中出现，尤其是在神圣和秘密传统文化表达的领域，它会密切关注这些新的元素。②

在具体内容方面，洪都拉斯代表团认为，前述 Lenca 社区权利被盗用的例子也与第 3 条的备选方案 2 有关。它主张应增加规定权利主体有权撤销第三方被授予的权利，并将这些权利返还给相关土著人民的可能。③ 图拉利普部落代表认为该条没有提到参与、上诉和调解的权利。④ 伊朗伊斯兰代表团强调以权利为基础的解决方案的重要性，并主张在第 3 条第 2 款的替代项中保留（d）段内容，使受益人能享有"防止对传统文化表达进行歪曲或篡改或者具有其他冒犯性、减损性或者降低其对受益人的文化意义的使用或修改"的专有权。⑤

在具体用语方面，加拿大代表团认为，第 3 条第 1 款（a）项之（一）拟定的关于提供措施以确保传统文化表达的"创造"的规定超越了任何文书的范围。它希望传统文化表达的整体案文都能通过短语"或批准和参与"表示对事先知情同意原则的遵循。⑥

2. 权利管理

各代表团对该条争议不大，只是在细节上存在些许不同。INBRAPI（巴西土著人知识产权学会）代表认为 IGC 应在该条满足国家利益，涉及托管者

---

① WIPO 知识产权与遗传资源、传统知识和民间文学艺术政府间委员会：《第二十七届会议报告》，2014 年 3 月 24 日至 4 月 4 日，日内瓦，WIPO/GRTKF/IC/27/10，第 63 页。

② 同上书，第 53 页。

③ 同上书，第 54 页。

④ 同上书，第 56 页。

⑤ 同上书，第 55 页。

⑥ 同上书，第 54 页。

对权利的管理。欧盟代表团建议将"之下"一词放在第 4 款第 1 项的第 2 个备选方案的"规定"一词的后面，对备选方案 2 需要进一步讨论。

对该条，戈斯先生认为，似乎对传统文化表达持有人参与建立/委任主管机构的程度，或是否必须成立一个主管机构没有达成一致意见。[①]

（二）内容评析

1. 保护范围

最新版本未做太多变动，仍是第 3 条采用的分层方法，这种方法提出，专有经济权利可能适合诸如秘密和神圣的传统文化表达，而基于精神权利的模式可能更适合已可公开获得的或广为人知但仍属于特定土著人民和当地社区的传统文化表达。[②] 分层方法可追溯至传统文化表达案文的较早版本《政策目标和核心原则》。该文件第 3 条将传统文化表达分为三类：具有特殊文化或精神价值或意义的传统文化表达；其他传统文化表达（可以说是与第一类相反），以及秘密的传统文化表达。对这三类传统文化表达分别规定了不同的权利内容。该文件对第 3 条的说明部分指出，提供三层保护旨在根据各种文化表现形式和与其保护有关的各种目标提供灵活的保护，反映专有权与合理报酬相结合以及法律和实际措施兼而用之的特点。[③] 文件还对每层保护进行了具体的阐释。

从《TCEs 条款草案》的规定来看，反映了在《政策目标和核心原则》出台后这些年的观点变化，进行了更细致的修改。首先，对这三类表现形式进

---

① 伊恩·戈斯：《政府间委员会第三十三届会议信息说明》，WIPO/GRTKF/IC/33/REF/ INFORMATION NOTE，2017，第 8 页。

② 同上书，第 5 页。

③ WIPO 知识产权与遗传资源、传统知识和民间文学艺术政府间委员会：《保护传统文化表达/民间文艺表现形式：经修订的目标与原则》，WIPO/GRTKF/IC/9/4，2006，附件第 21 页。

行了更合理的划分，去掉"具有特殊文化或精神价值或意义"的这种比较模糊、较具争议的表述[1]，代之以"神圣"的说法，并将"神圣"和"秘密"的TCEs归为一类。对"其他传统文化表达"这种笼统的说法也予以摒弃，代之以"公开可获得"的表述，并区别两种情形。其次，对相应的权利内容进行了细化。考虑到传统文化表达的多样性与复杂性，体现了不同强度的保护水平，具有一定合理性和可行性。这种分层的保护方法值得借鉴。

2. 权利管理

由于对传统文化表达持有人参与建立/委任主管机构的程度，或是否必须成立一个主管机构没有达成一致意见，戈斯先生建议成员国可以考虑一种可能的推进方式，即，把主管机构相关实施安排的灵活性留在国家层面，而不是试图制定一个一刀切的解决方案。[2]

从草案的规定看，几个选择均将设立管理机构的自主权赋予了缔约方，只需要履行将设立的管理机构通知 WIPO 国际局的义务即可。各国可自主决定管理机构的设置，不失为一种灵活的安排。但不管是哪种选择，均应在保障缔约方自主权的同时要求尊重传统文化表达持有人的权利。

四、例外与限制

第 5 条"例外与限制"规定了传统文化表达的例外与限制，还区分了一般例外和具体例外：

一般例外规定于第一款和第二款。第一款规定了限制与例外的条件（类

---

[1] 如有学者提出：在美国，基于精神或宗教理由的区分在理论上会产生严重的合宪性问题，因如果区分具有高度精神价值的 TCE 和其他 TCE 作品，国会将会步入危险的境地，会被视为促进某个宗教。Bussey A, "Traditional Cultural Expressions and the U.S. Constitution", *Buffalo Intellectual Property Law Journal* 10 (2014):26.

[2] 伊恩·戈斯:《政府间委员会第三十三届会议信息说明》，WIPO/GRTKF/IC/33/REF/INFORMATION NOTE，2017，第 8 页。

似"三步检验法"），分别包括可能时注明受益人、对受益人不具有冒犯性或减损性、符合公平做法、不与受益人的正常利用相抵触、不无理地损害受益人的合法利益，同时兼顾第三方的合法利益。同时，草案还对第一款提供了一个替代项。第二款规定，在有合理的担心会对神圣和秘密的传统文化表达造成不可弥补的损害时，不得规定例外和限制。

具体例外规定于第三款至第五款。第三款列举了三项具体的例外，分别是教学、学习和研究的例外，文化研究机构为非商业文化遗产或其他公共利益目的的例外，以及作者创作原创作品的例外。并要求这三项例外不适用于神圣和秘密的传统文化表达；第四款规定了四项被允许的行为，分别是文化机构为非商业文化遗产或公共利益其他目的的使用行为、经原创作品持有人事先知情同意的创作行为、使用受益人来源之外传统文化表达的行为、使用受益人社区外为人所知的传统文化表达的行为；第五款规定保护不应禁止其他知识产权法所允许、并经受益人事先知情同意的行为。

（一）争议焦点

例外与限制的规定可能是草案中争议最大的一条，矛盾主要集中于以下三点。

1. 规定的宽泛与否

针对传统文化表达保护的限制与例外的规定是应宽泛还是狭窄，草案的条款是过于宽泛，还是不够宽泛？与会成员有不同看法。

一些发达国家均认为例外应当得到广泛的适用。据此，他们也对限制与例外的具体规定不够宽泛提出了更多具体的意见。加拿大代表团认为，关于第 5 条第 3 款（c）项和第 5 条第 4 款（b）项，"作者身份"一词应放入方括号中，因该概念太窄，可能无法涵盖某些表现形式，如表演。[①] 即主张将表演纳入创作的范围。而对第 5 条第 5 款，加拿大和欧盟代表团均要求将提到《著作权法》和《商标法》的地方用"知识产权"替换，从而使外观设计、地理标志和任何其他适当的知识产权可以被涵盖，认为这样更宽泛和更适合。[②] 以此扩大例外范围。这也得到了有些国家的支持，如萨尔瓦多代表团。

相反，许多发展中国家却认为例外与限制的各项规定不能太宽泛，让保护范围受到影响。如伊朗伊斯兰共和国代表团认为，针对秘密传统文化表达制定限制和例外不太适当，但可以考虑为其他形式的传统文化表达规定限制和例外，前提条件是受益人事先知情同意。[③] 印度代表团则认为，限制和例外不得不合理地削弱对传统文化表达的保护水平，也不得不合理地影响未经授权使用这些传统文化表达，尤其是为了商业利益牺牲受益人权益的第三方用以培养创造力的基础。[④]

而土著代表强烈反对宽泛的例外与限制的规定。代表土著人小组会议的版权代理有限公司的代表指出，这些例外将允许第三方和土著人民和当地社区以外的人盗用和利用更多的传统文化表达。她特别提到，第 5 条的具体例外的规定违反了本文书的目标，即为土著人民和当地社区保护传统文化表达。如果要规定任何关于使用传统文化表达的例外，这些例外应当仅限于并严格限于与土著人民和当地社区协商同意的情形下。为此，她举了一个例子说明，在传统文化表达的使用方面，为了研究和文化机构的目的而规定的例外，对于那些不希望自己的传统文化表达被披露给公众的土著社区而言是有问题的。

---

① WIPO 知识产权与遗传资源、传统知识和民间文学艺术政府间委员会:《第二十七届会议报告》，2014 年 3 月 24 日至 4 月 4 日，日内瓦，WIPO/GRTKF/IC/27/10，第 54 页。

② 同上书，第 55 页，第 58—59 页。

③ 同上书，第 63 页。

④ 同上书，第 66 页。

一组研究人员在未经澳大利亚几个土著社区的适当许可或未与这些社区进行协商的情况下展览了其传统文化表达，遭到抗议，并被法院命令停止。南澳大利亚 Pitjantjatjara 族的老人就曾表示，他们不喜欢该项目，也不希望他们的神圣和秘密的传统文化表达在这个项目中被披露。[①] 之后，版权代理有限公司的代表进一步指出，不应该对传统文化表达制定任何例外和限制。与公共文化机构合作的前提必须是有土著人民和当地社区的参与和事先知情同意。[②]

2. 能否也用三步检验法

第 5 条对一般例外的规定引入了常规版权法的三步检验法，对此是否合适。伊朗伊斯兰共和国代表团就明确表示，在限制和例外方面引入三步检验标准的概念与传统文化表达的性质不相符。[③]

3. 对例外是否采用分层法

由于在保护范围中采取了分层法，因此一些代表团询问，例外与限制方面的规定是否也应当遵循这种方法，即，不同程度的例外行为将会反映各种客体以及对其适用的分层权利。而有的国家则认为，应根据保护范围而调整。如加拿大、印度尼西亚代表团。

（二）内容评析

例外与限制一直以来就是平衡权利人与使用者之间利益的有效工具，其规定直接影响着权利人对传统文化表达的控制和他人对传统文化表达的利用情况。从鼓励创新、促进文化多样性的角度讲，例外与限制的范围不宜过窄，以防阻碍后续创作者的创造和创新。已有从事研究和调查的学者指出，1993

---

① WIPO 知识产权与遗传资源、传统知识和民间文学艺术政府间委员会：《第二十七届会议报告》，2014 年 3 月 24 日至 4 月 4 日，日内瓦，WIPO/GRTKF/IC/ /27/10，第 57 页。

② 同上书，第 63 页。

③ 同上书，第 55 页。

年 CBD 赋予各国对遗传资源保护的一些负面影响。[①] 由于一些国家创建的对其遗传资源的获取和惠益分享的管理规定非常严格，几乎阻止了任何接触和获取行为，实际上并未帮助国家获益良多，反而阻止科学家的研究，不利于世界生物多样性危机的解决。

对许多土著人民而言，其寻求的是尊重和理解，也不只是限制性的法律行为。尤其是土著人民中的年轻一代，也希望有娱乐、批评和创作的自由。尽管有些土著社群可能不乐意对其权利施以限制和例外，但这是必要的。从国际文书的角度讲，纳入限制和例外也更易获得西方发达国家的理解，促进文书的谈判和通过。

但由于传统文化表达这一客体的特殊性，在很多情况下可能涉及文化敏感性，如果例外和限制的范围过宽，确实会造成对土著人民的损害。如果不注意传统文化表达的这一特性，即便是用于教学目的，对许多神圣的或具有精神特征的 TCE 来说，都可能是不恰当的对待。在某些土著人民中，任何将特定 TCE 向外人披露的行为都是该罚的。如新墨西哥州的一个大学教授就被其所属土著部落 Taos Pueblo 驱逐，因其描述了一段具有精神特征的部落舞蹈。驱逐令宣称，他"通过利用对宗教活动的敏感特征造成了无法挽回的损害"。在合理使用指导下，教授的行为是无可非议的，但对其舞蹈未经授权而公开化的部落来说，合理使用原则难以满足其需要。[②] 因此，应谨慎对待传统文化表达的限制与例外。

有鉴于此，建议也根据分层法对不同的传统文化表达确定不同的标准。对"神圣和秘密的传统文化表达"不适用限制与例外。而对"公开可获得但

---

① Blackwell A H, William C, "Hijacking Shared Heritage: Cultural Artifacts and Intellectual Property Rights," *Chicago-KentJournalof Intellectual Property* 13 (2013):137.

② Torsen M, "Intellectual Property and Traditional Cultural Expressions: A Synopsis of Current Issues", *Intercultural Human Rights Law Review* 3 (2008):208.

仍由土著人民持有的传统文化表达"和"可公开获得且不被土著人民持有的传统文化表达"再分别规定类似版权法中法定许可和合理使用的制度。在具体条文上还可再根据具体情形进行细化。如此，既能更好地保护传统文化表达及其持有人的利益，又能保障和平衡其他人的使用利益，同时还能保持草案整体的一致性和协调性。

五、保护期和手续

（一）保护期

各国的争议点主要是传统文化表达的保护期是否应有限制，以及对备选方案的不同选择。

在是否应限制保护期的问题上，一些发达国家或主张必须有期限，或持保留态度。如意大利支持备选方案 3，认为保护期不应当是无期限的。而欧盟代表团则认为，本文书的可操作性尚未确定，因此目前就第 6 条做出明确的立场判断还为时过早。[①] 而许多发展中国家和土著社群则认为不应该设置期限。伊朗伊斯兰共和国代表团甚至认为，没有提及保护期限的必要，支持删除该条款。[②]

对具体的保护期规定，印度和印度尼西亚代表团均支持将保护期与继续享有保护范围相关联，[③] 即现在的备选方案 2。而萨尔瓦多代表团则支持备选方案 1。[④]

---

① WIPO 知识产权与遗传资源、传统知识和民间文学艺术政府间委员会：《第二十七届会议报告》，2014 年 3 月 24 日至 4 月 4 日，日内瓦，WIPO/GRTKF/IC//27/10，第 58—59 页。

② 同上书，第 63 页。

③ 同上书，第 63 页。

④ 同上书，第 59 页。

针对保护期问题，戈斯先生提出，IGC 可考虑是否合并备选方案，以及是否应为传统文化表达在经济方面的保护期设定时限。[①] 传统文化表达的保护如果全然没有限制，实行永久保护的话，有时可能会带来负面效果。有学者指出，赋予 TCEs 永久保护和追溯性，忽视了 TCEs 与其他艺术创作的不同。将 TCEs 作为静态创作予以保护，会排除土著社群中的实用主义群体的创新，不管是解决市场需求或只是更有效地制作产品的创新，而这反过来又会阻碍土著社群的进步。[②] 传统文化表达需要顺应环境而改变，动态性是其特征之一。如果将其形式固化，并予以永久保护，将不利于传统文化表达的发展。

考虑到许多土著社群和人民并不反对他人对传统文化表达的利用，主要强调的是对精神权利的维护，和一定程度上的惠益分享，因此可以参照版权法的精神权利和经济权利的类似规定，对精神权利永久保护，而对经济权利则予以一定的时间限制。但因传统文化表达的持有人通常是群体，故可将经济权利的保护期限确定为持有社群的延续时间。由于草案是国际文书的案文，要尽量使各缔约方能妥协，并赋予各国足够的自主性，所以可按草案的规定由成员国自行决定。

（二）手续

各代表团的争议集中于保护传统文化表达是否需要履行手续。

欧盟代表团支持由该文本做出总的原则性规定的做法。日本代表团认为，手续将有助于有效地保障传统文化表达，尤其存在于外国的传统文化表达。

[①] 伊恩·戈斯:《政府间委员会第三十三届会议信息说明》, WIPO/GRTKF/IC/33/REF/ INFORMATION NOTE，2017，第 8 页。

[②] Vanguardia M E, "Dreams for Sale: Traditional Cultural Expressions (TCEs) and Intellectual Property Rights of the Indigenous Pragmatic Group as Exemplified by the Dreamweavers", *Philippine Law Journal* 86 (2012):436.

因为调查世界上有多少土著人民或当地社区，以及哪些属于哪个国家，是不容易的。为此，它强烈倾向于要求履行手续。①

由于草案对保护范围采用的是分层法，因此可以考虑第 3 条的分层法可能会对手续产生的影响。例如，是否要仅为某些种类的传统文化表达规定手续，或手续根据要被授予的权利的种类不同而有所差异。但这种考虑可以交由缔约方自行决定。

虽然传统文化表达也可以像著作权一样采取自动保护原则，但因为传统文化表达不像一般的版权作品有确定的创作完成时间，且有相当一部分在过去一直被视为公有领域的作品，所以区分其种类而做不同的规定可能更好。

六、制裁、救济和行使权利

（一）争议焦点

1. 规定与否的问题

关于第 8 条"制裁、救济和行使权利"的规定，大多数发展中国家认为，制裁、救济和行使权利的问题是传统文化表达保护的重要问题，能确保有效保护。如伊朗伊斯兰共和国代表团认为，IGC 正在从知识产权的角度来寻找一个保护传统文化表达的有效法律框架。一个法律制度的效力取决于是否有强大的执行机制，通过民事和刑事程序，保障受益人的精神和经济权利。这一法律框架应能防止任何歪曲或毁坏传统文化表达的使用或修改。②秘鲁代表团也强调，关于处理可公开获得和 / 或广泛传播的 TK 和 TCE，应有对被

① WIPO 知识产权与遗传资源、传统知识和民间文学艺术政府间委员会：《第二十七届会议报告》，2014 年 3 月 24 日至 4 月 4 日，日内瓦，WIPO/GRTKF/IC/27/10，第 65 页。
② 同上书，第 60 页。

广泛传播的 TK 的公正和公平的赔偿制度，该制度应受制于国家法律。[①] 在第二十八届会议上，伊朗伊斯兰共和国代表团再次强调，IGC 应当深入讨论的是制裁、救济和行使权力的问题，当务之急是确保执法程序可用，以便可以针对传统知识、传统文化表达和遗传资源的盗用和滥用现象采取有效的措施。这些程序应当严谨，以构成对传统知识、传统文化表达和遗传资源的盗用和滥用的进一步侵权的威慑。如无有意义和强大的执法程序，包括滥用和盗用情况下合理的赔偿，受益人则不会看到他们的权利得到有效保护。因此，从知识产权的角度来看，合法、有效保护传统知识和传统文化表达的任何制度的效力都将会受到质疑。[②]

相反，美国代表团指出，根据其长期积累的知识，这还不是传统文化表达范围内的讨论主题。因此，第 8 条应放入方括号。[③]

2. 具体措辞的问题

各代表团主要是对部分措辞有不同意见，也提出了一些修改建议。

瑞典代表团希望在备选方案 1 的"行政"一词后面插入"或其他"，在第 8 条第 2 款将"各方"改为"各方可互相协定"，以确保诉诸正义的基本权利或交由法院解决问题的权利。[④] 欧盟也赞同对"各方"的改法，同时希望将标题中的"权利"一词括起来，并将备选方案 1 中的起首语改为"适当的法律政策，行政或其他措施"，因为这将给予成员国更大的灵活性。[⑤] 巴拉圭

---

① WIPO 知识产权与遗传资源、传统知识和民间文学艺术政府间委员会：《第二十七届会议报告》，2014 年 3 月 24 日至 4 月 4 日，日内瓦，WIPO/GRTKF/IC/27/10，第 16 页。

② WIPO 知识产权与遗传资源、传统知识和民间文学艺术政府间委员会：《第二十八届会议报告》，2014 年 7 月 7 日至 9 日，日内瓦，WIPO/GRTKF/IC/28/11。第 17 页。

③ 同上书，第 53 页。

④ WIPO 知识产权与遗传资源、传统知识和民间文学艺术政府间委员会：《第二十七届会议报告》，2014 年 3 月 24 日至 4 月 4 日，日内瓦，WIPO/GRTKF/IC/27/10，第 57 页。

⑤ 同上书，第 59 页。

代表团针对第8条第4款，建议用"取消（cancellation）"取代"撤销/废除（revocation）"一词，并希望将权利扩大到任何形式的产权，包括知识产权。[①]意大利代表团则建议对第8条第5款的语言做一个小的修改，改成："在下列情况下，成员国不应当/不应提供制裁或救济：（a）在其他作品或客体里偶然使用/利用/包含受保护的传统文化表达，或（b）不知道或者没有合理理由知道所使用/利用/包含的传统文化表达是受保护的。"认为第2点可以解决有关尽责调查的问题。[②]

（二）内容评析

首先，关于制裁、救济和行使权利规定与否的问题，答案应是肯定的。许多传统文化表达长期以来处于未经许可被盗用或滥用的境况，《TCEs条款草案》的拟定主旨即主要在于防止这种现象的继续恶化。如果只规定了一些权利，而没有与之相应的制裁和救济措施，这种保护就是有限的，效果几乎等于无。而且，由于持有传统文化表达的土著人民往往处于比较偏远的落后地区，交通不便，经济条件较差，技术和法律资源也乏善可陈，因此只有确立让他们容易获得、适当而充分的执法和争议解决机制，以及有效的制裁和救济措施，才能将这种保护落到实处。由于各国的执法体系和救济制度有很大的差异，可将提供具体措施的决定权赋予各成员国。

其次，草案后加入的有关无故侵权的规定以及因不公平或误导性地授予知识产权的撤销规定，颇值肯定。因为传统文化表达的无辜侵权类似于现代侵权理论中的善意侵权行为，具有可免责性，有助于传统文化表达的利用及交流传播。而第三方未经受益人事先知情同意误导性的或者不公平地对传统

---

① WIPO知识产权与遗传资源、传统知识和民间文学艺术政府间委员会：《第二十七届会议报告》，2014年3月24日至4月4日，日内瓦，WIPO/GRTKF/IC/27/10，第64—65页。

② 同上书，第64页。

文化表达获得了知识产权，成员国应当规定撤销此类知识产权，与前述保护范围中的禁止他人非法就其传统文化表达取得知识产权的权利相呼应，更好地保护传统文化表达，也保持案文前后的一致。

最后，关于各国是否应有义务为争议各方提供机会使用替代性争议解决机制，成员国可以尝试就此达成一致意见。在此可参考南太平洋示范法提供的解决争议的可替代方法，如调解程序和诉诸习惯法。对实用主义社群来说，调解、仲裁等形式方便快捷，可以快速解决争议，符合当前商业世界的要求。而对传统主义社群来说，习惯法在处理涉及精神权利方面的争议和邻近社群之间的争议方面也很有用。

七、其他内容

（一）争议焦点

1. 其他内容是否纳入的不同观点

对草案最后几条的规定是否纳入文书，一些发达国家持反对意见。美国、意大利、欧盟等代表团认为，这几条完全没有在传统文化表达的范围内讨论过，是否有必要保留尚待商榷。[①]

2. 有关具体规定的不同观点

此外，对其他内容的不同观点主要集中在以下几点。

一是"与（其他）国际协定的关系"部分的"权利不得减损解释条款"的位置问题。各代表团对"权利不得减损解释条款"应放在该条规定还是应置于引言的位置意见不一。

---

① WIPO 知识产权与遗传资源、传统知识和民间文学艺术政府间委员会:《第二十七届会议报告》，2014 年 3 月 24 日至 4 月 4 日，日内瓦，WIPO/GRTKF/IC/27/10。第 58 页、第 59 页。

"权利不得减损解释条款"由特伯提巴基金会的代表在第二十七届会议上提出。该代表在代表土著协商论坛发言时建议，在传统文化表达的案文中列入有关非减损方面的规定，这是一个重要的跨领域问题。土著人民的权利已经得到确认，并被写入多个条约、协定或其他建设性的安排，而目前正在 IGC 谈判中的这份文书不得被解释为削弱或取消土著人现在或将来可能获得的权利。特伯提巴基金会代表的这一建议得到了多民族玻利维亚国、澳大利亚等代表团的支持。主席建议该条款可以放在有关处理本文书与其他协定关系的段落中，因其还会发展变化。① 但加拿大代表团认为应放在引言位置。意大利、欧盟等代表团则对该款规定持保留意见。

二是各代表团对有关"能力建设与提高认识"部分规定的争议，主要集中在：是否应规定该条款；传统知识的案文是否也需要引入此条款；是合并规定还是分别规定。

图拉利普部落代表在第二十七届会议的跨领域问题讨论上首先提出建议，在案文中制定一个或两个条款来解决增强意识和能力建设的问题，认为能力建设和提高认识的内容是目前横跨 IGC 三个文本的交叉性问题，且对于实现这些国际文书的目标是至关重要的。预防危害比治愈危害更符合成本效益。增强意识，尊重这些文书中的规定，将防止危害摆在首位，对于减轻解决这些问题的法律制度所带来的负担而言都是很重要的。对于那些难以通过赔偿来弥补的损害来说尤为重要。该代表提出了《名古屋议定书》中的两个条款可以提供一些指导，即关于意识提高的第 21 条和关于能力建设的第 22 条。② 他的建议得到了泰国、澳大利亚、委内瑞拉玻利瓦尔、萨尔瓦多、多民族玻利维亚国代表团等诸多成员的支持。

---

① WIPO 知识产权与遗传资源、传统知识和民间文学艺术政府间委员会:《第二十七届会议报告》，2014 年 3 月 24 日至 4 月 4 日，日内瓦，WIPO/GRTKF/IC/27/10，第 45—46 页。
② 同上书，第 45 页。

协调人戈斯先生在之后的议程上指出，增强意识有关的内容从第 4 条被挪到了专门针对能力建设和增强意识的第 13 条，是专家组希望将有关能力建设和增强意识有关的规定纳入案文的意愿的一种反映。他还指出，第 13 条是一个新的条款，需要进一步的审议和澄清。①

阿曼代表团、萨尔瓦多代表团、秘鲁代表团、巴拉圭代表团、INBRAPI（巴西土著人知识产权学会）代表对此都表示认同。但阿曼代表团希望将其拆分成两个条款：第 13 条关于能力建设，和第 14 条关于增强意识。②萨尔瓦多代表团主张第 13 条的内容不仅在传统文化表达的案文中，而且也放入传统知识和遗传资源的案文中。③但美国和瑞典代表团均认为第 13 条对 TCE 而言是全新的条款，主张放入方括号内。④

（二）内容评析

1. 其他内容是否纳入的问题

美国、意大利、欧盟等发达国家对第 9 条到第 12 条纳入文书表示异议，主要是担心会预判文书的性质。这与它们不愿缔结具有有约束力的国际文书的态度紧密相关。也正是因为这些国家的态度，导致 IGC 在这方面的文书谈判进展坎坷曲折。抛开这些国家的态度不谈，就文书本身的目标和 IGC 的任务授权来看，是对传统文化表达提供有效的保护，而第 9 条到第 12 条的规定是实施文书的重要保障，规定这些内容很有必要。国民待遇是知识产权和贸易领域的国际条约普遍遵循的原则，对传统文化表达予以保护的国际文书

---

① WIPO 知识产权与遗传资源、传统知识和民间文学艺术政府间委员会：《第二十七届会议报告》，2014 年 3 月 24 日至 4 月 4 日，日内瓦，WIPO/GRTKF/IC/27/10，第 51 页。

② 同上书，第 65 页。

③ 同上书，第 59 页。

④ 同上书，第 53 页、第 57 页。

当然也不能忽略。这对制止传统文化表达的境外盗用和保护跨境的传统文化表达非常有效。如非洲 Ashanti 人民的例子。[①]Ashanti 人在美丽的 Kente 布料上织入表明自身的传统，而该布料被视为高贵的服装，传统上是在特殊场合才能穿。纱线的不同颜色有着不同的象征意义，并反映了不同的地位。如丝线通常被认为是最享有声望的。每种布料均有名称和含义，就如在布料上使用的许多式样和图案。每一块被完成的布料都富含颜色、象征和传统。虽然Ashanti 人民大多数生活在当今的加纳，但也有许多住在邻近的西非国家。虽然加纳对 Kente 布料提供了保护，但邻国没有。

有关过渡措施和跨境合作的规定也有利于保护传统文化表达。文书一旦通过，与其他国际协定的关系就是一个不可回避的问题。许多国际条约中都有类似的规定，草案做此规定也是防患于未然。

而对于美国和瑞典基于第 13 条是全新的条款，主张放入方括号的看法，也不能苟同。对传统文化表达的持有人和受益人来说，提供权利保护只是一方面，在能力建设和增强意识方面给予帮助才是使土著社群自立、自强的根本。恰如瑞托·赫尔提（Reto M. Hilty）所言，只关注经济补偿反而会损及发展中国家的利益。单纯的金钱支付远没有自助辅助有价值。[②]许多土著社群受能力和意识的局限，即便可以通过知识产权和其他法律保护传统文化表达，他们往往也难以实现。能力建设和增强意识对维护土著人民的权益、改善土著人民的生活而言至关重要，也有利于促进传统文化表达的保护和发展。

---

① Torsen M, "Intellectual Property and Traditional Cultural Expressions: A Synopsis of Current Issues", *Intercultural Human Rights Law Review* 3 (2008):209.

② Hilty R M, "Rationales for the Legal Protection of Intangible Goods and Cultural Heritage", *Max Planck Institute for Intellectual Property, Competition & Tax Law Research Paper*, No. 09-10 (2009):14.

2. 有关具体规定的问题

首先，"权利不得减损解释条款"的位置问题。如前所述，该条款旨在界定现有规则与其他协定之间的关系，并非保护的目标、宗旨等方面内容，故赞同主席的建议，将该条款仍放于与其他协定的关系部分，而不是放入引言部分。

其次，涉及传统文化表达索回的问题。这一规定有助于维护传统文化表达的本真性及其精神、宗教意义。对相关社群具有特殊意义的传统文化表达，为受益人以外的人控制，使人误认控制主体为权利主体，其本来的精神和宗教意义等易被歪曲或篡改，对相关社群造成严重的损害。赋予索回权意义重大。戈斯先生认为，第9条第3款有关索回传统文化表达的规定有一点尚不明朗，即，是旨在索回传统文化表达中的权利，还是索回作为文化财产对象的传统文化表达本身。如果是第二种情况，这可能不属于 IGC 工作的知识产权范围，并且可能与其他的国际文书相冲突，特别是1970年的《联合国教科文组织关于采取措施禁止并防止文化财产非法进出口和所有权非法转让公约》。① 但如果是第一种情况，可能也存在问题。传统文化表达本身不能索回，相关的权利恐也难以行使。此外，索回权还存在一个现实障碍，即如何执行的问题。这可能最终需要跨境合作和国与国之间的互相协助。

---

① 伊恩·戈斯:《政府间委员会第三十三届会议信息说明》, WIPO/GRTKF/IC/33/REF/ INFORMATION NOTE, 2017, 第9页。

第四节　草案之特点分析

一、草案之优点评析

虽然草案的谈判进程充满了争执和分歧，但如戈斯先生在第二十八届会议上对最新草案的评价指出的，尽管 IGC 尚未完全解决过去几年让 IGC 陷入僵局的谈判进程的问题，但"IGC 已经把重点放在了技术和专家讨论上……平衡点已经明显转向了实质性讨论，这已经体现在过去 12 个月所取得的进展之中"[①]。他认为，在传统文化表达和传统知识方面,IGC 已在案文方面取得了显著突破，因为案文在此之前在以往的几年里没有发生过实质性改变，现在的突破使得 IGC 能够对不同的立场形成共识，并开始尝试根据支持创新和创造力的需求对保护予以平衡。

不可否认，尽管存在诸多不同意见，但草案的规定已展示出在传统文化表达的保护方面可供各国借鉴的几个优点。

（一）特别权的保护机制

常规知识产权的商业性与传统文化表达的文化敏感性难以兼容。这也是 WIPO 指出的："版权制度从根本上来说，是用来尽可能以公平和兼顾各方利益的方式对创意作品加以商业性利用。另外，许多传统文化表达的创作主要是用于精神和宗教目的，而不是为了尽可能多广泛地向公众传播。"由于这个

[①]　WIPO 知识产权与遗传资源、传统知识和民间文学艺术政府间委员会:《第二十八届会议报告》,2014 年 7 月 7 日至 9 日，日内瓦，WIPO/GRTKF/IC/28/11。第 28—29 页。

原因，土著社群的需求无法在知识产权框架中得到满足的，"也许可以通过建立知识产权专门制度的方式。"[①]《TCEs条款草案》采用的便是特别权保护机制，或者说知识产权专门制度的方式。这种方式能补充土著社群根据常规知识产权法难以满足的需求，并以不与常规知识产权发生太大冲突的情况下平行运作，并能结合传统文化背景下特有的人权要素、土著习惯法和多种知识产权，可谓是目前保护传统文化表达最理想的模式。

（二）分层方法的运用

草案区分三种传统文化表达，根据传播的程度和对客体使用的不同，赋予相应权利主体以不同的权利内容，并规定了使用者的不同义务。草案将传统文化表达分成神圣和秘密的传统文化表达、公开可获得但仍由土著人民持有的传统文化表达，以及可公开获得且属于公有领域的传统文化表达[②]三种。对神圣和秘密的传统文化表达的保护力度是最强的，确保受益人享有专有和集体的权利，并赋予一系列经济权利和精神权利，如控制权、防止未经授权的披露和使用权、许可权、防止歪曲或篡改等权利，使用者所承担的义务也是较强的，包括注明受益人、基于事先知情同意的惠益分享等。对公开可获得但仍由土著人民持有的传统文化表达则未赋予如神圣和秘密的传统文化表达那样的控制权、许可权等，仅规定使用者有注明来源和基于事先知情同意的惠益分享的义务。而对于可公开获得且属于公有领域的传统文化表达，则仅规定了注明受益人、不歪曲、不误导等精神方面的要求。

分层方法基于这样的看法：专有经济权利可能适合诸如秘密和神圣的传

---

① WIPO知识产权与遗传资源、传统知识和民间文学艺术政府间委员会：《保护传统文化表达：差距分析草案》，WIPO/GRTKF/IC/13/4（b）Rev，2008，附件一第12页。

② 由于公有领域概念存在的问题，笔者在前面已建议改成"可公开获得且不被土著人民持有的传统文化表达"更好。

统文化表达这样的传统文化表达，而基于精神权利的模式可能更适合已可公开获得的，或广为人知但仍属于特定土著人民和当地社区的传统文化表达。这种看法充分体现了对传统文化表达的文化敏感性的尊重。正如笔者在前面所述，由于传统文化表达的文化敏感性特点，对其保护应以精神权利的保护为主，而以经济权利的保护为辅。可以说，草案的分层方法充分体现了这一思想。

草案的规定较传统文化表达案文的较早版本《政策目标和核心原则》进行了更细致的修改，考虑到了传统文化表达的多样性与复杂性，体现了不同强度的保护水平，具有一定合理性和可行性。这种分层的保护方法值得借鉴。

（三）灵活性的具体规定

草案许多条款都做了比较灵活的规定，这一方面是考虑到国际文书要兼顾各方利益和需求，促使各成员尽快达成共识；另一方面也是考虑到传统文化表达具有多样性和复杂性，不宜界定得过于清晰和具体。因此，将一些具体规定的权限赋予各成员国自主决定。

二、草案之不足评析

（一）较强的妥协性和模糊性

缺乏共识、缺乏政策目标和指导原则，造成了意见分歧，有时甚至造成意见相互矛盾，这一点已经体现在当前的案文草案之中。

双方的争论主要体现了对待传统文化表达的不同观念的冲突。西方主流社会的知识财产权观念和土著社群、发展中国家的传统文化权利的观念相矛盾。西方发达国家在 IGC 仍将 TCEs 视为一种知识产权，所讨论的草案也仍是与之相关的一种保障。而发展中国家和土著社群则认为，传统文化表达不单纯是某一种类型的知识产权，而主要是某一种形式的文化遗产。所有的相关文书、国与国之间建设性的协议、原则和安排，都为传统文化表达提供保护，包括文化遗产权和人权。所有这些权利必须予以讨论和确认。印度尼西亚代表团代表观点一致的国家指出，虽然本文书不能与其他现有的知识产权制度完全孤立，但它认为，当代知识产权制度的思想观念和思维框架不能完全适用于传统知识和传统文化表达的案文。[①] 图拉利普部落的代表，代表土著协商论坛也明确表态，他也非常关注合理使用、言论自由、公有领域、第三方权利的问题，包括无故侵权和人类的共同遗产等。他并不否认那些在一般的知识产权法律中的重要性，但看到这些问题可以被用作法律的棘轮或水泵，使土著人民失去他们的传统文化表达，使他们在其他文书中的权利被废除，并使过去的不公正得以合法化。假以时日，这样的原则，在没有限制的情况下，可能会导致同化。开放的社会必须是公平和基于正义的。原则不应当强迫土著人民和当地社区符合主流社会的期望，而是要尽最大可能，找到保护弱势群体的方法。[②]

双方的不同观点在草案谈判进程中一直存在，这也导致草案案文存在诸多方括号，即，委员会为容纳各方意见而添加，以便各成员方选择的。在一些具体内容上还存在几个备选项，供成员国参考。但由于草案在谈判过程中，其案文要能反映所有成员国倾向的立场和意见，所以方括号较多也是很正常的。代表协调人小组的戈斯先生就提醒说，《名古屋议定书》从谈判开始到结

---

① WIPO 知识产权与遗传资源、传统知识和民间文学艺术政府间委员会：《第二十七届会议报告》，2014年3月24日至4月4日，日内瓦，WIPO/GRTKF/IC/27/10，第68页。

② 同上书，第55—56页。

束一共有逾 3 000 个方括号。目前，第二次修订稿中有大约 1 500 个方括号。[1]
可以说，相较《名古屋议定书》已有了很大的共识，在后续的谈判中，如各
方能妥协、折中，通过国际文书也不是不可行的。

另外，围绕定义是否应宽泛和解释是否应更清晰也存在不同的观点，从
而导致诸多定义和范围存在比较模糊的现象。

一种观点认为，相关定义应当足够宽泛，以使所有种类的传统知识和传
统文化表达都被包括进来。

而另一种观点则认为，出于清晰和透明的考虑，定义应当准确并设定限
制。如果定义很宽泛，那么其他要素，比如资格标准、例外与限制等，可能
就需要起到限制筛选的作用，否则就会影响保护的范围（权利的范围），为了
达成一致，可能需要对保护的范围给予更多限制。因此，客体的定义、权利
的范围和例外与限制这几个关键问题之间存在相互影响。这种相互影响也可
以涉及所有类型的知识产权保护制度内在的平衡（而它也是所有四个跨领域
问题的基础），即私人权利和公共利益之间的平衡。如欧盟代表团认为，在法
律和实际效果的可操作性方面仍不明确。"密切持有""广泛分布"和"公开
可用"的传统知识和传统文化表达之间的区别也不明朗，很难看到正在制定
的任何定义不会继续引发争议。法律上可行的解决方案似乎是，在仅为特定
的土著和当地社区所知的传统知识和传统文化表达，与在这些群体之外已经
广泛分布的传统知识和传统文化表达之间做出区分。但他们也承认，这种方
案可能会过于狭隘，而不能涵盖世界上不同土著和当地社区的广泛的传统知
识和传统文化表达。如果只想帮助对可能被广泛地称为"民族特色"的客体
进行保护的话，可能会有风险。其后果可能会涉及非常广泛，也极为有害，

---

[1] WIPO 知识产权与遗传资源、传统知识和民间文学艺术政府间委员会：《第二十七届会议报告》，
2014 年 3 月 24 日至 4 月 4 日，日内瓦，WIPO/GRTKF/IC/27/10，第 60 页。

还有可能扰乱全球性的文化和技术交流。[①]斯里兰卡代表团则认为，从广义和包容的角度定义传统知识和传统文化表达是可取的，但同时也要认识到，这种定义也应当达到一定的清晰度。[②]为了实现这一点，代表团建议使用一种非穷尽的实例列表，纳入文书之中。

可以说，透明度、可预测性和一致性问题是西方知识产权法所考虑的，但不是土著社群对土著资源和无形资产进行管理的标准。[③]土著人民通常并不关注抽象定义，而是通过拥有知识产生的相关界限和动态来理解其知识，而非知识的特征。[④]因此，对传统文化表达法律的相关术语不宜界定得太过明晰，否则会限制对传统文化表达的保护。但定义是法律之常态，因立法要求明确性和可预见性。如果没有定义，法律规则就处于不确定的状态，也就难以让人遵守和服从。如果定义范围太过模糊和宽泛，就将导致无所适从，权利的边界难以确定，反而可能起不到保护的作用。因此，如何使定义在符合土著观念的基础上尽量清晰，对立法无疑是一个挑战。同时考虑到国际文件中的保护必然只能是一般性的、原则性的规定，而不是对具体权利的承认，因此可在文书中保持一定的灵活空间，赋予各国在一些具体事项上的自主权。因详尽的国际保护规定可能会滞缓谈判的进程，也会冒着无视特定土著社群的具体需求而只按规定方式运行的风险。而且，要求各国对保护的内容和形式达成共识也意味着国家利益凌驾于土著利益之上。因此，在符合土著利益的

---

① WIPO 知识产权与遗传资源、传统知识和民间文学艺术政府间委员会：《第二十八届会议报告》，2014 年 7 月 7 日至 9 日，日内瓦，WIPO/GRTKF/IC/28/11，第 5—6 页。

② 同上书，第 20 页。

③ Conway D M, "Indigenizing Intellectual Property Law: Customary Law, Legal Pluralism, and the Protection of Indigenaous Peoples' Right, Identity, and Resources", *Texas Wesleyan Law Review* 15 (2009):252.

④ Drahos P. Susy Frankel, "Indigenous Peoples' Innovation and Intellectual Property: the Issues", *Victoria University of Wellington Legal Research Papers*, No. 36 (2012):10.

基础上尽量明晰定义，并在具体规定中为各成员国预留灵活空间是比较可取的做法。

（二）对土著群体权益的关注不够

WIPO 的 IGC 目前在进行以文本为基础的谈判，旨在生成一个有效保护传统知识、传统文化表达和遗传资源的国际法律文件或一系列文件。但将受最终文件极大影响的人，即土著人民和当地社区，却不能充分参与这些谈判。相反，WIPO 将其视为"观察员"。他们不能正式提出建议、修订案或动议，也不能参与 IGC 会议的投票。因此，他们的有限影响也产生了公平性和全球正义的问题。虽然 WIPO 创建了机制以促进这些群体的参加和参与，但许多人认为，这些机制是不够的。如果土著人民和当地社区不能在进程中发挥真正的作用，WIPO 的最终成果将缺乏合法性。

由于 IGC 已经注意到土著居民的参与对规则制定的必要性及重要性，于2005 年设立了 WIPO 经认可的土著和当地社区自愿基金（voluntary fund），以帮助这些经认可的土著和当地社区正常参与会议提供资金支持。遗憾的是，由于缺乏捐献来源，自愿基金目前可用的资金已几乎枯竭，因此，澳大利亚、新西兰、芬兰和瑞士四国代表团共同提议修改基金规则，使 WIPO 能从经常预算向基金提供特别捐助，使土著居民和当地社区代表持续性的参加委员会工作，该提案得到了多个国家的赞同。IGC 也强烈鼓励并呼吁成员及所有相关的公共或私营实体为基金捐款。这一建议也得到了土著人民的支持，要求采取替代方式确保土著人民和当地社区参与进程，并要求对自愿基金规则做出相应的变更。一些土著代表（如安第斯土著人民自主发展法律委员会）认为，因为 IGC 的基础本身就是专门要求土著人民参与其中的。土著人民被认为是在成员国成立之前便已存在许久的人民。他们一直被承认具有一种特殊身份。因此运用 WIPO 经常预算资助土著人民参与似乎非常妥当。

但如美国代表团等国家认为，用 WIPO 核心预算资助和补充自愿基金有问题。代表团强调说，它认为这些群体参与 IGC 所涉的领域极为重要。尽管如此，代表团还是在此方面有一些问题。它认为，所有成员国都应当考虑周全，以确保它们能够找出一种符合 WIPO 预算过程的答案。会议主席则指出，IGC 不能只对这一承诺做口头支持。因此，下一步要么恢复自愿基金资助，要么从其他资源获取资金。他强调说，这一问题由各成员国掌握，它们应当履行自己的职责。①虽然每届 IGC 会议都会强调自愿基金枯竭的问题，并呼吁各成员提供资金支持，但由于自愿基金不具有强制性，该问题仍始终得不到解决。

除了自愿基金枯竭、土著社群经常不能与会的情况，即便在土著代表与会后，也存在实质的参与和影响问题。近两年 IGC 会议虽也召开了几次虚拟会议，但土著代表指出，技术的可及性和适足的互联网连接问题阻碍了土著人民参与讨论。②

始自 2011 年的证据显示，超过一半的被认可的观察员是土著人民和当地社区（其他一半来自非政府组织或与广泛的知识产权问题相关的工业团体），但政府代表是唯一有权提出建议、修改案和动议的成员，也是唯一有权投票的参与者。③作为即将界定其国际知识产权谈判的最大利害关系人，土著人民和当地社区却没有权利影响有决定性的程序，其参与的意义也就有限。

而且，在这些作为观察员参与的群体中，也存在土著代表的身份认定问

---

① WIPO 知识产权与遗传资源、传统知识和民间文学艺术政府间委员会：《第二十八届会议报告》，2014 年 7 月 7 日至 9 日，日内瓦，WIPO/GRTKF/IC/28/11，第 8—9 页。

② WIPO 知识产权与遗传资源、传统知识和民间文学艺术政府间委员会：《第四十一届会议报告》，2021 年 8 月 30 日至 9 月 3 日，日内瓦，WIPO/GRTKF/IC/41/4，第 17 页。

③ Gordon V, "Appropriation Without Representation? The Limited Role of Indigenous Groups in WIPO's Intergovernmental Committee on Intellectual Property and Genetic Resources, Traditional Knowledge, and Folklore", *Vand. J. Ent. & Tech. L.* 16 (2014):642.

题。如图帕赫·阿马鲁的代表就曾提及：委员会很长时间以来在一致同意认可组织时，一直都没有考虑申请组织的详细情况，也没有考虑申请组织是土著人民、少数民族，还是为了支持跨国公司而提出申请的组织。他甚至指出，IGC认可的许多组织都没有对谈判进程做出过任何贡献。他认为，许多申请只是为了取得认可资格，以及有权享有自愿基金才寻求批准。这违背了自愿基金成立的目的，既不会对委员会的工作有所帮助，也不会使土著人民受益。[①]

而作为在会议上唯一有权提出修改案和动议，且是唯一有权投票的各国成员也存在是否代表土著利益的问题。

实际上很少有成员国的代表包括土著群体。[②]有些国家拥护土著群体，主要因其有着强大的中央行政的主导土著文化，能确保其政府予以保护。在许多这样的国家，国内法承认土著权利，政府试图利用其经验来帮助发展一个国际框架。

而其他国家出于许多理由并不支持。在很多国家，土著群体是属于社会最边缘化和政治势力最弱小的群体。且由于历史上关于土地的争议、自决权的冲突和习惯法的运用，政府和土著群体之间的关系可能也比较紧张，特别是在一些发展中国家。另外，各国政府可能会将土著群体的拥护视为对西方知识产权传统的"激进攻击"，因知识产权更多的是鼓励创新和思想培育，而不是监管。

而有些国家则可能不能代表其群体。如发展中国家可能在 IGC 中处于弱势地位，即使他们想要代表土著利益。发达国家更可能拥有知识产权专家、

[①] WIPO 知识产权与遗传资源、传统知识和民间文学艺术政府间委员会：《第二十八届会议报告》，2014 年 7 月 7 日至 9 日，日内瓦，WIPO/GRTKF/IC/28/11，第 5 页。

[②] Gordon V, "Appropriation Without Representation? The Limited Role of Indigenous Groups in WIPO's Intergovernmental Committee on Intellectual Property and Genetic Resources, Traditional Knowledge, and Folklore", *Vand. J. Ent. & Tech. L.* 16 (2014):648.

发挥有着游说能力的土著群体网络、指导土著群体地位的国内法和长途跋涉参加 IGC 会议的手段。尽管非政府组织帮助发展中国家理解许多相关的问题，但这种帮助不能弥补发展中国家在土著群体所面临的复杂问题上专业技能的缺失。

有些国家则做的是表面文章，更希望本国政府获得保护利益。这些国家甚至立法主张保护这种知识，但利用法律抽取金钱而不是回报给本应惠益的土著群体。还有些国家可能更愿意在国内解决这些问题。如现任美国驻中知识产权专员孔兰欣（Nancy Kremers）主张，更希望关注国内措施，而不是国际解决途径，因其相信其他国家土著群体面临的问题并非其土著人民的问题。[①] 境内拥有众多印第安土著部落的美国虽参与 IGC 谈判，却从未与联邦承认的 566 个印第安部落首领就该问题进行过正式磋商。[②] 这种对传统文化表达不太重视的态度，可能更多源于其与"艺术"相关，而不是"科学和技术"。

如果 IGC 的最终文书不能容纳和反映土著群体的看法，将缺乏合法性，因这些文书将极大影响土著人民的权利。即使成员国出于善意、能睿智参与对话，但他们要么缺乏第一手知识，要么缺乏文化和习惯法背景，也可能两者都不足。[③] 因此，即便成员国能为土著利益而考虑，这些客观原因也必然会影响成员国对具体规定的理解和掌握。

---

① Gordon V, "Appropriation Without Representation? The Limited Role of Indigenous Groups in WIPO's Intergovernmental Committee on Intellectual Property and Genetic Resources, Traditional Knowledge, and Folklore", *Vand. J. Ent. & Tech. L.* 16 (2014):649.

② Tsosie R, "Reclaiming Native Stories: Just Governance or Just War?: Native Artists, Cultural Production, and the Challenge of "Super-Diversity", *Cybaris Intell. Prop. L. Rev.* 6 (2015):104.

③ Gordon V, "Appropriation Without Representation? The Limited Role of Indigenous Groups in WIPO's Intergovernmental Committee on Intellectual Property and Genetic Resources, Traditional Knowledge, and Folklore", *Vand. J. Ent. & Tech. L.* 16 (2014):649.

第五章　我国 TCEs 保护之现状分析和对策

第一节　我国 TCEs 保护现状分析

一、立法现状分析

（一）私法方面的立法现状

在我国，最早涉及传统文化表达的国内立法应是文化部 1984 年颁布的《图书、期刊版权保护试行条例》。其中的第 10 条规定："民间文学艺术和其他民间传统作品的整理者，版权归整理者所有，但他人仍可对同一作品进行整理并获得版权。民间文学艺术和其他民间传统作品发表时，整理者应当注明主要素材提供者，并依素材提供者的贡献大小向其支付适当报酬。"该《条例》阐明，传统文化表达的整理者享有版权（应该属于演绎权），但不能阻止他人对同一内容的演绎。所以，该《条例》实际上是将传统文化表达作为公有领域的内容来对待的。但从公平角度出发，又规定了素材提供者享有署名和获取报酬的权利。1985 年发布的《图书、期刊版权保护试行条例实施细则》第十条进一步细化了后者："民间文学艺术和其他民间传统作品发表时，整理者应在前言或后记中说明主要素材（包括口头材料和书面材料）提供者，并向其支付报酬，支付总额为整理者所得报酬的 30%—40%。"该规定明确要求整理者注明来源需是在比较醒目的位置（前言或后记），同时规定了支付报酬的比例，体现了惠益分享的原则。出于"促进政府职能转变，提高依法行政水平，保障著作权行政管理秩序"[①]的考虑，该《条例》和《实施细则》均于 2003 年被国家版权局宣布废止。

而我国《著作权法》第六条仅仅笼统规定"民间文学艺术作品的著作权保护办法由国务院另行规定"，但遗憾的是，二十多年间，这一保护办法的出台比较曲折，承办职能部门也在不断变化。经历了 1997 年、2002 年、2007 年三次大的停顿，从文化部负责到版权局与文化部联合行动再到版权局单独承担，迄今为止，尚未有专门的保护办法。2001 年和 2010 年全国人大常委会均对《著作权法》进行了修订，但此条依然没有变化。值得称许的是，2014 年的《中华人民共和国著作权法（修订草案送审稿）》[②]第十条的相同规定将"民间文学艺术作品"的称呼改成了"民间文学艺术表达"，表明了对需要保护的传统文化表达与受《著作权法》保护的传统文化表达的作品之间的区别与认识。但同年的《民间文学艺术作品著作权保护条例（征求意见稿）》(《条例（征求意见稿）》)仍冠以"作品"名称，体现了二者之间的不一致。同年，国家版权局也就《民间文学艺术作品著作权保护条例（征求意见稿）》向社会公众公开征求意见，但该《条例》之后又陷入不了了之的境地。因无法可依，现实中许多不能构成作品的传统文化表达在遭受不当贬损和未经许可的盗用后，无处求偿、无从维"权"。

从我国 2014 年的《条例（征求意见稿）》来看，国家版权局从名称上仍采用的是著作权的称呼：（1）仍将保护客体定位为"民间文学艺术作

---

① 国家版权局：《国家版权局废止的有关著作权管理的规章、规范性文件目录（1984 年—1999 年）》，2003 年 12 月 4 日。

② 该法也尚未通过，即通常所称的著作权法第三次修改。

品"，而不是如同年《著作权法（修订草案送审稿）》所称的"民间文学艺术表达"，一方面体现了对作品与表达之间的区别认识不足，另一方面也体现了囿于《著作权法》保护模式的惯性思维。（2）条例的各条规定仍将民间文学艺术作品的权利称为"著作权"，而不是将其与一般的著作权区分开来。

但是，从条例的具体规定来分析，又实质上属于特别权的保护模式，主要体现在以下几点：（1）第五条"权利归属"规定了民间文学艺术作品的著作权属于特定的民族、族群或者社群，也即权利主体为集体，有别于一般的著作权主体；（2）第七条"保护期"规定了民间文学艺术作品的著作权的保护期不受时间限制，即实行的是永久保护，这与一般著作权的有限期限也截然不同。（3）第八条的"授权机制"第三款规定："民间文学艺术作品的著作权人或者专门机构不得向任何使用者授予专有使用权。"第十三条"权利转让和权利负担"进一步规定："民间文学艺术作品的著作权不得转让、设定质权或者作为强制执行的标的。"由此可见，民间文学艺术作品的著作权权利内容不同于一般的著作权的权利内容，在经济权利上仅于第八条和第十一条规定了合理报酬权，而限制了经济权利的可转让性。

（二）公法方面的立法现状

我国是一个历史悠久、传统文化资源丰富的大国，虽然一直以积极的立场保护传统文化表达，但主要集中在公法领域，私法保护相对不足。

在国家层面，我国于 2011 年通过了《中华人民共和国非物质文化遗产法》。虽然该法第四十四条将利用非物质文化遗产涉及知识产权的法律适用指引到了知识产权法："使用非物质文化遗产涉及知识产权的，适用有关法律、行政法规的规定"，但是相关的知识产权法至今仍未出台。根据该法第五条的规定，使用非物质文化遗产，应当尊重其形式和内涵，禁止以歪曲、贬损等方式使用非物质文化遗产。该规定注意到传统文化表达的文化敏感性，特别提及对精神权利的维护。然而，非物质文化遗产保护法主要是从行政管理的角度规范政府行为，如普查、建档、研究、保存、传承、弘扬等，强调非物质文化遗产的保存和传承，对于他人的歪曲和贬损行为，并没有明确相关法律责任。究竟如何确定权利主体、权利的内涵和外延以及保护的具体方式等，非物质文化遗产保护法都没有给出一个明确的答案。国务院要求各地区、各部门，按照《国务院关于加强文化遗产保护的通知》（国发〔2005〕42号）和《国务院办公厅关于加强我国非物质文化遗产保护工作的意见》（国办发〔2005〕18号）的要求，进一步贯彻"保护为主、抢救第一、合理利用、传承发展"的工作方针，认真做好非物质文化遗产的保护、管理工作，为弘扬中华文化，推动社会主义文化大发展大繁荣做出新的贡献。在我国现有的非物质文化遗产保护法律框架下，诸如《非物质文化遗产法》《国家级非物质文化遗产项目代表性传承人暂行条例》等，均对传承人的认定、传承人的奖惩以及传承人的责任，有较为清晰的规定。这些仍然属于公法范畴。

在地方层面，随着近年我国对非物质文化遗产保护问题的重视日益提高，各地都陆续出台了地方性的保护条例，既有云南①、贵州②、广西③等少数民族

---

① 《云南省非物质文化遗产保护条例》（2013年3月28日云南省第十二届人民代表大会常务委员会第二次会议通过）。

② 《贵州省非物质文化遗产保护条例》（2012年3月30日贵州省第十一届人民代表大会常务委员会第二十七次会议通过）。

③ 《广西壮族自治区非物质文化遗产保护条例》（2016年11月30日广西壮族自治区第十二届人民代表大会常务委员会第二十六次会议通过）。

聚居的地方，也有对这方面比较关注的省市，如河南省 ①、浙江省 ②、上海市 ③、武汉市 ④ 等。已有的这些地方性条例，也主要是保护非物质文化遗产的公法性规范。其中值得一提的是，云南省在 2013 年出台《云南省非物质文化遗产保护条例》之前，早于 2000 年便制定了《云南省民族民间传统文化保护条例》，是我国最早在这方面进行立法保护的地方性法规。只是该《条例》虽将保护客体称为"民族民间传统文化"，从其规定看仍是广义的非物质文化遗产的范畴，⑤ 除了传统文化表达的范畴，还包括各少数民族的语言文字、传统知识和技艺、特定自然场所等。对非物质文化遗产的具体保护措施也仍属于公法规范。可能是考虑到这一问题，同时为了与我国的上位法保持一致，也是为了适应发展的需要，⑥ 之后做了修改完善。

在这些法律和条例中，有一些基本相同的原则和规定。除了明确建立非物质文化遗产代表性项目名录的条件和程序、代表性传承人的权利和义务，规定了负责保护、监督和管理的部门及应采取的相关措施，许多都规定了设立非物质文化遗产保护专项资金或补贴，用于非物质文化遗产的保护、传承和传播。而且，这些法律和条例都规定了非物质文化遗产的精神权益方面，

---

① 《河南省非物质文化遗产保护条例》（2013 年 9 月 26 日河南省第十二届人民代表大会常务委员会第四次会议通过）。

② 《浙江省非物质文化遗产保护条例》（2007 年 5 月 25 日浙江省第十届人民代表大会常务委员会第三十二次会议通过）。

③ 《上海市非物质文化遗产保护条例》（2015 年 12 月 30 日上海市第十四届人民代表大会常务委员会第二十六次会议通过）。

④ 《武汉市非物质文化遗产保护条例》（2016 年 5 月 26 日武汉市第十三届人民代表大会常务委员会第三十六次会议通过）。

⑤ 《云南省民族民间传统文化保护条例》（2000 年 5 月 26 日云南省第九届人民代表大会常务委员会第十六次会议通过）。

⑥ 参见云南省第十二届人民代表大会常务委员会第二次会议，云南省人大常委会教科文卫工作委员会发表的《条例（草案）的说明》。

应当尊重非物质文化遗产的形式和内涵，禁止以歪曲、贬损等方式使用非物质文化遗产。

除了这些基本相同的原则和规定，一些地方性的条例结合本地区的特点和情况，还做了一些更细致的规定，加入了一些比较有特色的地方细则。

一是，在保护客体上，广西和云南的保护条例在《非物质文化遗产法》规定的五类具体形式外，还增加了两类，即集中反映各民族生产生活的传统民居建筑、服饰、器皿、用具等；以及与传统文化表达相关的文献、谱牒、碑碣和楹联等，[①]纳入了该地区具有特色的传统文化表达。

二是，在保护内容上，有的引入了比较创新的做法，即分类保护方法。如《上海市非物质文化遗产保护条例》根据项目不同的形态、生存状况和传承情况确立了分类保护的原则。其第十八、十九、二十和二十一条根据非物质文化遗产的不同状况和特点分成了濒临消失的或者本市特有且历史文化价值较高的非物质文化遗产代表性项目、濒临消失、活态传承较为困难的非物质文化遗产代表性项目、受众较为广泛、活态传承基础较好的非物质文化遗产代表性项目、具有生产性技艺和社会需求，能够借助生产、流通、销售等手段转化为文化产品的传统技艺、传统美术、传统医药药物炮制等非物质文化遗产代表性项目四类，分别采取重点保护、抢救性保护、传承性保护和生产性保护四种不同的保护标准。《武汉市非物质文化遗产保护条例》第十五至十八条也区分存续状态受到威胁、濒临消失的非物质文化遗产代表性项目、客观存续条件已经消失或者基本消失的非物质文化遗产代表性项目、受众较为广泛，活态传承基础较好的非物质文化遗产代表性项目、传统技艺、传统美术和传统医药药物炮制类的非物质文化遗产代表性项目四类分别进行抢救性保护、记忆性保护、传承性保护和生产性保护。这种分类保护方法很好地

---

① 《广西壮族自治区非物质文化遗产保护条例》第三条和《云南省非物质文化遗产保护条例》第三条。

适应了不同文化遗产的不同保护需求，有利于对症下药，有针对性地采取措施。只不过所规定的保护方法主要是公法方面的措施，而不是私法措施。

除分类保护方法外，有几个地方性条例还注重传统环境的维护，通过设立文化生态保护区、文化生态保护村落（街区）等方式，实行区域性整体保护。如《上海市非物质文化遗产保护条例》第二十四条和《武汉市非物质文化遗产保护条例》第二十条均规定，对非物质文化遗产代表性项目集中、特色鲜明、形式和内涵保持完整的特定区域，实行区域性整体保护。《贵州省非物质文化遗产保护条例》第二十九条规定："非物质文化遗产资源丰富、保存较完整、特色鲜明、历史文化积淀丰厚、存续状态良好，具有重要价值和广泛群众基础的特定区域，可以申请设立文化生态保护区，实行区域性整体保护。"

三是，在法律责任上，有的地方性保护条例做了比较详细的规定。如《云南省非物质文化遗产保护条例》第三十九至四十五条、《贵州省非物质文化遗产保护条例》第四十七至五十二条、《浙江省非物质文化遗产保护条例》第四十一至四十六条都规定了警告、责令改正、罚款、没收违法所得、给予行政处分等处罚方式，甚至有的规定，严重的可追究刑事责任。

由于公法保护旨在对传统的保存和维续，私法保护旨在对权利的享有和使用，二者各有侧重，可互为补充。但公法保护存在行政干预、资源浪费等问题。而且，如只有公法保护而缺乏私法保护，则忽略了作为传统文化表达创造者的传统持有者（包括传承人及其所属社群）的精神权利和经济利益的需求，致使盗用和滥用现象恶化，进而危及传统文化表达及其传统持有者的生存和延续。近年来，在文化产业化过程中，利用少数民族传统文化表达所暴露出的问题已不容忽视，如传统文化在开发过程中遭到破坏、开发过程中传统文化表达被利用而传统持有人获利甚微、传统文化表达被利用时不标明出处或来源甚至被抢注商标或圈占版权等现象并不少见。起草制定专门的私法立法来对传统文化表达予以保护已是迫在眉睫。

二、司法现状分析

笔者对当前公开可获取的涉及传统文化表达的案例做了比较分析,发现这些案例在传统文化表达的保护上凸显了几个共同的问题,分别如下。

(一)传统文化表达保护的主体问题

由于我国的《著作权法》未对传统文化表达的保护作出具体规定,在实践中面临传统文化表达纠纷的传统持有人首先面临的便是主体资格问题。因我国判例实践中对传统文化表达的表述皆为"民间文学艺术作品",故这一部分笔者也多以民间文学艺术作品代之,以与判决书内容保持一致,如前面分析,这种表述不够严谨。

早在 2002 年,作为中国首例侵害民间文学艺术作品著作权纠纷案的"乌苏里船歌案"就提出了这一主体问题。在该案的判决中,法院承认了原告四排赫哲族乡政府的诉讼地位,认为"涉案的赫哲族民间音乐曲调形式作为赫哲族民间文学艺术作品,是赫哲族成员共同创作并拥有的精神文化财富。它不归属于赫哲族某一成员,但又与每一个赫哲族成员的权益有关。该民族中的任何群体、任何成员都有维护本民族民间文学艺术作品不受侵害的权利。四排赫哲族乡政府作为一个民族乡政府是依据我国宪法和法律的规定在少数民族聚居区内设立的乡级地方国家政权,可以作为赫哲族部分群体公共利益的代表。故在符合我国宪法规定的基本原则、不违反法律禁止性规定的前提下,四排赫哲族乡政府为维护本区域内的赫哲族公众的权益,可以自己的名义对侵犯赫哲族民间文学艺术作品合法权益的行为提起诉讼。"① 由此确立了在此类纠纷中解决主体资格的法律规则，即民间文学艺术作品著作权由产生并传承该作品的特定族群共同享有，是族群成员共同创作并拥有的精神文化财富；该族中的任何群体、任何成员都有维护本族群民间文学艺术作品不受侵害的权利。自治乡政府可以自己的名义对侵权行为提起诉讼。在一定程度上肯定了民间文学艺术作品的集体权利。

在"安顺地戏案"中，同样涉及这一问题。北京市第一中级人民法院经审理认为，本案涉及的是"安顺地戏"的保护问题，因"安顺地戏"由安顺地区的人民世代相传、继承、丰富而成，并不归属于某个特定民事主体。所以，当他人的使用行为对这一文化遗产造成损害时，难以由特定的公民、法人或其他组织主张权利。作为安顺地戏的管理及保护机关，原告安顺市文化和体育局有资格代表安顺地区的人民就他人侵害安顺地戏的行为主张权利并提起诉讼。② 该判决在阐明安顺地戏的集体传承性的基础上，承认了其管理及保护机关的主体资格。

由此可见，虽然相关立法没有出台，但法院根据《著作权法》的规定，均承认民间文学艺术作品的权利性质，并认可其主体并非个人，而是集体。只是在由谁代表集体主张权利时，根据案件情况有不同的认定。如"乌苏里船歌"案的诉讼主体为行政主体（四排赫哲族乡政府），而"安顺地戏案"中是主管当局（安顺市文化和体育局），均不是传统文化表达的直接来源社区，在主张权利，尤其是当涉及传统文化表达的精神权益时，难免会有些牵强。

---

① 黑龙江省饶河县四排赫哲族乡人民政府诉郭颂、中央电视台、北京北辰购物中心侵犯著作权纠纷案：北京市高级人民法院民事判决书（2003）高民终字第 246 号。

② 北京市第一中级人民法院（2011）一中民终字第 13010 号判决书。

而陈启花等村民诉某音像出版社侵犯民间社火表演者权案[①]中，法院认定了该村 117 名社火表演者以个体身份推举代表起诉的共同诉讼主体资格。在此，是建立在表演者的个体权利的基础上的共同诉讼方式，即将多个权利个体通过程序上的规定放在一起审理，而非权利主体本身的集体性，且该案中针对的是表演者权，也不是传统文化表达本身。

（二）传统文化表达衍生作品与传统文化表达的区分难问题

在司法实践中，涉讼较多的是如何判定传统文化表达衍生作品，其与传统文化表达如何区分的问题。法院往往以是否具有独创性来作为判定传统文化表达衍生作品的标准，从而对传统文化表达衍生作品予以著作权的保护，不容他人侵权，而将传统文化表达划入公有领域的范畴，他人皆可使用。即，目前一般的看法是，利用民间文学艺术进行再创作的作品，由于其中所具有的独创性，作者无疑是享有再创作作品的著作权的。但其著作权不能及于其中原属于民间文学艺术领域中公有的部分。

比较典型的如"黄自修与南宁市艺术剧院侵犯著作权纠纷上诉案"[②]。法院认为，黄自修的作品《妈勒带子访太阳》与南宁市艺术剧院的舞剧《妈勒访天边》均是在民间文学的基础上进行的再创作，其素材均来源于广西壮族的民间传说。黄自修的《妈勒带子访太阳》一文在民间传说的基础上，融合了其个人的理解和想象，并运用鲜明个性特色的语言文字及表述风格进行整理、改动和加工，并独创性地改变了传说中的称谓和故事的结局，并非单纯地收集整理，是投入了个人创造性思维和劳动的再创作，其文章属于《著作权法》保护的作品范围，故黄自修对《妈勒带子访太阳》应享有著作权。但由于黄

---

① 青海省西宁市中级人民法院（2003）宁民三初字第 3 号判决书。
② 黄自修与南宁市艺术剧院侵犯著作权纠纷上诉案：广西壮族自治区高级人民法院（2008）桂民三终字第 15 号。

自修的《妈勒带子访太阳》是利用民间文学艺术进行再创作的作品，其著作权不能当然及于其中原属于民间文学艺术领域中公有的部分。所以，他并不能阻止其他人利用该民间文学艺术进行正常的再创作。

"白广成诉北京稻香村食品有限责任公司著作权权属、侵权纠纷案"[1] 中，法院也认为，涉案作品"跑驴"虽属于民间艺术作品，因其与传统的鬃人作品不同，符合作品独创性的要求，且具有可复制性的特点，当然可以适用《著作权法》进行保护。张玉和等诉单田芳等侵犯著作权纠纷案[2] 同样体现了这一点。虽然单田芳提出《三侠剑》中的主要人物均源自在此之前的几部小说，该书属民间文学作品，任何人均有权整理，故其并未侵权。但法院认为，虽然《三侠剑》中的主要人物源自其前的几部小说，但首次将该人物及情节集于一书的是张杰鑫，即张杰鑫最早创作了《三侠剑》。且经内蒙古版权处鉴定认为单田芳的《三侠剑》和张杰鑫著《三侠剑》一书前一部分"大同小异，故事情节基本相同"。由于单田芳在其《三侠剑》中未以适当的方式表明张杰鑫的作者身份，且对张杰鑫著《三侠剑》的内容进行了改动，故其在内蒙古少儿出版社和群众出版社出版的《三侠剑》上仅署名"单田芳著"的行为，显属不当，侵犯了张杰鑫对其作品享有的署名权和修改权。

通常认为比较有影响的还有"白秀娥剪纸案"。在独创性的判定上，北京市第一中级人民法院主张，"著作权法上的作品必须具有独创性和可复制性。这里所说的独创性并不要求作品具有相当的创作高度或是前所未有的，而应是由作者独立创作完成的。就本案涉及的白秀娥的剪纸图案而言，是白秀娥运用我国民间传统的剪纸技艺，将其对生活、艺术及民间美学的理解，通过其创作的剪纸图案表达出来，该剪纸是白秀娥自己独立创作完成的，具备了

---

① 北京市东城区人民法院一审民事判决书：（2010）东民初字第 02764 号。

② 张玉和等诉单田芳等侵犯著作权纠纷案：北京市朝阳区人民法院（2003）朝民初字第 24219 号。

《著作权法》对作品独创性的要求，其可复制性亦毋庸置疑，故可以认定本案争议的剪纸图案属于《著作权法》所规定的作品。同时，由于这幅剪纸作品是以线条、色彩构成的具有审美意义的平面造型艺术作品，故这幅剪纸作品是《著作权法》所规定的美术作品，应受《著作权法》保护。"[①] 北京市高级人民法院则进一步阐明："本案涉及的蛇图剪纸系白秀娥独立创作完成，该剪纸作品虽然采用了我国民间传统艺术中'剪纸'的表现形式，但其并非对既有同类题材作品的简单照搬或模仿，而是体现了作者白秀娥审美观念，且表现出独特意象空间，属于应当受《著作权法》保护的美术作品。目前，我国法律法规中虽然尚未对民间文学艺术作品的保护问题作出规定，但是借鉴民间文学艺术表现形式创作出的新的作品，应当视为对民间文学艺术的继承和发展，其作者依法享有著作权，符合我国著作权法'鼓励创作'的立法精神。"[②] 北京市高级人民法院再审也认为，涉案剪纸是白秀娥自己独立创作完成的，具备了《著作权法》对作品独创性的要求，属于应当受《著作权法》保护的美术作品。因此，国家邮政局关于本案不应适用《著作权法》的主张不能成立。[③]

白秀娥剪纸可以说是典型的利用传统文化表达而形成的版权作品，即来源于剪纸这一传统文化表达而形成的著作权法意义上的个人美术作品，对其权利的保护按照《著作权法》的现有规定即可实现，不存在任何版权保护上的障碍，也不需要扩大解释或者拓展适用现有版权法规定。相关的剪纸作品纠纷案还有张时中诉云南熊谷生物工程开发有限公司侵犯著作权案[④]、国家

---

① 一审判决：北京市第一中级人民法院［2001］一中知初字第 185 号。

② 二审判决：北京市高级人民法院［2002］高民终字第 252 号。

③ 再审判决：北京市高级人民法院［2003］高民再终字第 823 号。

④ 云南省昆明市中级人民法院（2002）昆民六终字第 6 号。

邮政局与郭宪侵犯著作权纠纷上诉案[①]等，均认为原告的剪纸作品享有著作权。虽然这些判决都将个人创作的剪纸作品认定具有独创性，构成《著作权法》规定的美术作品，但类似剪纸这样的传统文化表达如何认定独创性仍存在较大困难。因剪纸属于民间广泛流传的传统手艺，在构图、形状和许多元素上都有着共同的特征，如果只因其中的细小差别便给予版权法的独占保护，很容易影响该形式的传承和传播。而在北京汉坤东方文化策划有限公司诉北京德艺轩工艺品开发中心著作权侵权纠纷案中，一审法院认为，"严格来说，[民间文学艺术] 作品的创作或多或少都会涉及吸收民间作品的成分，故民间作品的权利应受到相应限制。他人如果在整理、使用过程中加入创造性成分，即独立完成且完成的成果与已有表达包括民间表达相比具有个人性，则会产生排他性，作品与作者特定化，构成《著作权法》一般意义之作品。"并对涉案剪纸册中的剪纸做了详细分析，得出结论认为："每幅独立剪纸的造型、构图与蔚县民间剪纸相比，没有突出的特别之处，创作者不确定，其原始设计应属于河北蔚县民间作品。"[②]这是少有的将涉案作品视为不具独创性的例子。

体现传统文化表达衍生作品与传统文化表达区分困难的案例在涉及赵梦林绘制的京剧脸谱的系列案中尤为突出。

在"段国胜与成都市风雅堂工艺品有限公司等著作权侵权纠纷系列上诉案"中，一二审法院将原告段国胜的制作与已出版书籍和明信片册中的京剧人物形象进行对比后，均认为，段国胜对中国戏剧人物的制作不具有独创性，不应当享有著作权。二审法院进一步阐明，演绎中国京剧人物形象，特别是这些已经被固定下来的经典造型作品（包括摄影、绘画、雕塑等美术作品形式），不能仅因独立完成而当然享有著作权，它应当体现制作者独特的艺术

---

① 　北大法宝：[法宝引证码] CLI.C.240308。

② 　北京汉坤东方文化策划有限公司诉北京德艺轩工艺品开发中心著作权侵权纠纷案：北京市海淀区人民法院（2002）海民知初字第 5857 号。

思想及个性特征，在继承传统文化元素的基础上进行的独创性的再创作，并具有让相关公众易于区分的显著特征。[①]而原告的工艺品"杨贵妃""穆桂英""五虎上将""武财神""孙悟空"等虽然运用雕刻手法将已固定的人物形象进行载体转化，但人物的姿态、肢体动作、面部表情、衣冠服饰、色彩搭配等要素都没有发生体现自身独有特征的改变和有独创性的再创作。因此，诉争浮雕件不能体现其独特的艺术思想，该浮雕件不具有独创性，段国胜不应享有著作权。二审法院同时还补充道，京剧人物的经典造型是中华民族传统文化的重要组成部分，是广大人民群众共同创造和享有的精神财富。原审判决否定段国胜对诉争作品的著作权，并不会导致妨害中国传统民间艺术的传播和发展的后果。

而段国胜系列案件中的"穆桂英""五虎上将""武财神""孙悟空"等形象均来自赵梦林绘制的京剧脸谱。只是在段国胜系列案中，赵梦林的京剧脸谱仅作为判定段国胜是否享有著作权的参照，判决本身并未对赵梦林京剧脸谱的独创性做出认定。而在赵梦林京剧脸谱被侵权的其他系列案中，就明显涉及其京剧脸谱的独创性问题。在这些案件中，被告都提出了独创性抗辩，认为原告的京剧脸谱属于公有领域，不具有独创性。在每起案件中，原被告的最大分歧都是围绕一个问题：京剧脸谱属于民间艺术，是否应由赵梦林享有著作权。针对这一问题，各地法院对同类侵权案的判决却完全不同。其中大多数判决否定了这一抗辩，认可了赵梦林京剧脸谱的独创性。如"赵梦林诉上海灵狮广告有限公司等著作权侵权案"中，上海市浦东新区人民法院认为"这些脸谱是原告从数量众多的脸谱中选择了部分他认为有特色的脸谱，运用自己的绘画技巧结合对京剧脸谱艺术的理解，以美术作品的形式对每一

---

① 段国胜与成都市风雅堂工艺品有限公司等著作权侵权纠纷系列上诉案：（2010）川民终字第471、473、474、475、476、477号。

个特定戏剧人物的脸谱进行再创作，并将这些脸谱编排起来。它体现的是一种智力创造性劳动，具有独创性，而并不是简单地将已有的脸谱收集在一起"[①]。上海市第一中级人民法院进一步认为"京剧脸谱艺术是我国戏曲艺术中的一种独特的表现方式，京剧脸谱艺术与京剧脸谱作品是互有联系而又相互区别的。京剧脸谱艺术的表达方式不是唯一的，而脸谱作品则是艺术家以程式化的脸谱图案为基础，通过再创作而形成的新的美术作品，不同作者根据其不同的创作意图，选择不同的表现方式创作形成不同的脸谱作品，这些作品具有独创性，作者对此应当享有著作权"[②]。

而在赵梦林诉长沙一家设计公司侵权案中，长沙市中级人民法院则在其判决中指出，京剧脸谱属于传统文化的范畴，对其类似作品的独创性应提出更高的要求。原告未举证证明相关脸谱相对于传统脸谱的创造性及显著不同，不能认定原告对书中脸谱的谱式图形享有著作权。[③] 这种截然不同的对独创性的判定反映了传统文化表达衍生作品与传统文化表达区分的困难。

这种困难也要求我们在对传统文化表达衍生作品独创性的判断上，标准应当与一般作品有所区别，应适用较高的独创性认定标准，至少要达到"独立完成"加上"一定的创作高度"。即，与在先的传统文化表达相比，其区别不能是微不足道的，至少能被一般公众所识别。若区别太小，一般公众根本无法识别，或者说这种区别与相同部分相比根本不值一提，则不能认定具有独创性。有些法院的判决表明了对这一点的考虑。前述北京汉坤东方文化策划有限公司诉北京德艺轩工艺品开发中心著作权侵权纠纷案的法院判决即体

---

① 上海市浦东新区人民法院（2002）浦民三（知）初字第 29 号。

② 上海市第一中级人民法院（2003）沪一中民五（知）终字第 5 号。

③ 北京商报：《京剧脸谱是否受著作权保护？》，http://ip.people.com.cn/GB/12511660.html，访问日期：2023 年 5 月 10 日。

现了这一标准。还有"王庸诉朱正本、中央电视台、王云之著作权侵权案"[①]中，一审法院认为，民间音乐作品基础上的改编所要求的独创性应高于民歌填词和整理。

适用较高标准的理由主要有以下几点：第一，由于民间文学艺术衍生作品的"民间性"和"不易分辨性"，如果只要在民间文学艺术的基础上进行较低程度的创造就能产生一个新作品，会使公众在使用和传播民间文学艺术衍生作品时容易将其混淆成公有领域的民间文学艺术。第二，从利益平衡的角度来看，民间文学艺术衍生作品多来源于公有领域，如果不经过较高程度的创造就能产生一个新作品，为个人所垄断，显然是不公平的，会对公共利益造成损害。第三，实行较高的认定标准，能使公众免费获得独创性较低的民间文学艺术衍生作品，促进对传统文化的传播，同时也激励创作者在利用民间文学艺术进行再创作时投入更多的智力，创作出高水准的衍生作品，促进文化精品化。以京剧脸谱为例，就要将其与平时大家在京剧里面看到的真实脸谱比对，分析其区别是否足够明显。另外，这种比对应是一一比对，不能一概而论。即有学者提出，赵梦林的京剧脸谱系列案的大多数法院就忽视了这一点。[②]必须针对每一幅脸谱与在先的表达进行对比。而且，由于民间文学艺术衍生作品的特殊性，在民间文学艺术衍生作品侵权纠纷中，应当将"独创性"的举证责任完全分配给原告，如果原告仅出具出版物或登记证书，未能举证证明"创造性"，仍要承担不利的法律后果。[③]如前述长沙市中级人民法院的判决就是采用的这种方法，认为原告未举证证明相关脸谱相对于传统

---

① 一审：北京市海淀区人民法院［2003］海民初字第 19213 号；二审：北京市第一中级人民法院［2005］一中民终字第 3447 号。

② 林秀芹、曾斯平：《论民间文学艺术衍生作品独创性的认定——以赵梦林京剧脸谱系列案为例》，《湖南社会科学》2013 年第 6 期。

③ 同上。

脸谱的创造性及显著不同，不能因其绘制、出版了《京剧脸谱》一书就认定原告对书中脸谱的谱式图形本身享有著作权。

（三）将传统文化表达认定为不受保护范围的问题

从诸多案例的判决来看，许多法院并未将民间文学艺术作品（即传统文化表达）作为一种受保护的客体，或是认为需通过有独创性与否来决定保护与否，或是将其归入公有领域的范畴。

再以"安顺地戏案"为例，案件审理中原告认为，安顺地戏不仅属于非物质文化遗产，亦属于受著作权法保护的民间文学艺术作品。对此，一审法院认为，安顺地戏属于非物质文化遗产，但是否属于受《著作权法》保护的民间文学艺术作品尚需要根据《著作权法》的相关规定来判定。案件最后以"安顺地戏并不构成受《著作权法》保护的作品，任何人均不能对安顺地戏这一剧种享有署名权"为由驳回了原告贵州文体局的诉讼请求。二审法院则认为署名权的权利主体是作者，权利客体是具体的作品，权利内容是在作品上对作者名称予以标注。他人只有在未经许可实施了上述署名权控制的署名行为时，他人的行为才可能构成对署名权的侵犯。本案中，因"安顺地戏"既非署名权的权利主体，亦非署名权的权利客体，而涉案电影中虽实施了将"安顺地戏"称为"云南面具戏"的行为，但这一使用行为并非《著作权法》意义上的署名行为，故依据《著作权法》的规定，上述行为不可能构成对"安顺地戏"署名权的侵犯。[①] 由此可见，不管是一审法院还是二审法院，均不认为传统文化表达本身享有权利。同样，在前述的诸多案例中，除了"乌苏里船歌案"件的法院承认民间文学艺术作品的集体著作权，法院一般都

---

① 安顺市文体局诉张艺谋等侵犯著作权案：北京市西城区人民法院（2010）西民初字第 2606 号判决书；北京市第一中级人民法院（2011）一中民终字第 13010 号判决书。

将传统文化表达归入公有领域的范畴，未赋予其相应的权利。如"黄自修与南宁市艺术剧院侵犯著作权纠纷上诉案"中，法院就认为，作为涉诉作品改编来源的民间传说、故事的内容为社会公众共享，任何人均可以采用和加以发挥。只是，考虑到传统文化表达属于非物质遗产和文化遗产的范畴，从鼓励民间文学艺术的保存和传承的角度，都规定了惠益分享的原则。如"黄自修与南宁市艺术剧院侵犯著作权纠纷上诉案"中，二审法院正是基于此确定由南宁市艺术剧院补偿黄自修人民币 3 万元。在"白广成诉北京稻香村食品有限责任公司著作权权属、侵权纠纷案"中，法院也提出，在确定侵权赔偿数额时，必须考虑鼓励创作和弘扬传统文化之间的平衡，以利于传统文化的传承。

这些案例表明，因传统文化表达在《著作权法》中没有明确的权利主体、客体和权利范围的规定，在具体司法实践中缺乏可供参考的依据，使得传统文化表达权利人在主张权益时于法无据，很难得到切实保障。如 2015 年某喜剧演员恶搞花木兰惹众怒，伤害了木兰故里人民的感情，也让许多网友无法接受。虽因舆论压力某演员道了歉，但从法律角度来讲，由于《木兰传说》是经过千百年来口耳相传的民间文学，不是著作权法意义上的"作品"，对《木兰传说》的恶搞完全落入了民间文学艺术私权保护法律真空地带，体现了国内在民间文学艺术相关纠纷中权利缺位的困境。

第二节　《TCEs 条款草案》对我国之启示

一、对我国立法之启示

《TCEs 条款草案》虽然还未通过，但从目前的案文看，与会各方已有很大的共识。如果各方在此基础上再继续深化理解，很有可能就此达成一部具有约束力的国际文书。即便最终草案未能形成一部具有约束力的国际文书，其对我国立法之参考价值也是弥足珍贵的。

一是，草案采用的特别权保护机制足为我国立法借用。直接将传统文化表达的保护纳入版权法，有违版权法的逻辑体系，"在《著作权法》之外发展一套特别权利保护模式，至少在立法技术上优于《著作权法》保护模式。"[1] 有学者认为，著作权并入模式只需去掉现行《著作权法》第六条，并在该法第三条作品的类别中增加民间文学艺术作品，同时，对无法确定作者的民间文学艺术作品按照作者身份不明的作品判断规则判定，其他相同，并认为这一方案的操作难度也最小。[2] 但问题是，这种主张对解决现在国际社会乃至国内争议中的传统文化表达保护问题无济于事。如前所述，具有固定形态的 TCE 作品与传统文化表达是不同的，且其本身即可构成版权法的客体，依据一般的版权法规则予以保护，这也是我国司法实践中采取的做法。对此，国内外皆无异议。大家存在分歧的正是版权法本身无法保护的传统文化表达。

---

① 严永和：《我国民间文学艺术法律保护模式的选择》，《知识产权》2009 年第 3 期。

② 魏玮：《民间文学艺术表达的版权法保护困境与出路》，《暨南学报（哲学社会科学版）》2015 年第 4 期。

　　而版权法的根本理念和基本原则决定了其难以满足传统社群的特殊需求，也不适应传统文化表达的多样性和复杂性。而且，传统文化表达保护问题涉及的是版权法难以保护的传统文化表达本身，而不是符合版权作品特征的基于传统文化表达创作的衍生作品，后者通过《著作权法》即足以保护。这从前述我国系列司法案例便可见一斑。法院保护的往往是基于传统文化表达创作的衍生作品，而常将传统文化表达本身归于公有领域。特别权保护能起到补充著作权法所不能之功用。因此，我国对传统文化表达的保护也应采取特别权保护机制。

　　二是，草案采用的分层保护法应在我国立法中予以采纳。分层保护法反映了专有权与合理报酬相结合以及法律和实际措施兼而用之的特点，能适应传统文化表达的多样性和复杂性的特点，并注重传统文化表达的文化敏感性，将常规知识产权不能保护的精神价值放在首位，以精神权利为主，以经济权利为辅，较好地满足了土著社群的不同需求。我国司法实践中虽多将传统文化表达本身归于公有领域，但对其精神权利和公平补偿的权利也有一定的关注。确立分层保护法既为这种实践提供了支持，也进一步为传统文化表达纠纷提供了有针对性的解决之道。

　　从我国现有的立法看，《上海市非物质文化遗产保护条例》采取的分类保护原则，与草案的分类保护方法颇为相似。其第十八、十九、二十和二十一条分别规定了，对濒临消失的或者本市特有且历史文化价值较高的非物质文化遗产代表性项目，予以重点保护；对濒临消失、活态传承较为困难的非物质文化遗产代表性项目，采取记录、整理，编印图书，制作影音资料，建立档案等方式，实行抢救性保护；对受众较为广泛、活态传承基础较好的非物质文化遗产代表性项目，通过认定代表性传承人、培养后继人才、扶持传承基地等方式，实行传承性保护；而对具有生产性技艺和社会需求，能够借助生产、流通、销售等手段转化为文化产品的传统技艺、传统美术、传统医药药物炮制等非物质文化遗产代表性项目，则实行生产性保护。《武汉市非物质文化遗产保护条例》也采用了类似方法。虽然是公法保护的规定，但很好地体现了区分不同类型的传统文化表达实行不同水平保护的立法精神。而且，这两个条例根据这两个地方工商业老字号众多的特征，在注重保护精神性权益的同时更侧重生产性方式保护，鼓励合理利用代表性项目开发文化产品和文化服务，很好地体现了传统文化表达的动态性在当代社会的发展。

三是，草案的灵活性规定也值得我们立法参考。考虑到我国传统文化表达的丰富多样性和少数民族的多元化，提供灵活的措施，而不是代之以"一刀切"的手段，更有利于保护我国的传统文化表达。从我国已有的有关非物质文化遗产的地方性保护条例的规定看，许多也加入了富有本地区特色的内容、方法和手段。在我国进行特别权保护立法时，可以结合已有的规定，从私法角度予以修改完善。

二、对我国司法之启示

从前面对我国司法实践的分析看，因传统文化表达在《著作权法》中没有明确的权利主体、客体和权利范围的规定，在具体司法实践中缺乏可供参考的依据，使得传统文化表达权利人在主张权益时于法无据，很难得到切实保障。虽然没有立法的明确规定，但根据《著作权法》规定的"民间文学艺术作品的著作权保护办法由国务院另行规定"之精神判断，我国立法本意是要对传统文化表达提供保护的。有鉴于此，司法实践中就不能因没有法律的明确规定，一律将传统文化表达归入公有领域的范畴。可以借鉴草案的一些方法和内容为我所用，达到实质上保护传统文化表达的目的。

首先，可借鉴草案的分层保护法，也对不同的传统文化表达做出区分，对其给予不同的保护水平，做出不同的要求。其实司法实践中总结出的一些原则也体现了草案的一些内容。如"乌苏里船歌"案件中，法院认为，吸收民间艺术作品进行改编等再创作，只要不存在歪曲和商业滥用的情况，无须事先获得许可，但应当说明来源及出处。这一点其实就体现了草案中的一个内容，即对公开可获得的传统文化表达不需经许可，但有注明来源的义务。法院还指出，再创作作品未主动注明出处或者可能存在误导公众作品来源的，可认定为族群成员精神权利受到侵害，并适用消除影响而不是赔礼道歉的精神损害侵权责任形式。这其实就是对传统文化表达精神权利的保护。虽然未区分传统文化表达的类型，但在具体的权利义务上已有相似的内容。而更多的案例虽是将传统文化表达归入公有领域，但也提到了惠益分享和公平补偿权，实际上暗合了草案对"可公开获得属于公有领域的传统文化表达"的权利内容。

其次，可以借鉴草案的做法，将受益人归于少数民族或当地社区，或传承这一传统文化表达的主体，以使权利和补偿归于真正创作、维续和保存的社群。

最后，可以参照草案的"例外与限制"规定对某些使用，如教学、研究等目的的使用可以不经许可，但应注明受益人，且不具冒犯性。

第三节　对策：特别权保护机制之构建

如前所述，传统文化表达的保护既可通过非物质文化遗产的公法保护，也可通过知识产权的私法保护。"不同方法、不同宗旨共同形成对民间文学艺术表达的全方面保护……公法保护不能替代私法保护，行政保护不能取代民事保护，二者有补充关系但不能混同。"[①] 我国在非物质文化遗产的公法保护方面已取得长足的进展，但对传统文化表达的私法规定尚付阙如。《TCEs 条款草案》有诸多值得我们立法借鉴之处，可以以此作为参考，构建我国传统文化表达的特别权保护机制。该节将针对特别权保护的各项内容进行阐明，提出相关建议，以构建我国保护传统文化表达之特别权保护机制。

一、原则和目标

（一）原则

原则乃是法律蕴含的基本价值之最大程度的抽象化，起着统领全法、指导补充实践之功用，故对原则的谨慎设计是一部立法之首要步骤。

具体到传统文化表达特别权保护机制之原则，应考虑到该法所要倡导和促进的主要价值和精神。以下几个原则可以考虑：

1. 承认传统文化表达固有价值原则

传统文化表达作为各民族和传统社群世代传承而积累的文化遗产，具有高度的社会、经济、文化、教育等固有价值。承认这种固有价值是保护传统文化表达的基础。在立法中宣示这一原则，也有助于实务部门在处理传统文化表达的相关纠纷时，注意维护其价值。

2. 保障传统持有人及传统社群之权利原则

我们应认识到，由于传统文化表达一直由土著人民、当地社区和民族创造、发展和存续，反映了他们的精神、文化和宗教观念，也确保了土著文化的生存和土著资源的可持续性，而相关的国际人权文件和许多国家的国内法俱规定了土著人民对其文化遗产、传统知识和传统文化表达维持、控制、保

---

① 黄玉烨：《论非物质文化遗产的私权保护》，《中国法学》2008 年第 5 期。

护和发展其知识财产的权利，因此有必要保障土著人民、当地社区和民族依国内法和国际法享有的各项权利。由于我国没有土著的概念，持有传统文化表达的主要是少数民族和特定地区，所以将其主体表述为传统持有人及传统社群可能更为准确。

3. 反映相关社群的期望并满足其需求原则

传统文化表达的保护在一定程度上体现了对相关社群及其人民的人权的尊重，应该反映其愿望，并满足其需求。"这尤其意味着保护 TCEs/EoF 应该尽量承认和适用土著和习惯法和礼仪，鼓励互补性地使用实证和防御保护措施，从文化和经济两个方面处理发展问题，防止侮辱、诋毁和冒犯行为，促进社区间的合作，不让它们之间产生竞争或冲突，让这些社区能够完全有效地参与保护制度的发展和落实。"① 反映相关社群的期望、满足其需求原则暗含了尊重习惯法和传统持有人之意思。我们不能罔顾传统文化表达长期在土著社群内部依据习惯方式自给自足的事实以及其传统持有者在保存、维护和发展这些文化遗产上的核心作用，应尊重这种习惯方式的使用和发展，并对持有人的尊严、文化完整及其哲学、思想和精神价值予以尊重。

保护传统文化表达的立法，法律能制定成功并行之有效的关键在于尊重传统文化表达，与其传统持有人密切合作并及时沟通。赋予传统持有者充分协商和参与的权利。这在过去很少被考虑。而在当前，土著和传统的视角不仅应被听取，还应受到尊重和合法化，这点非常重要。社会应理解过去，并明白过去是怎样影响土著人民和传统社群的当前需求的。不同社群有不同需求。因此，不管通过什么样的特殊法，都需谨记，法律最终寻求保护的不是艺术或传统文化表达本身，而是相关文化、生活方式和传统文化表达所属的人。

---

① WIPO 知识产权与遗传资源、传统知识和民间文学艺术政府间委员会：《保护传统文化表达／民间文艺表现形式：经修订的目标与原则》，WIPO/GRTKF/IC/9/4，2006，附件第 7 页。

4. 增进和保护文化多样性原则

土著人民作为长期被主流社会忽视和边缘化的群体，其创造和发展的传统文化表达因其独特性仍保有世界文化中的一席之地，为世界文化的多样性贡献一己之力。我国传统文化表达的持有人多为少数民族，在我国虽然不像其他国家那样被边缘化，但因其常处在偏远地区、交通不便，经济也不发达，同样存在容易被忽视的问题。但我们不能忘记，传统文化表达也属于世界创造体系中的重要一员。而且，土著人民和少数民族因其多元化，其持有的传统文化表达也呈现多元化，所以制定的规则应有利于增进和保护传统文化表达的多样性，并旨在实现这些人民、社区和民族的福祉及其可持续性经济、文化、环境和社会发展。增进和保护文化多样性原则也包含有鼓励基于传统文化表达的创新之意，因文化多样性是全方位的，既包含传统文化之多样性，也包括当代创新之多样性。

（二）目标

目标对于制定任何文书的执行案文都至关重要，因其详述了文书的目的和意图。因此，在考虑该部分时，应仔细斟酌立法保护所要达到的宗旨，并应考虑到传统持有人的期望，因制定立法之主旨即在维护他们之利益。同时，考虑目标时应将重点放在与传统文化表达的知识产权特别权保护的目的上，这样更具有针对性。

根据传统文化表达保护面临之现实困境，并考虑到传统持有人的愿望和希望，及对保护的需求，建议考虑以下几点目标。

一是防止盗用传统文化表达。可以说这是保护传统文化表达首要的目的。即便是反对对传统文化表达赋予知识产权保护的观点也并不反对给予防止非土著人误用的防御性保护,[①] 认为防御性保护具有更大的正当性。[②] 因其所担心的是,扩张的保护会将已存在于公有领域的内容移除公有领域。从 WIPO 的谈判来看,各国对这一目标也是一致认同,没有异议的。

二是尊重传统文化表达的文化敏感性。对传统文化表达的文化敏感性予以尊重并维护,防止被歪曲、篡改,是传统持有人最普遍的愿望。尊重传统文化表达的文化敏感性,在具体权利设置时就会注重精神权利的保护,也能在必要时对以超出习惯和传统背景的方式使用 TCEs 予以控制。

三是促进事先知情同意和惠益分享。传统文化表达具有文化敏感性和环境依赖性,脱离其文化和环境的使用可能会危及其存续。所以应促进使用传统文化表达的事先知情同意,并在公平的基础上进行惠益分享。

四是鼓励基于传统的创造和创新。传统文化表达的保护并非要像常规知识产权那样设立垄断权,那样既不利于其传承,也不利于文化多样性的维护。保护传统文化表达的同时也应鼓励那些基于传统的创造和创新,不管是在传统背景内还是传统背景外的,只要这些创造和创新建立在尊重和维护传统文化表达的基础上。

二、权利客体

权利客体针对的是立法保护的对象,是权利和义务指向的对象,对于法律关系的确立至关重要。在传统文化表达特别权保护的客体界定上,可以根据分层保护法的思想,先将其设计成一般性的权利客体的概念,再在此基础上根据传统文化表达的公开程度和与传统社群的依附关系进行具体分类。

---

① 防御性保护指利用防御性机制防止他人对传统文化表达及其派生和改编作品获取或持有知识产权。

② Munzer S R, Raustiala K, The Uneasy Case for Intellectual Property Rights in Traditional Knowledge, *27 Cardozo Arts & Entertainment Law Journal 37*,(2009): 41.

（一）权利客体的界定

鉴于客体关系保护范围的大小，可借鉴 WIPO《政策目标和核心原则》的做法，采用特征加实例列举的方式界定传统文化表达客体。我国 2014 年的《民间文学艺术作品著作权保护条例（征求意见稿）》(《条例（征求意见稿）》）第 2 条规定："本条例所称民间文学艺术作品，是指由特定的民族、族群或者社群内不特定成员集体创作和世代传承，并体现其传统观念和文化价值的文学艺术的表达。民间文学艺术作品包括但不限于以下类型：（1）民间故事、传说、诗歌、歌谣、谚语等以言语或者文字形式表达的作品；（2）民间歌曲、器乐等以音乐形式表达的作品；（3）民间舞蹈、歌舞、戏曲、曲艺等以动作、姿势、表情等形式表达的作品；（4）民间绘画、图案、雕塑、造型、建筑等以平面或者立体形式表达的作品。"采取的也是列举特征加实例列举的方式，应该说在某种程度上参考了 WIPO《政策目标和核心原则》的规定。该规定对传统文化表达的界定已属合理，除特征之外也列举了语言形式、音乐形式、行为形式以及有形表达形式等四类具体的表达形式。而《TCEs 条款草案》中对"传统文化表达"这一术语的界定列举了动作、物质、音乐和声音、语音和文字等几类。其中的"语音和文字"在脚注中例示为"故事、史诗、传说、通俗故事、诗歌、谜语及其他记述性作品；词语、标志、名称和符号。"由此可见，草案的界定较之 WIPO《政策目标和核心原则》多了"词语、标志、名称和符号"这一类，这也是我国《条例（征求意见稿）》未涉及的。考虑到如"华盛顿红皮案""纳瓦霍族与 Urban Outfitters 公司案"等实践中出现较多的此类纠纷，传统社群的特定名称、标志代表着其社群独特的身份和文化，也应纳入保护范围。

我国《条例（征求意见稿）》中民间文学艺术作品的说法也不准确，改为"传统文化表达"更为贴切，或按我国一直以来难以舍弃的民间文学情结，改为"民间文学艺术表达"。这里的特征包括了对传统文化表达的集体传承性和文化敏感性的表述，但未提及环境依赖性，可以考虑加入"与特定地域相联系"的特征。此外，最好加入"无论是否被广泛传播"的用语。因为传统文化表达具有不同的传播状态，对此加以强调，明确传统文化表达保护的客体在公开程度方面的要求。

（二）权利客体的分类

权利客体的分类并非前述界定概念时的分类，而是根据分层保护法所做的分类。可以将传统文化表达分为：秘密和神圣的传统文化表达、公开可获得但仍由传统社群持有的传统文化表达，以及可公开获得且不被传统社群持有的传统文化表达三类。以此为后面的权利范围和权利内容奠定分层保护的基础。

三、权利主体

在《TCEs 条款草案》的谈判过程中，围绕国家和民族是否作为受益人的问题呈现很大的分歧。在前面，笔者已阐述自己的观点，国家和民族不宜作为权利主体。因传统文化表达首先是土著社群和当地社区的集体财产，长期以来由其创造、维护和发展，因此他们无疑是最重要和最根本的权利主体。而国家主要是起到保护和管理的作用，这种对文化遗产的保护和管理不应侵占或与土著社群的所有权相冲突。而且，国家对每一项传统文化表达的了解不够深入，难以真正代表有关群体的利益。在我国，将国家作为传统文化表达权利主体还带有很强的国有制色彩，与现代社会市场经济的性质不符。另外，公共资源力量有限，而且权利配置要受很多因素影响，执法难度较大。可以考虑在"权利管理"部分规定，特定情形下由国家机构作为托管人的形式来予以保护和管理。

从传统社群的角度讲，确认其对传统文化表达的权利主体地位，可以为救济措施及诉权的规定奠定基础，也能保障对个人创造性给予补偿的以集体为基础的所有权，从而达到激励创新的目的。另外，从司法实践中出现的多个有关的案例可以发现，传统社群最主要的目的是要求利用者表明来源，这是一种精神层面的要求。承认集体主义财产权，可以使传统部落控制自己的文化遗产，减少对传统文化表达的损害，还可以通过知识产权特有的人身权制度从法律层面强制性要求传统文化表达利用者表明特定传统文化表达的创造者——传统文化表达来源群体的身份，可以最大限度增强特定群体的"文化自觉"和文化主体意识，提供一种可持续性的保障机制，使世界各国人民都能平等地享受到不同文化滋养，公平分享传统文化的各种利益。

《条例（征求意见稿）》第 5 条规定："民间文学艺术作品的著作权属于特定的民族、族群或社群。"将民间文学艺术作品的著作权赋予集体，未将国家作为权利主体，是比较可取的。但建议去掉"民族"的说法，因在我国，民族的概念过于宽泛，范围过大，也不宜设定为权利的主体。

四、权利内容

权利内容方面可以根据前述传统文化表达的不同种类进行分层保护。我国《条例（征求意见稿）》第 6 条规定："民间文学艺术作品的著作权人享有以下权利：（一）表明身份；（二）禁止对民间文学艺术作品进行歪曲或者篡改；（三）以复制、发行、表演、改编或者向公众传播等方式使用民间文学艺术作品。"从该规定看，仍是以《著作权法》的思维规范权利内容。但我们已指出，这种思维与传统文化表达的特征是有矛盾的。建议根据传统文化表达的文化敏感性设定不同的权利内容，考虑以精神权利保护为主，经济权利保护为辅。

（一）秘密和神圣的传统文化表达

对于秘密和神圣的传统文化表达，因其对传统持有人及其社群而言，具有极高的精神和文化价值，且一般未在社群外部公开，因此应享有最高保护水平的权利内容。对此类传统文化表达，可赋予其较强的类似知识产权的排他权和专有权，使权利主体能有效控制其传统文化表达的使用和传播，防止未经授权的披露和录制，并阻止对该表现形式进行未经授权的使用。如果要使用，必须征得传统社群的事先知情同意，并按照共同商定的条件使用，而且要支付使用费。同时，权利主体也有权阻止在商品和服务上对该表现形式的欺骗性的或误导性的使用，禁止对该表现形式进行歪曲或篡改或其他具有冒犯性、贬损性的使用。可以说，秘密和神圣的传统文化表达的权利内容包含了精神权利和经济权利两方面。

（二）公开可获得但仍由传统社群持有的传统文化表达

对于公开可获得但仍由传统社群持有的传统文化表达，虽然已公开，但传统社群仍对这些传统文化表达进行维续、管理和传承的，则应平衡传统社群的利益与使用者的利益。可借鉴法定许可的制度，允许公众不经许可自由使用，但应支付使用费，实现惠益分享、公平补偿。同时考虑到传统文化表达的文化敏感性，也规定精神权利的内容，即使用者需注明来源，且不能歪曲、篡改，或以其他具有冒犯性、贬损性的方式使用。

或者，还可对公开可获得但仍由传统社群持有的传统文化表达再进行具体细化，对于已公开但专属于特定群体、对群体具有特别重要的文化与精神价值的民间文学艺术，经注册或登记程序，除了前述权利之外，传统群体还可享有许可他人复制、出版、改编、广播、向公众传播、发行、固定并获得报酬的权利。同时，可以就民间文艺或者其衍生产品获得知识产权，相关群体可以通过前述的事先许可制度阻止未经许可的任何使用行为或者就其取得或行使知识产权的行为。

（三）可公开获得且不被传统社群持有的传统文化表达

而可公开获得且不被传统社群持有的传统文化表达已不存在相关的权利主体，自然也就谈不上赋予专有权的问题，也不存在惠益分享、公平补偿的问题。但由于这种传统文化表达仍具有文化敏感性，代表一个民族或一个国家的文化特征，并负载着相关情感，因此对这类传统文化表达旨在维护其精神权利，即使用者需注明来源，且不得歪曲、篡改或进行误导性或虚假的使用。

值得注意的是，第一类秘密和神圣的传统文化表达在经该社群公开后，就转化成第二类公开可获得但仍由传统社群持有的传统文化表达了，其权利内容也要相应发生变化。但如是未经该社群许可的公开，则仍享有第一类权利内容的保护。

可以说，不管哪一种传统文化表达，都需维护其精神权利，即传统文化表达的身份象征（注明来源）和完整性特征（不得歪曲、篡改）。注明出处或来源的做法类似于著作权制度中作为著作人格权的署名权。而完整性特征则类似于著作权制度中的保护作品完整权。

侧重精神权利虽是大陆法系著作权体系的传统，但英美法系同样也存在对作者精神利益的保护。作品是作者倾注心血创作出的智力"孩子"，作者对自己的作品有着特殊的情感，也因此不容他人通过歪曲作品、割裂作品等方式损害自己的声誉和作品完整性。这些保护作者在声誉和作品完整性方面的利益即"精神权利"的范围在各国有很大差异。《伯尔尼公约》明确规定了保护作者署名权和保护作品完整权的最低要求。署名权或称归属权，是在作品上表明和标记作者身份的权利。而保护作品完整权则是指反对对其作品的任何有损其声誉的歪曲、割裂或其他更改或其他损害行为的权利。经济、社会和文化权利委员会将这些归属和完整性方面的权利解读为人权法律提及的精神利益的一部分。

署名权应是作者的精神权利里面最没有争议的。这样做，既是对创造行为的尊重，也是满足社会公众知情权的保障。[①] 作为维系作品和作者之间的联系，是防止剽窃等不道德行为的最低底线。即便是不追求经济利益的作者对署名权也是非常重视的。相较个体作者，持有传统文化表达的社群或群体更为关心其文化表现形式上负载的精神利益和文化意义，防止其文化表现形式被以脱离社群传统和文化背景的方式挪用或滥用，防止别人在利用其文化表现形式时进行歪曲或篡改，对社群及其文化造成诋毁。现在也有一些国家的立法和实践通过人权框架来保护传统文化表达的精神利益，我们通过特别权保护机制的分层保护方法就能很好地解决这一问题。

在经济权利方面，已有学者提出，考虑到传统文化表达之权利主体难以确定，且义务主体又难以取得授权，采取类似法定许可的补偿性规则较为适宜。[②] 但考虑到传统文化表达的多样性和传统社群的不同需求，区分类别予以不同规定更为合适。这种类似法定许可的补偿性规则可以针对公开可获得但仍由传统社群持有的传统文化表达。而可公开获得且不被传统社群持有的传统文化表达一般都被视为属于公有领域范畴，要求付费就相当于一些国家规定的公有领域付费制度，在某些使用者眼里属于税收形式，在如美国就很难

---

① 刘春田：《知识产权法》，高等教育出版社，北京大学出版社，2007，第66页。

② 吴汉东：《论传统文化的法律保护——以非物质文化遗产和传统文化表达为对象》，《中国法学》2010年第1期。

在政治上行得通。[①] 而且，对于第一类秘密和神圣的传统文化表达，如果也采取这种制度，将使这类传统文化表达被迫披露和公开，既不符合传统社群的期望及其传统，也有违公平正义原则。

在权利内容方面，还应在尊重传统社群的意愿上规定较灵活的规则。如对传统文化表达的利用允许约定授权。由传统社群与使用者达成使用约定，确定双方当事人之间的权利义务关系。当然为防止传统社群处于谈判不公地位签署的合同，要求合同的签订仍需遵守法律的基本原则。

此外，对演绎传统文化表达产生的衍生作品申请其他专有权时应予以一定的限制，如在独创性上要求较高的标准，在举证时承担举证责任等。并规定衍生作品的支付报酬权。这一点可借鉴《条例（征求意见稿）》第十条的规定。该条规定："特定的民族、族群或者社群以外的使用者使用根据民间文学艺术作品改编的作品，除取得改编者授权外，应对其使用民间文学艺术作品的行为按照本条例第八条第一款规定取得许可并支付合理报酬。"

采用这种分层保护法，并对具体权利内容予以细化，这样才能在传统持有人、使用者和社会公众之间达成利益的平衡，促进文化多样性的发展。

五、权利管理

在权利管理上，可以规定，由国家机构在特定情形或传统社群允许的情况下作为托管人，为了权利主体的直接利益，对法律规定的权利和利益进行管理。如第三类传统文化表达，因不归属于特定社群，缺乏法律规定的权利主体，但仍享有一定的精神权利，因此可由国家机构代为行使。而且考虑到我国的实际情况，民族治理结构已经发生实质性变化，很多地方基本都不存

---

① Gervais D J, "The Internationalization of Intellectual Property: New Challenges from the Very Old and the Very New", *Fordham Intellectual Property, Media and Entertainment Law Journal* 12 (2002):969—970.

在部落首领、族长等土著民族和少数民族自治的管理机构，而是由政府机构进行管理。建议由国家各级政府中的文化行政主管部门作为法定代理机构代表，与当地民间文学艺术群体选出的代表共同决定传统文化表达的权利管理问题，主要职能包括处理部分群体专属的传统文化表达的主体的审查登记，认定权利主体地位，裁决权利主体争议；颁布非专有权付费制度的实施细则并监督实施；经委托代表相关群体行使获得报酬权并向其转移报酬；代表国家行使对完全公开的传统文化表达的相关权利，包括诉权。但由国家部门或机构代为管理的情形只限传统文化表达没有归属社群或传承人的情况，不宜扩大适用。

另外，也可考虑对权利管理进行比较灵活的处理。如中国社会科学院法学研究所管育鹰博士建议，对那些传统上或地理上可以明确界定的保有某一民间文艺表现形式的族群，其权利可以由社区自己行使，即通过建立代表性机构管理民间文艺相关权利。同时，她还指出，法律上应进行开放性的规定，允许民间自发成立相关机构，管理成员的民间文艺权利。这种做法允许权利主体自治，不失为一种灵活之举。如云南腾冲新庄村设立的传统资源共管会可视为实践中这种模式的代表。[1] 该村由村委会牵头组织，该村 13 个村组461 户人家推选出 49 名共同利益代表，组成传统资源共管会，为该村的集体利益负责传统资源的利用、传承和发展等具体事项，并可经传承人授权代为管理和主张其个人针对传统资源的精神利益和经济利益。这种模式有助于解决传统社群传承人众多，但又有固定的地域范围和传统特征的传统文化表达的保护问题，能较好地切合传统社群的现实需求，并维护其利益。但这种机构的设置仍应遵循法律的基本原则，并旨在维护其社群集体的利益。

---

[1] 龙文：《社区传统资源利益分享机制研究——新庄村传统造纸的田野调查、社区实践与理论思考》，转引自国家知识产权局条法司：《专利法研究（2005）》，知识产权出版社，2006，第89—108 页。

六、限制与例外

《TCEs 条款草案》中规定了传统文化表达的例外与限制，分为一般例外规定和具体例外规定。而我国的《条例（征求意见稿）》第 14 条规定："在下列情况下使用已经公开的民间文学艺术作品，可以不经著作权人许可，不向其支付报酬，但必须指明来源，不得贬损著作权人，不得与民间文学艺术作品的正常利用相冲突，不得损害著作权人依法享有的其他合法权利：（一）为个人学习或者研究目的使用的；（二）为教育或者科研目的使用的；（三）为新闻报道或者介绍评论目的使用的；（四）图书馆、档案馆、纪念馆、博物馆或者美术馆等为记录或者保存目的使用的；（五）国家机关为执行公务目的使用的；（六）其他法律法规有规定的。"采用了三步检验法的判断标准，并列举了六种具体情形，相对来说，例外与限制的范围要比草案的范围宽得多。

例外与限制一直以来就是平衡权利人与使用者之间的利益的有效工具，其规定直接影响着权利人对传统文化表达的控制和他人对传统文化表达的利用情况。从鼓励创新、促进文化多样性的角度讲，例外与限制的范围不宜过窄，以防阻碍后续创作者的创造和创新。对许多传统社群而言，其寻求的是尊重和理解，也不只是限制性的法律行为。尤其是传统社群中的年轻一代，也希望有娱乐、批评和创作的自由。尽管有些传统社群可能不乐意对其权利施以限制和例外，但这是必要的。

但如前文所述，由于传统文化表达这一客体的特殊性，在很多情况下可能涉及文化敏感性，如果例外和限制的范围过宽，确实会造成对土著人民的损害。如果不注意传统文化表达的这一特性，即便是用于教学目的，对许多神圣的或具有精神特征的 TCE 来说，都可能是不恰当的对待。因此，应谨慎对待传统文化表达的限制与例外。

有鉴于此，建议也根据分层法对不同的传统文化表达确定不同的标准。对"神圣和秘密的传统文化表达"不适用限制与例外。而对"公开可获得但仍由传统社群持有的传统文化表达"和"可公开获得且不被传统社群持有的传统文化表达"再分别规定类似《著作权法》中法定许可和合理使用的制度。在具体条文上还可再根据具体情形进行细化。如此，既能更好地保护传统文化表达及其持有人的利益，又能保障和平衡其他人的使用利益，同时还能保持草案整体的一致性和协调性。

七、保护期

《TCEs条款草案》中将保护期交由各国自行决定。而我国的《条例（征求意见稿）》第七条规定："民间文学艺术作品的著作权的保护期不受时间限制。"即，采取的是永久保护。

永久保护是许多学者和传统社群主张的要求。但由于传统文化表达需要顺应环境而改变，动态性是其特征之一。如果将其形式固化，并予以永久保护，将不利于传统文化表达的发展。而且，考虑到许多土著社群和人民并不反对他人对传统文化表达的利用，主要强调的是对精神权利的维护，和一定程度上的惠益分享，因此可以参照《著作权法》的精神权利和经济权利的类似规定，对精神权利永久保护，而对经济权利则予以一定的时间限制。但因传统文化表达的持有人通常是群体，故可将经济权利的保护期限确定为持有社群的延续时间。也有学者提出，可规定其保护期为50年，50年后可以续展。[①] 这种类似商标权存续的主张与笔者的主张具有异曲同工之效，即都是以现实可行的路径达到更好的长久保护目的。

---

① 周林:《简论"民间文艺"版权保护立法》,《中国版权》2015年第3期。

八、权利救济

为权利提供救济是各国的义务。我国《著作权法》为著作权法和邻接权提供了完整的权利救济,《条例(征求意见稿)》第15、第16、第17、第18条规定了侵犯民间文学艺术作品著作权的民事责任及免责情形、行政责任与刑事责任,为民间文学艺术作品著作权提供了全面的救济和保护。

建议针对传统文化表达保护规定专门的救济措施,包括针对精神权利受侵害的赔礼道歉、消除影响、恢复名誉、停止侵害等,针对经济权利受侵害的禁令、罚款、销毁侵权物、惩罚性赔偿等民事责任和刑事处罚。同时,我们可以借鉴《TCEs 条款草案》中规定的传统文化表达的无辜侵权问题以及因不公平或误导性地授予知识产权的撤销问题。因为传统文化表达的无辜侵权对传统文化表达的利用及其交流传播具有积极意义,类似于现代侵权理论以及知识产权立法框架中规定的善意侵权行为,具有可免责性。第三人未经权利人同意误导性的或者不公平地对传统文化表达获得了知识产权,成员国应当撤销此类知识产权,与前述保护范围中的禁止他人非法就其传统文化表达取得知识产权的权利相呼应,更好地保护传统文化表达,也保持案文前后的一致。

在规定救济条件时,应注意登记只是一个初步证明,不能将其作为救济的绝对条件。因登记虽然有助于确权,但在传统文化表达的保护上存在局限。一是传统文化表达是动态的,不能静态化、冻结和限制。二是需考虑传统社群在资源上的局限性和地理位置的偏远问题,使其很难进行主动登记。

在考虑求偿权时,应结合其他对精神权利损害的救济,如精神权利损害赔偿金。如果传统文化表达被盗用者以创造经济收益的方式盗用,则经济价值的争论就没什么实际意义了。此时创造了被盗用 TCE 的土著社群应就 TCE 的使用获得赔偿。如果该使用创造了经济价值,可以收取盗用者经济收益的一定比例的形式获得赔偿。但如盗用者是以没有经济价值的方式盗用没有经济价值的 TCE，经济权利就难以支持赔偿了。而规定精神权利损害赔偿金能弥合这一差距。

此外，在举证责任方面，应将证明责任置于使用者身上，而非传统社群身上，更为公平。如前述及的，以传统文化表达为基础创作的作品主张权利时，应证明其相较所借用传统文化表达之间存在的独创性，且应适用较高的标准，即存在显著不同。

九、手续

《TCEs 条款草案》规定的是自动保护原则。这是考虑到传统文化表达的集体传承性，很难确定其创作的起始时间。我国《条例（征求意见稿）》第 9 条规定："著作权人可以将其民间文学艺术作品向第八条规定的专门机构进行备案。经备案的民间文学艺术作品著作权文书是备案事项属实的初步证明。专门机构应当及时向社会公示备案的民间文学艺术作品信息。民间文学艺术作品未进行备案的，不影响其著作权。"由此可见，备案并不是受保护的必备条件，而是作为权属的初步证明，实行的也是自动保护原则。这一点颇值得肯定。

十、替代性争议解决措施

《TCEs 条款草案》提供了替代性争议解决措施的选择，但未规定具体内容，而我国的《条例（征求意见稿）》并未考虑这一问题。建议参考《太平洋框架协定》提供的解决争议的可替代方法，如调解程序和诉诸习惯法等。对实用主义社群来说，调解、仲裁等形式方便快捷，可以快速解决争议，符合当前商业世界的要求。而对传统主义社群来说，习惯法在处理涉及精神权利方面的争议和邻近社群之间的争议方面也很有用。

参考文献

一、中文文献

［1］安守廉.窃书为雅罪：中华文化中的知识产权法［M］.李琛，译.北京：
法律出版社，2010.

［2］保罗·爱德华·盖勒.版权的历史与未来：文化与版权的关系［M］//郑
成思.知识产权文丛（第六卷），北京：中国方正出版社，2001.

［3］保罗·戈尔斯坦.国际版权原则、法律与惯例［M］.王文娟，译.北京：
中国劳动社会保障出版社，2003.

［4］保罗·戈斯汀.著作权之道——从谷登堡到数字点播机［M］.北京：北
京大学出版社，2008.

［5］彼得·达沃豪斯.信息封建主义［M］.刘雪涛，译.北京：知识产权出
版社，2005.

［6］彼得·德霍斯.知识财产法哲学［M］.周林，译.北京：商务印书馆，
2008.

［7］布拉德·谢尔曼，莱昂内尔·本特利.现代知识产权法的演进：1760—
1911 年英国的历程［M］.金海军，译.北京：北京大学出版社，2006.

［8］塔尼亚·芙恩.文化产品与世界贸易组织［M］.裘安曼，译.北京：商
务印书馆，2010.

［9］曹新明.非物质文化遗产保护模式研究［J］.法商研究，2009，26（2）：

75—84.

[10] 程慧钊. 在知识产权法体系内建立民间文学艺术法律保护的合理性分析 [J]. 兰州学刊, 2007 (8): 82—87.

[11] 程慧钊. 民间文学艺术若干法律问题研究 [J]. 法学杂志, 2004 (5): 79—81.

[12] 崔国斌. 著作权法: 原理与案例 [M]. 北京: 北京大学出版社, 2014.

[13] 大卫·赫斯蒙德夫. 文化产业 [M]. 张菲娜, 译. 北京: 中国人民大学出版社, 2007.

[14] 丁丽瑛. 民间文学艺术表达的著作权保护 [J]. 厦门大学学报 (哲学社会科学版), 2013 (3): 104—113.

[15] 多米尼克·吴尔敦. 拯救传播 [M]. 刘昶, 盖莲香, 译. 北京: 中国传媒大学出版社, 2012.

[16] 弗雷德里克·马特尔. 智能: 互联网时代的文化疆域 [M]. 君瑞图, 左玉冰, 译. 北京: 商务印书馆, 2015.

[17] 管育鹰. 传统知识及传统文化表达的法律保护问题 [J]. 贵州师范大学学报: 社会科学版, 2005 (2): 5.

[18] 管育鹰. "刀郎" 现象折射出的民间文艺保护问题 [J]. 中华商标, 2005 (11): 52—56.

[19] 何艳, 何华. 论民间文学艺术的法律保护 [J]. 昆明理工大学学报 (社会科学版), 2004 (2): 29—33.

[20] 黄汇. 论版权、公共领域与文化多样性的关系 [J]. 知识产权, 2010 (6): 23—29.

[21] 黄汇. 民间文学艺术保护的价值与模式选择 [J]. 西南民族大学学报: 人文社会科学版, 2008.

［22］黄玉烨．保护传统文化的政策目标论纲［J］．法商研究，2008（1）：1—14.

［23］黄玉烨．论非物质文化遗产的私权保护［J］．中国法学，2008（5）：136—145.

［24］黄玉烨．我国民间文学艺术的特别权利保护模式［J］．法学，2009（8）：119—126.

［25］胡开忠．文化多样性的弘扬与知识产权保护［J］．法律科学（西北政法学院学报），2007（3）：3—10.

［26］吉姆·麦奎根．重新思考文化政策［M］．何道宽，译．北京：中国人民大学出版社，2010.

［27］李琛．论"folklore"与"民间文学艺术"的非等同性［J］．知识产权，2011（4）：15—19.

［28］李琛．论知识产权的体系化［M］．北京：北京大学出版社，2005.

［29］李琛．著作权基本理论批判［M］．北京：知识产权出版社，2013.

［30］李阁霞．论民间文学艺术表达的法律保护［J］．贵州师范大学学报（社会科学版），2006（1）：32—39.

［31］李依霖．少数民族非物质文化遗产的法律保护研究［D］.中央民族大学，2013.

［32］李永明，杨勇胜．民间文学艺术作品的版权保护［J］．浙江大学学报（人文社会科学版），2006（4）：132—140.

［33］李雨峰．著作权的宪法之维［M］北京：法律出版社，2012.

［34］廖冰冰．民间文学艺术表现形式概念及法例评析——以1982年《示范条款》为例［J］．广西民族大学学报（哲学社会科学版），2014，36（4）：152—159.

[35] 林秀芹，曾斯平. 论民间文学艺术衍生作品独创性的认定——以赵梦林京剧脸谱系列案为例 [J]. 湖南社会科学，2013（6）：60—63.

[36] 刘华，胡武艳. 民间文学艺术及其特别保护体系研究 [J]. 华中师范大学学报（人文社会科学版），2004（3）：41—46.

[37] 刘为民，赵蓉. 论敦煌民间文学艺术的知识产权保护 [J]. 知识产权，2013（4）：9.

[38] 刘筠筠. 民间文学艺术保护的立法探索与比较研究 [J]. 贵州师范大学学报（社会科学版），2005（6）：38—44.

[39] 梁志文. 民间文学艺术立法的集体权利模式：一种新的探讨 [J]. 华侨大学学报（哲学社会科学版），2003（4）：72—78.

[40] 吕睿. 基于新疆实践的民间文学艺术法律保护探究 [J]. 新疆社会科学，2014（1）：110—116.

[41] 吕睿. 知识产权语境下民间文学艺术概念解析 [J]. 广西社会科学，2011（2）：71—74.

[42] 罗纳德·贝蒂格. 版权文化——知识产权的政治经济学 [M]. 北京：清华大学出版社，2009.

[43] 联合国教科文组织. 重塑文化政策：为发展而推动文化多样性的十年 [M]. 意娜，译. 北京：社会科学文献出版社，2016.

[44] 米哈依·菲彻尔. 版权法与因特网（下）[M]. 郭寿康，译. 北京：中国大百科全书出版社，2009.

[45] M. 雷炳德. 著作权法（2004 年第 13 版）[M]. 张恩民，译. 北京：法律出版社，2005.

[46] 米歇尔·拉芒，马里奥·路易斯·斯莫尔. 文化多样性与反贫困政策 [J]. 黄照静，译. 国际社会科学杂志（中文版），2011，28（2）：70—81.

［47］毛克盾.民间文学艺术作品的特别法保护模式研究［J］.知识产权，
　　2014（9）：36—43.

［48］卿越.对知识产权法的哲学反思——以人权为视角［J］.云南大学学报
　　（法学版），2012，25（2）：147—152.

［49］饶明辉.当代西方知识产权理论的哲学［M］.北京：科学出版社，
　　2008.

［50］任玉翠.论民间文学艺术作品的版权保护［J］.浙江社会科学，2007（4）：
　　123—126.

［51］苏珊·塞尔.私权、公法——知识产权的全球化［M］.董刚，周超，
　　译.北京：中国人民大学出版社，2008.

［52］莱万斯基.原住民遗产与知识产权：遗传资源、传统知识和民间文学艺
　　术［M］.廖冰冰，译.北京：中国民主法制出版社，2011.

［53］宋瑶.传统民间文学艺术保护呼唤专门立法［EB/OL］.（2015-07-17）
　　［2023-03-01］. http://ip.people.com.cn/n/2015/0717/c136655-27320399.
　　html.

［54］孙彩虹.国外民间文学艺术法律保护实践及其启示［J］.河南大学学报
　　（社会科学版），2011，51（2）：26—31.

［55］田艳.传统文化产权制度研究［M］.北京：中央民族大学出版社，
　　2011.

［56］田艳.非物质文化遗产代表性传承人认定制度探究［J］.政法论坛，
　　2013，31（4）：81—90.

［57］王萌.传统文化表达的知识产权保护若干法律问题研究［D］.湖北：武
　　汉大学，2012.

［58］王瑞龙.民间文学艺术作品著作权保护的制度设计［J］.中南民族大学

学报（人文社会科学版），2004（5）：78—81.

[59] 王瑞龙，鲁虎.文化产业化进程中少数民族民间文学艺术表达的法律保护 [J].中南民族大学学报（人文社会科学版），2013，33（5）：69—72.

[60] 王淑君.论贵州民族民间文学艺术的法律保护——以著作权法保护为视角 [J].贵州民族研究，2014，35（11）：43—46.

[61] 王晓君.民间文学艺术的著作权规制——以刘雍系列工艺美术作品侵权案为视角 [J].河北法学，2015，33（11）：110—118.

[62] 王艳慧.民间文学艺术保护的国际发展与借鉴——2010年民间文学艺术保护国际研讨会综述 [J].北方法学，2010（3）：159—160.

[63] 韦贵红，李潭.民间文学艺术作品的保护原则探析 [J].知识产权，2015（3）：48—52.

[64] 魏玮.民间文学艺术表达的版权法保护困境与出路 [J].暨南学报（哲学社会科学版），2015，37（4）：88—98.

[65] 吴汉东.试论人格利益和无形财产利益的权利构造——以法人人格权为研究对象 [J].法商研究，2012，29（1）：26—31.

[66] 吴汉东.论传统文化的法律保护——以非物质文化遗产和传统文化表现形式为对象 [J].中国法学，2010（1）：50—62.

[67] 吴汉东.文化多样性的主权、人权与私权分析 [J].法学研究，2007（6）：3—17.

[68] 吴汉东.知识产权年刊（创刊号）[M].北京：北京大学出版社，2005.

[69] 吴汉东.知识产权年刊（2007年号）[M].北京：北京大学出版社，2008.

[70] 吴汉东，郭寿康.知识产权制度国际化问题研究 [M].北京：北京大学

出版社，2010.

［71］吴伟光.民间文学艺术保护的法律对策［J］.清华法学，2006（1）：135—149.

［72］熊莹."传统文化表达"保护的路径探析［J］.江西社会科学，2011，31（12）：185—188.

［73］薛狄，那力.国际文化贸易的价值冲突和法律选择——由近期中美文化产品进口纠纷引发的思考［J］.中国政法大学学报，2009（2）：143—150.

［74］约瑟夫 E. 斯蒂格利茨.不平等的代价［M］.张子源，译.北京：机械工业出版社，2014.

［75］阎晓宏.中国版权事业的里程碑——《视听表演北京条约》出台始末［J］.中国版权，2014（3）：5—9.

［76］严永和.非物质文化遗产知识产权保护个案研究——以安顺地戏为例［J］.文化遗产，2014（2）：84—97.

［77］严永和.我国民间文学艺术法律保护模式的选择［J］.知识产权，2009（3）：6.

［78］严永和.我国西部开发中民族传统知识的法律保护［J］.贵州警官职业学院学报，2004（3）：40—44.

［79］杨长海.非物质文化遗产知识产权保护再思考——以西藏传统文化表现形式为例［J］.河北法学，2014，32（12）：72—78.

［80］杨鸿.民间文艺特别知识产权保护的国际立法实践研究［D］.上海：华东政法大学，2010.

［81］杨巧.民间文学艺术法律保护的若干基础问题研究［J］.贵州师范大学学报（社会科学版），2009（4）：44—48.

［82］杨勇胜，郑章瑶.民间文学艺术作品的版权客体化——传统民间文艺与知识创新的利益平衡［J］.浙江师范大学学报，2005（1）：60—64.

［83］曾莳.论我国民间文学艺术作品的法律保护［J］.求索，2007（10）：102—103.

［84］张广生.试论民间文学艺术作品的著作权保护［J］.中国法学，1992（3）：42—46.

［85］张今.民间文学艺术保护的法律思考兼评乌苏里船歌案［J］.法律适用，2003（11）：66—67.

［86］张耕.论民间文学艺术版权主体制度之构建［J］.中国法学，2008（3）：55—64.

［87］张耕.民间文学艺术知识产权保护的正当性——以人权保护为视角［J］.学术论坛，2006（12）：125—130.

［88］张耕.民间文学艺术的知识产权保护研究［D］.重庆：西南政法大学，2007.

［89］张耕.民间文学艺术知识产权正义论［J］.现代法学，2008（1）：28—34.

［90］张艳梅.知识产权全球治理的现实困境与路径建构——以传统知识保护为研究视角［J］.求索，2015（5）：76—81.

［91］张洋.民间文学艺术作品权利归属之次序探析［J］.知识产权，2015（7）：61—64.

［92］张玉敏.民间文学艺术法律保护模式的选择［J］.法商研究，2007（4）:7.

［93］赵汀阳.天下体系——世界制度哲学导论［M］.北京：中国人民大学出版社，2011.

［94］郑成思.传统知识与两类知识产权的保护［J］.知识产权，2002（4）:3—5.

［95］郑成思.知识产权论［M］.北京：社会科学文献出版社，2007.

［96］郑成思.知识产权文丛（第10卷）［M］.北京：中国方正出版社，
2004.

［97］郑成思.知识产权文丛（第8卷）［M］.北京：中国方正出版社，2002.

［98］周安平，龙冠中.公法与私法间的抉择——论我国民间文学艺术的知识
产权保护［J］.知识产权，2012（2）：7.

［99］周林.简论"民间文艺"版权保护立法［J］.中国版权，2015（3）：
60—62.

［100］周林.破解民间文艺版权立法困局［EB/OL］.（2016-05-17）［2023-
03-01］.http：//www.rmzxb.com.cn/c/2016-05-17/815891.shtml.

［101］祝建军.迷糊的诉请 尴尬的败诉 评电影《千里走单骑》著作权侵权纠
纷案［J］.电子知识产权，2011（12）：76—79.

二、英文文献

［1］Bussey A. Traditional Cultural Expressions and the U.S. Constitution［J］.
Buffalo Intellectual Property Law Journal, 2014 (10): 26.

［2］Blackwell A H, William C. Hijacking Shared Heritage: Cultural Artifacts
and Intellectual Property Rights［J］.*Chicago-KentJournalof Intellectual
Property,* 2013(13):137.

［3］Skelton A L. VARA's Orphans, How Indigenous Artists Can Still Look
for Hope in the Moral Rights Regime［J］. *IndianaJournalof Law &
SocialEquality ,* 2013 (1):260.

［4］Riley A R. Indigenous Peoples and the Promise of Globalization: An Essay on
Rights and Responsibilities［J］. *Kan. J. L. & Pub. Pol'y,* 2004(14).

[5] Riley A R. Recovering Collectivity , Group Rights to Intellectual Property in Indigenous Communities [J] . *Cardozo Arts & ENT. L.J*, 2000 (18):175.

[6] Riley A R. Straight Stealing: Towards an Indigenous System of Cultural Property Protection [J] . *Washington Law Review*, 2005, 80(1) : 69-164.

[7] Riley A R. Kristen A Carpenter, "Owning Red: A Theory of Indian（Cultural） Appropriation [J] . *Texas Law Review*, 2016(94):859.

[8] Carlos Correa. *Traditional Knowledge and Intellectual Property* [M] . RightsGeneva : Quaker United Nations Office，2001.

[9] Picart C J. Cross-Cultural Negotiations and Internationa Intellectual Property Law: Attempts to Work Across Cultural Clashes Between Indigenous Peoples and Majoritarian Cultures [J] . *Southern CaliforniaInterdisciplinaryLaw Journal* 23 (2014):37.

[10] Picar C J, Marlowe F. Beyond Unbridled Optimism and Fear: Indigenous Peoples, Intellectual Property, Human Rights and the Globalisation of Traditional Knowledge and Expressions of Folldore: Part I [J] . *International Community Law Review* , 2013 (15):319.

[11] Picar C J, Marlowe F. Beyond Unbridled Optimism and Fear: Indigenous Peoples, Intellectual Property, Human Rights and the Globalisation of Traditional Knowledge and Expressions of Folldore: Part II [J] . *International Community Law Review*, 2014(16):3.

[12] Oguamanam C. Indigenous Peoples' Rights At the Intersection of Human Rights And Intellectual Property Rights [J] . *Marq. Intell. Prop. L. Rev*, 2014 (18):262.

[13] Bruner C M. Culture, Sovereignty, and Hollywood , UNESCO and The

Future of Trade in Cultural Products ［J］. *New York University Journal of International Law and Politics*, 2008(40).

［14］Fischetti D. Lost in Transcription: The Impact of Copyright Legislation on Female Folk Musicians of the Twentieth Century ［J］. *Women's Rights Law Reporter*, 2012(33):285.

［15］Gervais D J. The Internationalization of Intellectual Property: New Challenges from the Very Old and the Very New ［J］. *Fordham Intellectual Property, Media and Entertainment Law Journal*, 2002(12):929.

［16］Conway D M. Indigenizing Intellectual Property Law: Customary Law, Legal Pluralism, and the Protection of Indigenaous Peoples'Right, Identity, and Resources ［J］. *Texas Wesleyan Law Review*, 2009(15).

［17］Karjala D S. Sustainabity and Intellectual Property Rights in Traditional Knowledge ［J］. *Jurimetrics J*, 2012(53):57.

［18］Fernando DL. Intellectual Property and the Protection of Indigenous Culture in the United States and New Zealand: An Effective Solution for Indigenous Communities? ［J］. *Cardozo Pub. L. Pol'y & Ethics J*, 2013 (12):149.

［19］Mackaay E. Sui Generis Rights on Folklore Viewed From a Property Rights Perspective ［J］. *SSRN Electronic Journal*, 2011.

［20］Mackay E. Indigenous Traditional Knowledge, Copyright and Art- Shortcomings in Protection and an Alternative Approach ［J］. *UNSW Law Journal*, 2009 (32):1.

［21］Nwauche E S. Protecting Expressions of Folklore Within the Right to Culture in Africa ［J］. *Potchefstroom Elec. L.J*, 2010 (13):49.

［22］Mazonde I N. Thomas P N, *Indigenous Knowledge Systems and Intellectual*

Property in the Twenty-First Century: Perspectives from Southern Africa [M] .Dakar, Senegal: Council for the Development of Social Science Research in Africa/WACC, 2007.

[23] Oseitutu J. Traditional Knowledge: Is Perpetual Protection A Good Idea? [J] . *IDEA*, 2010(50):697.

[24] Cohen J E. Creativity and Culture in Copyright Theory [J] . *Davis Law Review*, 2007(40):115.

[25] Hughes J. Traditional Knowledge, Cultural Expression, and the Siren's Call of Property [J] . *San Diego Law Review* , 2012(49):1215.

[26] Raustiala K. Density and Conflict in International Intellectual Property Law [J] . *University of California at Davis Law Review* , 2007(40):1021.

[27] Mathiesen K. A Defense of Native American's Rights over their Traditional Cultural Expressions [J] . *The American Archivist* , 2012(75):456.

[28] Goodwin K A. Protecting Architectural Forms as Traditional Cultural Expression? Why WIPO Should Go Back to the Drafting Table [J] . *Columbia Journal of Transnational Law* , 2013(51):506.

[29] Seelau L M, Seelau R. Making Indigenous Self-Determination Work: What the Nation Building Principles and Three Case Studies from Chile Teach Us about Implementing Indigenous Human Rights [J] . *American Indian Law Review*, 2014(39):137.

[30] Shaver L. The Right to Science and Culture [J] . *Wisconsin Law Review*, 2010(10):121-184.

[31] Guibault L, Hugenholtz. *The Future of the Public Domain: Identifying the Commons in Information Law* [M] .The Netherlands: Kluwer Law International, 2006.

［32］María Catalina Olivos, Francisco Carrasco. Adding value to Chile's heritage products with the Sello de Origen ［J］. *WIPO MAGAZINE*, 2016(3):13.

［33］Vanguardia M E. Dreams for Sale: Traditional Cultural Expressions (TCEs) and Intellectual Property Rights of the Indigenous Pragmatic Group as Exemplified by the Dreamweavers ［J］. *Philippine Law Journal*, 2012(86):405.

［34］Lemley M A. Faith-Based Intellectual Property ［J］. *UCLA L. Rev*, 2015, 62(5):1328-1346.

［35］WONG M. Toward an Alternative Normative Framework for Copyright: From Private Property to Human Rights ［J］. *Cardozo Arts & Ent. L.J*, 2008(26):775.

［36］Rimmer M. Change the Mascot: the Washington Redskins, Offensive Trademarks, Freedom of Speech, and Racism in Sport ［J］. *Australian Intellectual Property Law Bulletin*, 2016(29):178-183.

［37］Rimmer M. Bangarra Dance Theatre: Copyright Law and Indigenous Culture ［J］. *Griffith L. Rev*, 2000(9):274.

［38］Pugatch M P, *The Intellectual Property Debate: Perspectives from Law, Economics and Political Economy* ［M］.Edward Elgar, 2006.

［39］Blakeney M. Protecting the Knowledge and Cultural Expressions of Aboriginal Peoples ［J］. *U.W. Austl. L. Rev*, 2015 (39):180.

［40］Blakeney M. Protecting the Spiritual Beliefs of Indigenous Peoples— Australian Case Studies ［J］. *Pacific Rim Law & Policy Journal*, 2013(22):391.

［41］Burri M. Digital Technologies and Traditional Cultural Expressions: A

Positive Look at a Difficult Relationship ［J］. *International Journal of Cultural Property* , 2010. (1):17.

［42］Torsen M. Intellectual Property and Traditional Cultural Expressions: A Synopsis of Current Issues ［J］. *Intercultural Human Rights Law Review*, 2008 (3):199.

［43］Valsala M, Kutty G. *National Experiences With the Protection of Expressions of Folklore/Traditional Cultural Expressions: India, Indonesia and the Philippines*［M］.Geneva :WIPO's Publication, 2004.

［44］Kremers N. Speaking with a Forked Tongue in the Global Debate on Traditional Knowledge and Genetic Resources: Are U.S. Intellectual Property Law and Policy Really Aimed at Meaningful Protection for Native American Cultures? ［J］. *Fordham Intell. Prop. Media & Ent. L.J*, 2004(15):1.

［45］Stoianoff N, Roy A. Indigenous Knowledge and Culture in Australia - the Case for Sui Generis Legislation ［J］. *Monash UniversityLaw Review*, 2015(41):745.

［46］Netanel N W. *The Development Agenda: Global Intellectual Property and Developing countries*［M］.New York: Oxford University Press, Inc, 2009.

［47］Mantilla N. The New Hawaiian Model: The Native Hawaiian Cultural Trademark Movement and the Quest for Intellectual Property Rights to Protect and Preserve Native Hawaiian Culture ［J］. *American University Intell. Prop. Brief* , 2012(3):26.

［48］Samuelson P. Implications of the Agreement on Trade Related Aspects of Intellectual Prop-erty Rights for the Cultural Dimension of National Copyright Laws's ［J］. *Journal of Cultural Economics* , 1999(23):96.

［49］Hughes P. Copyright as International Cultural Policy: A New Model for Copyright Enforcement in China ［J］. *Journal of East Asia & International Law*, 2008(1):99.

［50］Paolo D. Farah, Riccardo Tremolada. Conflict Between Intellectual Property Rights and Human Rights: A Case Study on Intangible Cultural Heritage［J］. *Oregon Law Review*, 2015 (1):125.

［51］Drahos P. When Cosmology Meets Property: Indigenous Peoples' Innovation and Intellectual Property ［J］. *Queen Mary University of London, School of Law Legal Studies Research Paper*, 2011 (90).

［52］Drahos P. Susy Frankel. Indigenous Peoples' Innovation and Intellectual Property: the Issues ［J］. *Victoria University of Wellington Legal Research Papers*, 2012(36).

［53］Peter K. A Tale of Two Development Agendas ［J］. *Ohio Northern University Law Review* , 2009(35):465.

［54］Peter K. Yu. DÉJÀ VU in the International Intellectual Property Regime ［J］. *Social Science Electronic Publishing,* 2014.

［55］Peter K. Yu. International Rights Approaches to Intellectual Property: Reconceptualizing Intellectual Property Interests in a Human Rights Framework ［J］. *U.C. Davis L,* 2007 (3):40.

［56］Smith R M. Why Can't My Waiter Sing Happy Birthday: the Chilling Effect of Corporate Copyright Control, *IDEA: The Intellectual Property Law Review* , 2016(56).

［57］Tsosie R. Just Governance or just war?: Native Artists, Cultural Production, and the Challenge of Super-Diversity ［J］. *Cybaris Intell. Prop* , 2015(6).

[58] Tsosie R. Reclaiming Native Stories: An Essay on Cultural Appropriation and Cultural Rights [J]. *Arizona State Law Journal*, 2002(34).

[59] Hilty R M. Rationales for the Legal Protection of Intangible Goods and Cultural Heritage [J]. *Max Planck Institute for Intellectual Property, Competition & Tax Law Research Paper*, 2009, 40(8):883-911.

[60] Robert P. Locke for the Masses: Property Rights and the Products of Collective Creativity [J]. *Hofstra L*, 2008(36):1181.

[61] Neuwirth R J. The 'Culture and Trade' Debate from the Exception Culturelle via Cultural Diversity to the Creative Economy—What's Law Got To Do With It? [J]. *Society of International Economic Law Working Paper*, 2012(22).

[62] Khan R, Grosse H. Access to Knowledge under the International Copyright Regime, the WIPO Development Agenda and the European Communities' New External Trade and IP Policy [J]. accessedJanuary 15, 2008.

[63] Safrin S. Chain Reaction: How Property Begets Property [J]. *Notre Dame Law Review*, 2007(82):1917.

[64] Spangler S. When Indigeous Communities Go Digital: Protecting Traditional Cultural Expressions through Integration of IP and Customary [J]. Cardozo Arts & Ent LJ, 2010(27):709.

[65] Munzer S R, Raustiala K. The Uneasy Case for Intellectual Property Rightsin Traditional Knowledge [J]. *Cardozo Arts & Entertainment Law Journal*, 2009(27):37.

[66] Dagne T. Protecting Traditional Knowledge in International Intellectual Property Law: Imperatives for Protection and Choice of Modalities [J]. *The John Marshall Law School Review of Intellectual Property Law*,

2014(14):25.

[67] Bennett T. Differing Diversities: Transversal Study on the Theme of Cultural Policy and Cultural Diversity [J] . *Council of Europe Publishing F-67075 Strasbourg Cedex*, 2001.

[68] Wong T, Dutfield G, *Intellectual Property and Human Development: Current Trends and Future Scenarios* [M] .Cambridge : Cambridge University Press, 2011.

[69] SHIVA V. TRIPS, Human Rights and the Public Domain [J] . *The Journal of World Intellectual Property* , 2004 (7):668.

[70] Gordon V. Appropriation Without Representation? The Limited Role of Indigenous Groups in WIPO's Intergovernmental Committee on Intellectual Property and Genetic Resources, Traditional Knowledge, and Folklore [J] . *Vand. J. Ent. & Tech. L*, 2014 (16):629-649.

[71] Wendland W. Digitizing indigenous music and supporting rights management [J] . *WIPO MAGAZINE*, 2016(5).

[72] Wendlan W. Intellectual Property and TK and TCEs : Work on sui generis instruments at the international level [J] . *Apia*, 2015(12).

[73] Patry W, *How to Fix Copyright* [M] .New York: Oxford University Press, 2011.

[74] Li X, Correa C, *How Developing Countries Can Manage Intellectual Property Rights to Maximize Access to Knowledge* [M] .The South Centre, POB 228, February 2009.

[75] Yolanda M. The Challenges 'Facing'Copyright Protection for Tattoos [J] . *Oregon Law Review*, 2013(92):129.

三、国际组织报告和会议文件

［1］WIPO 知识产权与遗传资源、传统知识和民间文学艺术政府间委员会：《保护传统文化表达 / 民间文艺表现形式：经修订的目标与原则》，WIPO/GRTKF/IC/9/4，2006 年 1 月。

［2］世界知识产权组织"知识产权与遗传资源、传统知识和民间文学艺术政府间委员会"，《知识产权与遗传资源、传统知识和传统文化表达重要词语汇编》，WIPO/GRTKF/IC/32/INF/7，2016 年 10 月 4 日。

［3］WIPO：《知识产权与遗传资源、传统知识和传统文化表达：概览》，WIPO 第 933C 号出版物，2015。

［4］WIPO 知识产权与遗传资源、传统知识和民间文学艺术政府间委员会：《保护传统文化表达：差距分析草案》，WIPO/GRTKF/IC/13/4（b）Rev，2008 年 10 月。

［5］WIPO：《知识产权与传统文化表达 / 民间文学艺术系列丛书第 2 辑》，世界知识产权组织出版物号：No.920（C）。

［6］世界知识产权组织"知识产权与遗传资源、传统知识和民间文学艺术政府间委员会"，《第二十九届会议报告》，WIPO/GRTKF/IC/29/8，2016 年 5 月 30 日。

［7］世界知识产权组织"知识产权与遗传资源、传统知识和民间文学艺术政府间委员会"，《第二十八届会议报告》，WIPO/GRTKF/IC/28/11，2016 年 2 月 15 日。

［8］世界知识产权组织"知识产权与遗传资源、传统知识和民间文学艺术政府间委员会"，《第二十七届会议报告》，WIPO/GRTKF/IC/27/10，2014 年 7 月 2 日。

［9］世界知识产权组织"知识产权与遗传资源、传统知识和民间文学艺术

政府间委员会",《第二十五届会议报告草案》, WIPO/GRTKF/IC/25/8 PROV.2, 2013 年 10 月 18 日。

[10] 世界知识产权组织"知识产权与遗传资源、传统知识和民间文学艺术政府间委员会",《第十九届会议报告》, WIPO/GRTKF/IC/19/12, 2012 年 2 月 23 日。

[11] 世界知识产权组织"知识产权与遗传资源、传统知识和民间文学艺术政府间委员会",《第十八届会议报告》, WIPO/GRTKF/IC/18/11, 2011 年 7 月 29 日。

[12] 伊恩·戈斯:《政府间委员会第三十三届会议信息说明》, WIPO/GRTKF/IC/33/REF/INFORMATION NOTE, 2017, 第 8 页。

[13] 世界知识产权组织"知识产权与遗传资源、传统知识和民间文学艺术政府间委员会",《关于知识产权与遗传资源、传统知识和传统文化表达的土著专家讲习班报告》, WIPO/GRTKF/IC/25/INF/9, 2013 年 6 月 25 日。

[14] 世界知识产权组织"知识产权与遗传资源、传统知识和民间文学艺术政府间委员会",《关于知识产权与遗传资源、传统知识和传统文化表达的土著专家讲习班报告》, WIPO/GRTKF/IC/28/INF/9, 2014 年 5 月 8 日。

[15] 世界知识产权组织"知识产权与遗传资源、传统知识和民间文学艺术政府间委员会",《关于 WIPO 遗传资源、传统知识和传统文化表达文书草案关键知识产权相关问题的技术审查（撰稿:詹姆斯·安纳亚教授）》, WIPO/GRTKF/IC/32/INF/8, 2016 年 10 月 3 日。

[16] 世界知识产权组织"知识产权与遗传资源、传统知识和民间文学艺术政府间委员会",《土著和当地社区的参与：自愿基金》, WIPO/GRTKF/IC/32/3, 2016 年 10 月 27 日。

[17] WIPO 编拟的背景简介系列 2 号文件:《WIPO 知识产权与遗传资源、传

统知识和民间文学艺术政府间委员会》，2016 年。

[18] WIPO 编拟的背景简介系列 7 号文件:《习惯法与传统知识》，2016 年。

[19] WIPO 编拟的背景简介系列 8 号文件:《有关知识产权与传统知识、传统文化表达和遗传资源的争议的替代性争议解决法》，2016 年。

[20] WIPO 编拟的背景简介系列 9 号文件:《传统知识与传统文化表达的文献编制》，2016 年。

[21] WIPO-IGC:《关于知识产权制度中"公有领域"这一用语特别涉及传统知识和传统文化表达 / 民间文艺表现形式保护时的含义的说明》，WIPO/GRTKF/IC/17/INF/8。

[22] WIPO 大会:《第四十六届会议报告》，2014 年 9 月 22 日至 30 日，日内瓦，WO/GA/46/12。

[23] WIPO 大会:《第四十七届会议报告》，2015 年 10 月 5 日至 14 日，日内瓦，WO/GA/47/19。

[24] 联合国大会第六十七届会议:《文化权利领域特别报告员的报告》，A/67/287，2012 年 8 月 10 日。

[25] 联合国教科文组织出版物:《共鸣:文化多样性——发展之路》，2011 年。

[26] 联合国经济、社会、文化权利委员会第三十五届会议，《第 17 号一般性意见：人人有权享受对其本人的任何科学、文学和艺术作品所产生的精神和物质利益的保护（〈经济、社会、文化权利公约〉第十五条第一款（丙）项）》，日内瓦，2005。

[27] 联合国经济、社会、文化权利委员会第四十三届会议，《第 21 号一般性意见：人人有权参加文化生活（〈经济、社会、文化权利公约〉第十五条第一款（甲）项）》，2009 年，日内瓦。

[28] 联合国 2010 年 12 月 20 日大会决议，A/RES/65/166。

［29］联合国 2011 年 12 月 22 日大会决议 A/RES/66/208。

［30］联合国 2013 年 12 月 20 日大会决议 A/RES/68/223。

［31］联合国 2014 年 10 月 29 日大会决议 A/C.2/69/L.27。

［32］联合国人权高级专员办事处:《土著人民和联合国人权系统：概况介绍
第 9 号（第二次修订版）》，纽约和日内瓦，2013 年。

［33］联合国人权理事会第二十八届会议，文化权利领域特别报告员的报告
《版权政策与科学和文化权》，A/HRC/28/57，2014 年 12 月 24 日。

［34］英国知识产权委员会报告:《知识产权与发展政策相结合》，伦敦，2002
年 9 月。

［35］WIPO. The Protection of Traditional Cultural Expressions: Draft Articles
Rev. 2, WIPO/GRTKF/IC/28/6, 2014.

［36］Note on the Meanings of the Term "Public Domain" in the Intellectual
Property System with special reference to the Protection of Traditional
Knowledge and Traditional Cultural Expressions/Expressions of Folklore
（WIPO/GRTKF/IC/17/INF/8）. November 2010.

［37］Report of WIPO. Molly Torsen & Jane Anderson, Intellectual Property and
the Safeguarding of Traditional Cultures: Legal Issues and Practical Options
for Museums, Libraries and Archives, 2010.

［38］Report of Practical Workshop on Intellectual Property, Traditional
Knowledge, Traditional Cultural Expressions and Genetic Resources, WIPO,
December 8 to 10, 2015, Apia, Samoa.

［39］WIPO. Consolidated Analysis of the Legal Protection of Traditional Cultural
Expressions/Expressions of Folklore, WIPO publication 785, Geneva; 2003.

［40］UNESCO. Report of UNESCO Institute for Statistics, The Globalisation of

Cultural Trade: A Shift in Consumption, 2016.

[41] WIPO (prepared by Martin Skrydstrup). Towards Intellectual Property Guidelines and Best Practices for Recording and Digitizing Intangible Cultural Heritage: A Survey of Codes, Conduct and Challenges in North America, October 2006.

[42] WIPO. Intellectual Property Needs and Expectations of Traditional Knowledge Holders, WIPO Report on Fact-finding Missions on Intellectual Property and Traditional knowledge (1998-1999), Geneva, April 2001.

[43] WIPO. Note on the Meanings of the Term "Public Domain" in the Intellectual Property System With Special Reference to the Protection of Traditional Knowledge and Traditional Cultural Expressions/Expressions of Folklore, WIPO/GRTKF/IC/17/INF/8, November 2010.

[44] WIPO. Proposal by Argentina and Brazil for the Establishment of a Development Agenda for WIPO, WO/GA/31/11, 2004.

[45] WIPO-UNESCO. Model Provisions for National Laws on the Protection of Expressions of Folklore Against Illicit Exploitation and other Forms of Prejudicial Action, 1982.

[46] Report of WIPO. Ms. Terri Janke, Mindin Culture Case Studies on Intellectual Property and Traditional Cultural Expressions, Geneva, 2003.

[47] UNESCO World Report. Investing in Cultural Diversity and Intercultural Dialogue, 2009.

四、裁判文书

［1］安顺市文体局诉张艺谋等侵犯著作权案一审判决：北京市西城区人民法院（2010）西民初字第 2606 号判决书。

［2］安顺市文体局诉张艺谋等侵犯著作权案二审判决：北京市第一中级人民法院（2011）一中民终字第 13010 号判决书。

［3］白广成诉北京稻香村食品有限责任公司著作权权属、侵权纠纷案：北京市东城区人民法院一审民事判决书：（2010）东民初字第 02764 号。

［4］白秀娥剪纸案一审判决：北京市第一中级人民法院（2001）一中知初字第 185 号。

［5］白秀娥剪纸案二审判决：北京市高级人民法院（2002）高民终字第 252 号。

［6］白秀娥剪纸案再审判决：北京市高级人民法院（2003）高民再终字第 823 号。

［7］北京汉坤东方文化策划有限公司诉北京德艺轩工艺品开发中心著作权侵权纠纷案：北京市海淀区人民法院（2002）海民知初字第 5857 号。

［8］段国胜与成都市风雅堂工艺品有限公司等著作权侵权纠纷系列上诉案：（2010）川民终字第 471、473、474、475、476、477 号。

［9］国家邮政局与郭宪侵犯著作权纠纷上诉案：北大法宝：［法宝引证码］CLI.C.240308。

［10］黑龙江省饶河县四排赫哲族乡人民政府诉郭颂、中央电视台、北京北辰购物中心侵犯著作权纠纷案：北京市高级人民法院民事判决书（2003）高民终字第 246 号。

［11］黄自修与南宁市艺术剧院侵犯著作权纠纷上诉案：广西壮族自治区高级人民法院（2008）桂民三终字第 15 号。

［12］王庸诉朱正本、中央电视台、王云之著作权侵权案一审判决：北京市海淀区人民法院（2003）海民初字第19213号。

［13］王庸诉朱正本、中央电视台、王云之著作权侵权案二审判决：北京市第一中级人民法院（2005）一中民终字第3447号。

［14］张时中诉云南熊谷生物工程开发有限公司侵犯著作权案：云南省昆明市中级人民法院（2002）昆民六终字第6号。

［15］张玉和等诉单田芳等侵犯著作权纠纷案：北京市朝阳区人民法院（2003）朝民初字第24219号。

［16］赵梦林诉上海灵狮广告有限公司等著作权侵权案一审判决：上海市浦东新区人民法院（2002）浦民三（知）初字第29号。

［17］赵梦林诉上海灵狮广告有限公司等著作权侵权案二审判决：上海市第一中级人民法院（2003）沪一中民五（知）终字第5号。

［18］陈启花等117名村民诉甘肃省音像出版社、青海省乔佳音像公司侵犯民间社火表演者权案：青海省西宁市中级人民法院（2003）宁民三初字第3号判决书。